叢書・ウニベルシタス　512

# 聖句の彼方

## タルムード——読解と講演

エマニュエル・レヴィナス
合田正人 訳

法政大学出版局

Emmanuel Lévinas
L'AU-DELÀ DU VERSET

レオン・アルガジの思い出に
作曲家であり、聖句の解釈者であり
謙虚な信者であった

# 序言

## 1

なぜ聖句の彼方なのか。

聖典から切り取られた聖句の確たる輪郭は自明の意味を有している。が、自明の意味はまた謎めいた意味でもあるからだ。謎めいた意味はある解釈学を要請する。この解釈学は、命題がすぐさま引き渡す意味から、そこで単に暗示されたにすぎないものを引き出すことをその任としているのだが、では、こうして引き出された意味は謎をはらんではいないのだろうか。否、それらもまた、異なる様式で改めて解釈されなければならないのだ。さらに解釈学は、新たな教えを求めて、すでに解釈されてはいるが汲み尽くすことのできない聖句へと絶えず立ち戻っていく。聖典の読解はこうして不断に再開される。切れ目を有することなき連続した啓示なのだ。

その篇で一八度もくり返されていることだが、タルムードは、「トーラーは人間の言葉を話す」というラビ・イシュマエルの原則を教えている。なるほど、もっぱらこの原則は、聖書の言論のありとあらゆる語句の背後に形而上学的意味を必ずや見いだせという拘束から、釈義者を解き放つために引用される。けれども、解釈のこの制限はつねに相対的なもので、境界も不動のものではない。神の〈御言葉〉は被造物が自分たちのあいだで用いる語りのうちに宿りうるものであるということ、それを認めることがこの原則の大いなる教えなのである。〈無限者〉の驚異的な収縮である。デカルトのいう〈無限者の観念〉においてと同様に、「最大」は「最小」のうちに、〈無限者〉は〈有限者〉のうちに住み着く。だからこそ、読者にとっては意味の謎めいた過剰があることになる。読解のうちにすでに暗黙の釈義——そして釈義への呼びかけ——がはらまれていることになるのだ。

聖典のうちで〈無限者〉は収縮する。その場合にも、デカルト的観念や神の栄光やその宗教的な近さが貧困化することはまったくないのだが、この収縮は言語の予言的な威信を言い換えたものに他ならない。それが語るより以上のものをつねに表現しうるような言語の予言的な威信であり、霊感の驚異である。そこでは、人間は自分が言表したものを驚きと共に聴取し、すでにしてこの言表を読解し解釈する。人間の発語はすでにして筆記なのだ。だから〈筆記〉は線と共に始まると言えようか。なんらかの仕方で線が描かれ、次第に太くなり、言語体《ラング》の——おそらくはどんな言語体でもそうだろうが——流動のなかから一個の聖句として浮き上がり、そこで、格言や寓話や詩や伝説のようなテクストと化すことになる。それも、短剣あるいは筆で粘土板や羊皮紙や紙に記される前に、である。文字に先立つ文学なのだ！　おそらく、このように霊感を吹き込まれた言語の本質——それはすでにして書物の筆記であるのだが——のなかで、ある「存在論的な」命令が制定され命じられるのだろうが、ここにいう「存在論的な」命令は、誰もが性急に至るところに見いだそうとする歴史や諸事象の必当然的な実在には似ていないし、当為の規範的な理念性にも似ていない。それはまた、内面性のユートピア的で「測りがたい深さ」にも似ていない（ただ、そのような内面性は、清廉潔白な意識を充たす政治的レアリズムの海のなかでは不可思議な島のごときものであって、誰もがそれは無意識的なものではないか、イデオロギーであり児戯に等しいものではないかと疑っているのだが）。予言が〈聖なる筆記〉(Saintes Ecritures) を出現させるような場、それが言語の宗教的本質である。ただしどんな文学も、それを称えるにせよ冒瀆するにせよ、そうした場をあるいは待望し、あるいは銘記するのであって、だからこそ、シェイクスピア、モリエール、ダンテ、セルバンテス、ゲーテ、プーシキンといったいわゆる国民文学は、人間的な諸文化の上部構造と腕さにおいてのみならず、人間性についての人間学においても顕著な役割を果たすのである。その自明の意味を超えて、これらの国民文学は釈義へと誘う。ここにいう釈義は直線的なものである場合もあれば紆余曲折に富むものである場合もあろうが、しかしいかなる点においても浅薄なものではない。それこそが精神の生なのである。

アリストテレスのいう「言葉を話す動物」の存在論が、書物に思い至るまでつきつめて考え抜かれたことはかつて一度もない。この動物と書物との宗教的連関のあり方が問いただされたこともない。哲学はさまざまなカテゴリーの「キャンペーン」をおこなってきたが、この宗教的連関が、人間的なものの条件——ないし無条件——にとって、他ならぬ言語や思考や技術的行為などと同様に決定的かつ本質的で、還元不能な様相としての地位に相応しいものとみなされたことは一度たりともない。読書は情報の循環に生じる波瀾のひとつでしかなく、書物も多々ある物のひとつでしかないというのだろうか。手引き（マニュアル）として、それはたとえばハンマーと同様に手（マン）との類縁性を明かすにすぎないというのだろうか。

## 2

聖句ならびに詩句の謎はしたがって、不注意によってにせよ不誠実によってにせよ、誤解の種となるような単なる不正確さではない。この謎は、知識の伝達に、ひいては客観的で歴史的で政治的な秩序の創設と維持に必要な言語学的道具のなんらかの不備ではない。ここでは、言語はもはや単なる道具としてのあり方を有してはいないのだ。

〈聖典〉と化し、その予言的本質を維持しつづけるような言語——たぶんそれは言語の最たるものであろう。どんな語ることのなかでもすでに聴取可能ではあるが、依然として音響と化すことのない神のこの言葉は、世界と〈歴史〉の組織のなかでお互いを、つまりは存在のうちでの自分たちの存続を気遣い合いながら話す人々の関与にのみ依拠しているのではない。言語においては、諸々の語にもとづいてシニフィエが意味するだけではない。諸記号の連繫として、語がシニフィエに向かうだけではないのだ。言語は、それが私に知らしめようとしていることを超えて、私が語りかける相手たる他者と連携するよう私を任命する。どんな言説のなかでも掩蔽されてはいるが、しかし忘却することのできない他者の顔にもとづいて、言語は意味する。語に先立つ表現にもとづいて、《他者への私の責任》が呼び出される。ここにいう責任は、なんらかの像を喚起すること以上に奥深いもので、そこで、私の応答が立ち上がるのである。言語において私が他者へと向かうよう任命されること、それは授けられた命令の表現である。つまり、筆記はつねに掟であり倫理であり、私に命じると共に他者へと捧げられる神の言葉なのであって、かかる聖潔の筆記は神聖な文書と化す以前のものなのだ。政治的言説とは比較にならないものとして数々の情報をはみだす、そのような言葉なのである。私というこの存在者のなかで、ここにあることについての私の陰りなき意識は断たれてしまう。そうした断絶を、私は他者への私の忠誠と解する。それは、「自己への配慮」(souci de soi) という、諸存在には当然で、かつ諸存在の存在性（*esse*）にとって本質的な事態を審問に付すことである。したがって、かかる存在性の転覆であり、語源的な意味での没利害、すなわち《内-存在性からの超脱》(dés-inter-essement) なのだ。難破を誘う風、あるいは精神の息吹と言うべきだろうか。自己への配慮に釈明を要求するような数々の断絶のあとで、たとえ〈歴史〉の結び目が修復されるとしても、である。言語のなかで形成される聖句の断固とした――ほとんど閉じたといってもよいような――語ることのなかには、倫理的責任がはらまれている。話すとき、あたかも私は一人ではなくすでに服従しているかのようだが、語ることのうちに倫理的責任がはらまれていること、それは始原の筆記であって、観念へと降り来たった神は、この〈語られたこと〉のなかで名づけられるのではなかろうか。私は単に政治家であり容赦ないレアリストであるだけではない。しかし、私は「美しき魂」の純粋で黙した内面性の味方であるだけでもない。私の条件――あるいは私の無‐条件――とは書物への私の関係である。それこそが《神へ》(à-Dieu)そのものである。抽象的にすぎる言い回しだろうか。言語ならびに、言語のなかで出来してすでに読解された書物とは、かかる抽象性が具体性と化すような「配置・演出」(mise en scène)としての現象学なのである。

## 3

〈聖典〉という霊感を授けられたテクストの尋常ならざる構造にはさらに驚くべき点がある。つまり〈聖典〉の読者は、「さまざまな情報」に通じた共通な良識(bon sens *commun*)の所有者として要請されるのみならず、その人格の――論理的には識別不能な――唯一性において、いわば彼固有の特質において要請されるのでもある。〈聖典〉へのアプローチはこのように読者ひとりひとりにおいて異なる。同様に、〈聖典〉へのアプローチはそれがどのような歴史的時期に試みられるかによっても異なる。けれども、かかる不可避的な特殊性は客観性の欠如を意味するものではまったくなく、それゆえ、真理を歪曲し制限する「主観的」視点として告発されることはありえない。それというのも、〈聖典〉の読解では客観的対象の認識だけが問題ではないからだ。すでに述べたように、啓示の真理はそれとは別の精神の過程にも属しており、そのためこの真理は、交換不能な自同性であるような自我にとって意味をもつ。そうした自我による〈聖典〉の理解が、彼なくしては「未来永劫にわたって」生起しないようなある意味を定めるのだ。自分に授けられたメッセージ——というか命令そのもの——に、ひとりひとりが、ひとつひとつの瞬間がかけがえのない寄与をもたらすのであり、したがって、このメッセージの豊かさは人格と世代の多様性をとおしてのみ現れることになる。かかる啓示にあっては、ひとりひとりの自我の、ひとつひとつの受容の計り知れない、絶対的な価値が創設される。責任と同じように絶えざるものとして、啓示は各人ごとに、各時期ごとに新たに課せられるのである。

ただし、各人の、各時期の寄与は他のすべての者たちや過去全体の教えと引き比べられることになる。生徒から先生へと向かう歴史をつうじて、読解が恒常的に種々の典拠に準拠するのもそのためである。世紀を超えて質問を投げかけ合う、そのような同僚たちの集会で議論が交わされる。すべてが伝承として、註解された〈聖典〉に組み込まれ、他方では読解を、該博でかつ近代的な読解を呼び求める。かくして註釈のそのまた註釈がなされることになるのだが、これがイスラエルのトーラーの構造に他ならない。四方八方、すべての余白を過剰に埋め尽くしたこれらの諸篇の印刷の構図にまで、この構造は反映されている。〈啓示〉を授かった者が、予言のなかで現出する〈お方〉の〈業〉に参画するのだ。「神が語られた　誰が予言せずにおれよう」という『アモス書』（3・8）の聖句が意味しているのも、おそらくこのことなのだろう。予言の書の読解もまた、ある程度は予言的なものなのだ。たとえ、すべての人間たちが彼らのなかで語る〈言葉〉に同等の注意と同等の誠実さをもって耳を傾けているわけではないとしても、である。それにしても昨今では、誰がそうした伝承を視野に収めているのだろうか。

この論文集の主要部分を成す「タルムード読解」は——他の論文集に収められたタルムード読解と同様——、〈聖典〉のこのような生に参画しようとするささやかな試みである。ただ、『四つのタルムード読解』や、他の五つの読解を含む『神聖から聖潔へ』と題された書物が、世界ユダヤ人会議フランス支部主宰のフランス語圏ユダヤ知識人会議でここ数十年のあいだになされた講演だけを収録しているのとはちがって、本論文集では、タルムードの諸篇の註解のなかに、「宗教的言語と神への畏れについて」なる論考がつけ加えられている。タルムードのある箇所とその註解からなる論考で、六五歳を迎えたポール・リクールに捧げられているが、『ひとと世界』(*Man and World*) というアメリカの雑誌の一三号にフランス語で一九八〇年に掲載されたのが初出である。『マコット』〔鞭打ちの刑〕の数行に関するいまひとつの註解が「〈聖典〉のユダヤ的読解」と題された論考の一部分をなしているが、この論考は従来のタルムード註解とはいささか異なる形式で書かれている。リオンで発行されている雑誌『光と生』(*Lumière et Vie*) の一四四号に一九七九年に発表されたこの論考は「神学」という見出し語のもとに配列されているが、この部門は、「タルムード読解」という題のもとに、従来の形でなされたラビ的註解を集めた部門のあとに続いている。「神学」(Théologies) の部門に収められた諸論考も、もちろんタルムードという題材と係わってはいる。ただ、より専門的な仕方で、それらは釈義の方法論、教義や宗教哲学の数々の問題点に言及している。「神学」はただし複数形で表記されている。本論文集が「神学」という語に込めた種々の展望から、それによって教条主義的な野心が一掃されることを望みたい。複数の神学——それは神的なものの論理学をめぐる複数の探究の謂であり、この論理学は、神について語るための理性的な仕方のことなのである。

本書の冒頭では、今日のユダヤ教で息づいていると私たちに思える数々の動機や、近代のユダヤ人がそこに自分の姿を見いだすような数々の思い出が想起され、「忠誠」（Fidélités）という見出し語のもとに集められている。「強いるユダヤ教」と題された論考がそれで、初出は一九七九年一〇月の『論争』（*Débat*）誌第五号である。これらの主題のうちにシオニズムが姿を現さないなどということはありえない。シオニズムを論じた三つの論考は本書の最後に収められているが、しかしながらそれが本書の結論であるわけではない。ほんのささやかな試みとして、本書はイスラエルの聖書的、ラビ的な伝承の諸要素を単に否定することなく、再び取り上げようとしているのだが、単純で性急な精神の持ち主たち――イスラエル人にせよそうでないにせよ――はこの種の否定を近代の超克と混同している。本書は政治的な諸形態にのみ逢着するのではない。ただし、これらの政治的形態は、ユダヤ教の魂と体を消滅させるかもしれない危険をあえて犯してでも、『詩篇』47にいう「欣喜雀躍するシオンの山」を切望する、そのような古来の希求の念がまとわざるをえなかったものである。神の「右手」は「正義に満ち溢れ」、そこでは「ユダ王国の娘たちが神の裁きを見て喜悦している」。〈土地〉と〈正義〉、〈正義〉と〈歓喜〉である！　誰もこの古代の考えについて軽々に語ることはできないし、なんらかの粗雑な観念を持ち出して、それを古臭く時代遅れのものとみなすこともできない。「シオニズム」（Sionismes）という見出し語のもとに集められた私たちの三つの論考はただ、つぎの点を論証しようとするものである。国家という歴史的所産――今日の極度に政治化された世界ではそれなしで済ますことはできないのだが――世俗的なものたらんとするこの勇気と労働の所産は、イスラエルにあってはいかにして、そもそもの初めから、そして次第次第に深く、生まれて間もないとはいえ聖書に由来する思想に浸透されていったのか。この聖書的文化の継続と展開はいかにして、国家という現世的な目標と不可分なものとして現れ、また、この目標をはみ出すことになったのか。イスラエルの断たれることなき終末論である。とはいえ、終末論にもさまざまな様式と種類がある。そのなかでも、ユダヤ教聖書によって発見されたのはおそらく、他人たちのために希求される未来に対して自分が責任を負うていると感じること、それを本義とするような終末論だった。ただ、そうした終末論は人間の創造以来、人間の人間性のうちに書き込まれているのだが。数々の戦争の原因たりうるのはこの終末論ではない。

けれども、イスラエル‐パレスチナ紛争を楯にとって、こうした精神化に背くものすべてに眼をつぶるなどということが誰にできるだろうか。ときには敵陣営のもっとも明断な思想家たちと一致して、この敵対を緩和する時が来たと考えることもできるし、また、そうしなければならないだろう。

しかし、断固として世俗的ないくたりかの精神の持ち主たちが断言しているように、受難は聖典に培われているのだろうか。聖書とコーランから切り離され、何の飾り気もない抽象性と化した場合、諸観念は平和をもたらす力動‐観念と化すことができるのだろうか。その場合には、純粋に政治的なゲームのうちに疎外されるという恒常的なリスクがそれらの観念につきまとうのではないだろうか。民主主義や「人間の権利」は、予言的で倫理的なその深みから危険を伴うことなく引き剥がされうるのだろうか。平和のために模索されている平安は単なる無関心ではない。それは、聖典が教える隣人愛をつうじて他人を承認することと連動している。そのことが分かるのはもちろん、「敬虔ではあるが無力な説教」とか「鼻持ちならない教条主義」とか「覇権主義的な一神教」といった決まり文句から成る時代遅れの哲学を起点としては、書物のユートピアと接しない場合に限られる。ユートピアなるものに対して、少なくともマルクス主義者エルンスト・ブロッホと同程度には現代的で哲学的な態度をとる場合に限られる。ああ、ユダヤ人の選びはなんと物議をかもすことか！　この選びは傲慢さであり力への意志なのだろうか。それとも道徳意識そのものなのだろうか。つねに火急のものたる、絶えることなき責任から成るものとして、あたかも自分だけが呼ばれたかのように真先に応答する、そのような道徳意識そのものなのだろうか。

一方の私たちは他の者たちの苦しみを理解できるのだろうか。物質の諸元素とはちがって、異なる「原子価」をもたない苦しみを計量し、苦しみと苦しみを比較することは誰にもできはしない。だからといって、ホロコーストの〈受難〉のなかに人間のあらゆる苦しみゆえの絶望があることに異議を唱えうるだろうか。千年にわたる侮辱と涙の、常なる危険と血の、本物の熱き血の歴史を、ヘーゲルの「不幸な意識」に比すことなどできるだろうか。シオニズム固有の存在理由はここにある。それは、聖書を楯にとって希望と支配を無闇に高揚させることのうちにあるのでも、迫害パラノイアのでっち上げのうちにあるのでもない。かくも古き民には、パラノイアは新しすぎる動きであろう。

もちろん、アウシュヴィッツの責任を引き受けるのは西欧であってアラブ世界ではない。ただ、人間たちの責任は分割されるものではなく、すべての人間がすべての他人たちに責任を負うていることが承認される場合は別であるが。一〇年以上も前に書かれたつぎのような文章を、私は『困難な自由』に収めた。「国籍の区別の抹消とは何であろうか。不可分な人類、言い換えるなら、誰々の罪と不幸に全面的に責任を負うた人類以外の何であろうか。（……）人間同士の関係はすべて損害と利益の計算に還元されるのだろうか。すべての問題が決算に還元されるのだろうか。人間存在のなかで、煙と消えたこのまさに肉に対して潔白たりうる者が誰かいるだろうか。（……）アラブの諸国民からイスラエルにもたらされる承認の挙措に対しては、おそらく友愛の奔出が応えるであろうが、それによって難民問題にある展望が開かれることになろう。」もはや今日では難民と言ってはならない。パレスチナ人と言うべきであろう。しかしながら、シオニズムは終わったわけではない。イスラエル国家の《存在すること》がアラブ世界の承認を獲得したこと、それはイスラエルにとってはアラブ世界の親密さのなかに参入することであろうが、この点をユダヤ人とイスラエル国民が承認したとしても、シオニズムは終わらない。とはいえ、政治的シオニズムの本質的な思想は、広大な拡がりと豊かさのなかで政治的自立を満喫して存在するこの世界を無視することにあるのではない。政治的シオニズムの譲渡不能な理念、それは、隣人たちとの平和においても、ユダヤ民族は政治的次元での少数派でありつづけてはならないという必要性である。国家の枠を超えて伝達されうるユダヤ民族の文化の野望ゆえに、このことが要請されるのではない。私はまさにこれを歴史的な必要性と呼びたいのだが――、世界でのユダヤ人たちへの侮辱と暗殺が制御不能で罰せられることなき現象としての性格を失うために、それは必要なのだ。隣人のために存在することという倫理の偉大な理念――もっとも偉大な理念――は私に留保なしに適用される。私という個人、この人格に。しかし、ある殉教の民族の存在を要求しさえするものとして、この理念を考えることはできない。多くの美しき魂たちはシオニズムが殉教の民族を堕落させてしまったと非難しているが、そのようなものとしてこの理念を考えることはできないのだ。

『創世記』30・30の聖句の最後の節のことが思い出される。「いつになったら私も自分の家をもてるのでしょう。」聖書ではこの言葉は、自身の利益を他人たちに進んで捧げていた自我が突然要求をつきつけることだけを、そしてまた、そうした自我の本質的構造の否認を意味するものではありえない。私が思うに、骨董品ならざる一神教は他人たちへの責任を命じつつも、と同時に、私の家族や私の民族は、私のという所有辞にもかかわらず、異邦人同様私にとっての「他人たち」であり、彼らもまた正義と庇護を求めていること、この点を思い起こさせているのだ。他人への愛――隣人への愛。私の近親者（proches）も私の隣人（prochains）なのである。

一九八一年九月

（1）本書はレオン・アルガジの思い出に捧げられているが、彼はこの会議を構想した人物たちのひとりであり、その実現に大いに貢献したのだった。

（2）この点については『四つのタルムード読解』の序文ならびに『神聖から聖潔へ』を参照されたい。

＊序言でその由来や初出が指示された論考以外の本書の論考について若干の情報を提供しておきたい。

「タルムードの諸節による神の名」は、一九六九年にローマは人文科学国際研究センターならびに哲学学院主催で開催されたシンポジウムの記録『神学的言語の分析』に掲載された。

「ユダヤ教の伝承における啓示」は、ブリュッセルのサン＝ルイ大学から一九七七年に出版された『啓示』という論文集に掲載された。

「神にかたどって——ボロズィンのラビ・ハイームによる」は、ヘルマン・ヘーリンク教授（オランダ）に捧げられた『記念論文集』に一九七八年に掲載された。

「スピノザの背景」は未公刊の論考で、一九七九年にエルサレムで開催されたスピノザ・シンポジウムでの口頭発表にもとづいている。

「カエサルの国とダヴィデの国」は、一九七一年のローマでのシンポジウムの『記録』に掲載された。

「政治は後で！」は、『レ・タン・モデルヌ』誌（三九八号、一九七九年九月）に掲載された。

「同化と新しい文化」は『ヌーヴォー・カイエ』誌（六〇号、一九八〇年春）に掲載された。

「聖典のユダヤ的読解について」と題された論考の最後の部分は、『歴史とユダヤ思想研究——ジョルジュ・ヴァイダを称えて』に掲載された。

# 忠誠

# 1　強いるユダヤ教

　言うまでもないことだが、宗教は、それを表す言説や祭儀が言明し含意している形而上学的で終末論的な立場とは別個に、ある社会的構造を示しうるものでもある。だから、宗教は支配者層の特殊利害を正当化しうるし、彼らが良心の安寧を保ちうるようなイデオロギーとしても役立ちうる。支配し、保守主義的な考えをもつためには、支配層は良心の安寧を必要としているのだが、それを可能にするようなイデオロギーとして宗教が役立つこともありうるのだ。現代の西欧社会でユダヤ人たちがある特権階級と癒着する場合もあれば、かつての隔離され排除された共同体、つねに危険に脅かされた共同体の内部である種のユダヤ人たちが特権階級を形づくることもあったのだが、たぶんユダヤ教も、他の数々の信仰と同様に、特権階級の必要をある程度充たしうるものなのだろう。ただ、明らかなことは、ゲットーのなかに数々の特権が設けられていて、そうした特権が宗教を後ろ楯としていたとしても、この宗教は、すべての構成員に例外なく課せられた隔離と排除と横暴から彼らを護るものであったということだ。認知された実在としてのちに承認され、今日を迎えたユダヤ人社会が、その満悦したブルジョア層に至るまで、依然として不確実性と不安定さをとどめているということ、それもまた疑いない。「ホロコースト」と呼ばれている〈受難〉ならびに試練の過去のすべてが未来に疑問符の影を投げかけており、「ホロコースト」というこの犠牲は永久に試練の過去の思い出を蘇らせつづけるだろう。生き残りたちのこの宗教のうちには、良心の安寧や既成の秩序の安定を思わせるものは何ひとつとして存在しないのだ。

もちろん、どんな宗教も、体制順応や支配や経済的組織の規範に尽きるものではない。ただ、たぶんこれがユダヤ民族の固有性ではないかと思われるのだが、他に類のない歴史をとおして、その存立条件ならびに土地へのその居住の危うさをとおして、ユダヤ民族はすでに、正義の要請にもとづいて感得された世界の未完成を生き、それに耐えている。正義の要請は除去しえない火急の要請であり、それこそがユダヤ民族の宗教的メッセージに他ならないのだ。熟していない世界の生硬さ。こんな言い方が許されるとしてであるが、ユダヤ教はかかる生硬さについての意識であるのみならず、その証しであり、言い換えるなら犠牲者でもある。過酷さのなかで、私の苦しみや私の死ゆえの苦悩が、他の人間への配慮とそれゆえの戦きに変貌しえたのだった。あたかもユダヤ人の宿命が、揺るぎない存在の甲殻に走った亀裂であり、不眠への目覚めであるかのようではないか。非人間性は、政治的必要性なるものをみずから捏造してはそれを隠れ蓑とし、政治的必要をまぬかれるものはないということを口実とするのだが、この不眠のなかでは、もはや非人間性はそうした隠れ蓑や口実を振りかざすことができなくなる。人間的理性の予言的局面であり、どんな人間も、そしてまた人間の全体がついにはそこで自分を取り戻すことになるのだ。とすればユダヤ教は、類のなかの種としての、〈歴史〉の偶発事としての民族性を単に意味するものではあるまい。自然的なものと歴史的なものの破産であるが、両者はたえず再構成されるから、この破産はつねに忘れ去られた〈革命〉であろう。かかる破産ないし〈革命〉は書き留められて〈聖書〉と化す。しかし、それはまた連続的な啓示でもある。それはイスラエルとして、混乱のなかに突き落とされたひとつの民族の歴運として生起するのだが、イスラエルという民族は、その日常の生活のうちにあって自然な、「歴史的な」意味の座に甘んじているものを、他ならぬ日常生活をとおして攪乱する。残忍なものを、権力の過剰を、専横を時期尚早にも、とはいえ、たゆまず糾弾する思想なのである。

「客観的な遵法者」はユダヤ教を信条と儀式の体系とみなしているが、そのような意味でのユダヤ教も、数千年来、それほど変化してはいない。仮りに、ユダヤ教に中央の権威や構造化があったとすれば、ユダヤ教の統一性は明確に保証され、その永続性を保とうという配慮も見られたのであろうが、ユダヤ教はそれらをことごとく欠きつつも、しかも地球の隅々にまで「四散」しつつも、この数千年間あまり大きな変化を被らなかったのだ。ユダヤ教の保守主義だろうか。一見するとそう見えるかもしれないが、それは見かけだけの保守主義でしかない。弱者を無視し、敗者への慈悲を欠いたままそれを改めようともしない冷酷な〈世界史〉として、おそらくはいまだ救済されざる世界のなかで展開していくような政治的、社会的秩序への執拗な否――ユダヤ教の外形上の保守主義は特にかかる否定を表しているのだ。生まれついての分派であり、頑なうなじであり、底意であり、単なる情勢でしかないものへの抵抗であり、擾乱である。聖書ならびにユダヤ教の典礼に刻まれた「エジプトの国での隷従」は、ユダヤ人の、それもすべての人間のうちに宿っているユダヤ人の人間性そのものに属しており、それゆえ解放された奴隷たるユダヤ人は、プロレタリアート、異邦人、虐げられた者にきわめて近しい存在であることになろう。聖典はたえず、礎石ともなるこの事実――ないしこの神話――を呼び起こし、それればかりか、〈霊〉の精神性や神の近さに等しいものとして、正義への一途な要請を捉えるに至ったのではなかろうか。神という尋常ならざる語を露出せしめ、どうにかこうにか舌の端にのぼらせた独特な情況がここにあるのではなかろうか。

ここにあるテクストがある。『イザヤ書』58章である。ユダヤ教にとってこの章がどれほど意義深いものであるかは、それがユダヤの祭日の頂点をなす大贖罪日(ヨム・キプール)の典礼の中核に位置していることからも明白であろうが、けだしこの章は、ユダヤ人とプロレタリアート、異邦人、虐げられたものとのかかる同格性を私たちに例証しうるものであった。「なにゆえあなたはわたしたちの断食を顧みず、苦行しても認めてくださらなかったのか」――『イザヤ書』58・3の聖句で、「敬虔な者たち」はこう問いかけている。彼らは、苦行によって、謙譲をつうじてなんらかの祈願の成就ではなく神の近さを請い求めるだけの精神的洗練をすでに有した者たちではある。ところがこのとき、予言者の口のなかに、主の第一の応答が置かれる。探し求められている神の近さは経済の営みの単なる継続と相容れるものではなく、また、この営みにはつきものの種々の確執、たとえば粗暴さや憎悪や支配や不誠実とも相容れない、というのである。「断食の日に、おまえたちは自分の利益を追い求め、債務者たちを虐げているではないか。そうだ、おまえたちは争いといさかいを引き起こすために、荒々しい拳をふるうために断食をしている。おまえたちが今この時にしている断食は、天上でおまえたちの声が聞き届けられるのにふさわしいものではない。そのような断食がわたしの気に入ることなどありえようか。そのようなものが、人間の苦行の日だというのか。葦のように頭を垂れ、粗布と灰を敷くこと、それがおまえたちのいう断食であり、永遠なる主の愛でる日であるというのか。」

なるほど、いかなる宗教も倫理を斥けることはない。どの宗教も倫理を呼び求めている。けれども、それらの宗教はまた、真に宗教的なものを倫理の上位に置こうとするものでもある。ためらうことなく、宗教性を数々の道徳的責務から「解放」するのだ。キルケゴールのことを思い起こしていただきたい。これに対して、宗教性は他の人間に向けての倫理的運動においてその絶頂に至るということ、神の近さそのものが社会的なものの倫理的変革と不可分なものであるということ。より具体的に言うなら、なによりも神の近さは社会の構造それ自体における隷属と支配の消滅と一致しているということ。まさにそれこそ、この予言的なテクストの続きの部分が私たちに語っていることなのである。「わたしの好む断食とはこのようなものではないのか。不正の鎖を断ち、ありとあらゆる足かせをほどき、虐げられたひとびとを救い出し、ついにはいっさいの隷属を打ち破ること……」なんと社会の社会性そのものが変革されるのだ！　しかし、それだけではない。あたかもこの一節が個々の人格を無視した非人称的な側面を依然として保持しているかのように、そしてまた、「官僚主義的」とも呼びうるような解決策がかかる倫理の当初の目的をその正反対のものに転じる、そのような危険があたかも存在するかのように、予言者は、他者との人格的な連関のうちでしか可能ではないことを先の一節につけ加える。「……飢えたひとにおまえのパンを裂き与え、宿無しの不幸な者たちをおまえの家に迎え入れ、裸のひとを見たら衣を着せかけ、さながらおまえ自身の肉であるかのようなひとたちから決して眼をそらさないこと。」瞠目すべき終節ではないか。その顔の優雅さをつうじてではなく、その裸出、その肉の悲惨をつうじて、他者がそれと認められているのだ！

このように、倫理の成就は宗教性を成就するものであり、存在における地殻変動のごときものなのだ。「……そうすれば、おまえの光が曙のように射し出で、癒しが速やかに芽生える。おまえの徳がおまえを先導し、永遠なる主の歩みがしんがりを守る。そのとき、おまえが呼べば、主は答えるだろう。おまえが懇願すれば、主は『われここに』と言うだろう。」

おそらくは以上のことからある感情が導き出される。それは神学的な表現として記されているものではもちろんなく、理論的に「しっかりしている」わけでもないのだが、そうした感情がイスラエルの宗教性を特徴づけているのだ。この感情とはすなわち、イスラエルの歴運、エジプトでの隷属からポーランドはアウシュヴィッツに至るイスラエルの〈受難〉、イスラエルの〈聖史〉は、人間と〈絶対者〉との単なる出会いの歴史、忠誠の歴史ではなく、あえて言うなら、神の実在そのものを形づくるものだという感情である。イスラエルの〈聖史〉を抜きにしてそれ自体として考えられるなら、神の実在は、神の実在証明におけるなんらかの三段論法や公理の帰結のように抽象的なものにとどまる。しだいに複雑化し近代化してきたとはいえ、そうした三段論法や公理の帰結はつねに疑問の余地を残すものであり、いかなる否定神学、いかに誇張された表現といえどもかかる抽象性を意味で充たすに至ることはない。イスラエルの〈聖史〉の外では、イスラエルが抱えた数々の矛盾の外では、その浮き沈みの外では、その犠牲と懐疑、その忠誠と否認の外では、あたかも神の実在の意味、神にあてがわれた「存在する」という動詞の意味が解明されることも表現されることも理解されることも、さらには垣間見られることさえありえないかのようだ。イスラエルの歴史が「神曲」、というか「神の存在論」そのものであるかのようだ。うちひしがれつつも、死に至るほどに忠誠をまもりつづけた義人たちの試練、そのような試練が、死よりも、経験を否定する死よりも強き経験であるかのようだ。具体的な生々しい体験として、神的永遠の体験でさえあるものとして、それは、神という語の意味論に、あるいはまた、〈不可視のもの〉のために死んだ同胞についてユダヤ人たちがそう言うように、〈御名〉の聖化に属しているのだ。とはいえそれは、哲学者たちには欠落している神の実在証明を、この歴運、この〈受難〉、この〈歴史〉が「最後には」もたらすからではない。それらはむしろ、神の実在の展開そのもの、〈離散〉にさえ至るその具体的な展開なのであり、タルムード博士たちの謎にみちた語りによると、神はなんと〈離散〉においてもイスラエルに同伴していたのだ。

ユダヤの宗教性の以上のような様態――ここで私たちはその形而上学的妥当性を支持するつもりはないし、ましてやそれに異議を唱えるつもりもないのだが――、この様態は、ユダヤ教がユダヤ人たちに係わる仕方そのものを、ユダヤ教が現代のユダヤ人社会でなおも要請され、またそこで課せられる際にまとう逆説的な形式を、さらには、ユダヤ教がユダヤ人たちと係わり、彼らに課せられるそうした仕方を解釈し分類する際に感じられる困難の大半を説明してくれる。そう考えたとしても不当ではあるまい。

ユダヤ人の集団を自任する集団があり、ユダヤ人の集団とみなされた集団があり、ユダヤ人の集団として互いに求め合う集団があり、逆にユダヤ人の集団として互いに避け合う集団がある。そうした数々の人間集団の中核には——いや、その周辺には、と言うべきかもしれないが——、正統派と呼ばれる実に個性的な一群が存在しており、そこでは、ユダヤ教は神の意志への服従として感じ取られている。戒律厳守のサークルにとっては、タルムード[1]という記念碑的な仕事において解釈されたトーラーが神の意志のもっとも高度な表現である。その場合ユダヤ教は、日常生活のありとあらゆる事実や所業に浸透し、それらを規制する厳格な典礼至上主義として生きられることになる。トーラーの掟を果たし、その禁止を遵守し、タルムードが開いた展望のなかでトーラーを学習すること、ひいては生活のすべてが典礼と礼拝なのであり、そこでは卓越した価値が学習に与えられることになる。近代社会の物質的欲求から身を引き剝がすことのできない昨今の人々にとっては、なんとも困難な生活である。それは言うまでもあるまい。しかし、「〈律法〉の軛」を思わせるものはここには何ひとつないのだ。トーラーの命令は数々の物質的な行動にも係わるもので、そのような命令への服従は沸き上がる熱意なのだ。こうも言えるかもしれない。典礼の挙措は、みずからの充実しきった内面を表現し、具現する魂の状態の延長線上にあるもので、そうした挙措と服従の敬虔さとの関係は、微笑と善意、握手と友情、愛撫と愛情との関係に等しい、と。

これら正統派のサークルの外には、よりリベラルな正統派が存在している。今日のユダヤ人たちの大部分は、右に記したような保守十全主義を信奉してはいない。彼らの信仰、彼らの信経、彼らの実行、彼らの教典はしばしば、生活様式とか慣習とか文学といった文化的な事象に転じている。とは言わないまでも、こうした信仰や信経や実行や教典に結びついた者たちは、少なくともそれらを本気で文化的な事象とみなし、文化的な事象としてそれらを信奉している。周囲の数々の文明に、〈離散〉の地たる諸国民に同化した何十万というイスラエルびとにとっては、ユダヤ教はもはや文化的事象であるとさえ言えない。ユダヤ教の原典もその基盤もまったく知らず、正統派の人々とはまったく無縁な生活様式に従う者たちのなかでは、ユダヤ教は思い出のそのまた漠たる思い出に、原意を喪失した若干の言葉に還元されてしまう。原意を失わない場合でも、これらの言葉は必ずやそのヘブライ語の文法的形式を失ってしまっている。中身のない封筒であり、気の抜けた香水だ。しかし、である。ユダヤの歴運にとって本質的な数々の時期——私たちが生きているこの歳月にあっては、これらの時期はいずれもホロコーストの炎の照り返しを刻まれており、イスラエル国によって芽生えた希望も誹謗者たちの叫びに次第にかき消えようとしているのだが、そのような本質的な時期においては、ユダヤ民族とその文化との社会的な絆をすでに失ってしまった人々の前で、なんとこれらの遺物にそれには収まりきらないある意味が詰め込まれ、連帯と責任への、そしてまた選びへの拒否しえない呼びかけとしてこの意味が感じ取られることになる。こうしたことはすべて、人間の意識の例外的ともいえる深層で〈聖史〉が、《神曲》が展開されていくことを示すと同時に、世界という質料への〈聖史〉の刻印であり、〈聖史〉の命令と思い出であるような祭儀の比類ない力をも証示しているのだ。

このように散乱してしまったとはいえ、ユダヤ教の典礼重視の立場は、ユダヤ人社会のかなりの層の人々にとっては、いや、保守十全主義者たちのサークルに敵対し、彼らと闘う人々、そんなサークルなど知らない人々にとっても、イスラエルならびに、日常生活として営まれるイスラエルの超自然的な冒険を継続しようとする奇妙な効力をなおも保持している。ある者たちはこのことに苛立つのだが、実行を命ずるこれらの古びた命令は人間同士の友愛と正義という使命にとって不可避な迂路なのである。イスラエルのもたらした音信としては、友愛や正義の使命のほうが良識家たちの気をひきやすいのはもちろんなのだが、この迂路を避けることはできないのだ。事実、現代のユダヤ人社会では、人間の友愛ならびに地の正義への渇望は「主観的な」感情たることをやめてしまった。それらが引き起こしたのは、東欧ユダヤ人たちの家庭に育ちながらも社会主義のためにそれを捨てた若者たちの革命への参加であり、スターリニズムの倒錯とその後遺症に抵抗するために生まれた依然として未成熟な分派であった。そして、シオニズムの奔出であった。シオニズムのこの奔出は、普遍的メシアニズムの夢からも、王や君主たちに挑む予言の言葉による擾乱からも決して切り離すことができない。復活するや否や、四面楚歌の状態を強いられたイスラエル国においてさえそうなのであり、この予言の言葉が、〈歴史〉惚けした人々を、勝利も覇権も、戦争も凶暴さもなきある秩序へと目覚めさせるのだ。かかる覚醒は酩酊をまさに一掃したものであるがゆえに、自由や革命や、さらには愛の名において犯される犯罪に欺かれたりはしない。

ただし、イスラエルの倫理のもっとも堅固な防壁、そのもっとも忠実な記憶は何かといえば、それはやはりトーラーである。トーラーであり、また、日々営まれる物質的な行動の自然な目的とは別に、トーラーがそうした行動に授ける典礼としての意味性である。今日、このような機能を確保しうるのはイスラエル国を措いて他にない。時代遅れの数々の挙措が不可思議な力をもつのだ。しかし、そのようなものこそイスラエルの経験であり、おそらくはタルムードのある箴言にはらまれた数多の意味のひとつなのだろう。この箴言は、宇宙の礎たる「〔創造の〕善き仕事」にトーラーと典礼のお勤めを結びつけ、現実に安定を授けるものとして「これら三つのもの」を列挙しているのだが、その際、なんと善き仕事よりも先に、トーラーと典礼を挙げているのである。

中世のユダヤ教哲学者たち——彼らもまたギリシャ人たちの衣鉢を継ぐ者だった——は、ユダヤの信仰の信仰箇条（credo）をくり返し定式化することに余念がなかったのだが、彼らがユダヤの信仰について考えていたのとはまったく逆に、典礼の実践や戒律への服従が果たす支配的な役割は、ユダヤの精神性にあっては、一個の知識たる形而上学的諸命題と結びついた狭義の信仰や信心に応分の場所を残すのではなかろうか。知識、と言ったが、信仰と結びついた知識は自然の光たる理性ほど確実ではないが、理性ほど冷やかなものでもない。ユダヤの精神性において第一義的な地位を占めるものとして強調しておきたいのは、〈聖史〉に伴う数々の責任への帰属としてのある種の受動性であり、これらの責任への忌避不能な――そしてある意味ではイニシアチヴに先立ちさえする参画の意識である。ぐいと手で摑まれて持ち上げられたがために生じたかのような、自分の意に反した帰属である。『エゼキエル書』8・3での予言者のように、頭の「髪の房」を摑まれて引き揚げられるのだ！　数々の戒律が忘れられた場合にも、それらにもはや耳をかたむけない場合にも、それらを拒む場合にも、手は放すことがない。不信仰者たちの敬虔さではないか！　反ユダヤ主義的な虐待においては、屈辱を感じ取るその深奥からさながら栄光のように手が伸ばされるときに、このような引き揚げが生じる。仮借ない責任の意識である。悪意ある人々はそれを、選民たらんとする民族の、あるいはまた奴隷たらんとする不遇の者たちの奢りとみなすのだが。仮借なきもののなかでの責任、それが逆説的な事態であることは言を俟たない。しかし、それが聖書の根本的な逆説なのだ。神はあなたを手放すことなく摑むが、あなたを自分に隷属させるわけではない。形のうえでは隷従を描くものであるにもかかわらず、この関係のうちでは、人間の困難な自由が立ち上がるのだ。こう言っても言い過ぎではないだろうが、だからこそ、神は神であってなんらかの論理的項ではなく、聖書における人格の存在論も観念論的主体の主体性と袂を分かつのである。人間の経験の内容は単に観照的、理論的な形式性と絶縁しうるものではないのか――、自律を保証するこのような他律の具体性をきっかけとしてこう問うことができるのではないだろうか。かかる絶縁において精神的なものは成就し、またそこにおいて、「人間は無限に人間を乗り越える」のではないだろうか。

善き哲学を定めようなどという意図は今の私たちにはない。ただ、これまで述べてきたことを明確化するために、一連の引用をおこなうことにしたい。これらの引用は、説教にも似たある独特な解釈学がいかなる様式をまとうのかを、締め括りとして読者に示すきっかけとなろう。ここにいう解釈学は典礼のひとつのジャンルであるのみならず、人間の思考に本質的なひとつの形式でもあるのだが、ユダヤ教の釈義はそのような解釈学に精通している。理性的なものがたどる異様な道程であろう。

『レヴィ記』25章の最後の部分では、「身売りした兄弟」を確実に買い戻すための勧告が与えられているが、この勧告は、この章を締め括る55節のつぎのような聖句のうちにその正当な根拠を見いだすことになる。「なぜなら、イスラエルびとが奴隷として仕えているのはこのわたしにであり、彼らは、エジプトのくにから彼らを連れだしたこのわたしの奴隷であるからだ。わたしは永遠なる主であり、あなたたちの神である。」あたかも人間の自我は、ある種の帰属、それも疎外することなき帰属の可能性を意味し、まさにこの臣従（sujétion）によって自由へと高揚していくことができるかのようだ。事実、『モーセ五書』（『出エジプト記』21・5－6）によると、主人への愛ゆえに、当然得られるべき解放を放棄した奴隷は、「七年目には」「法廷に連れだされ」、「耳を錐で刺し貫かれる」ことになる。この奇妙な条項を註解しつつ、タルムード（『キドゥシン』〔婚約、結婚〕篇、22b）は、そこにある象徴的な意味を読み取っている。すなわち、人間による人間の奴隷化の終焉をシナイ山の麓で告げた『レヴィ記』25・55の聖句の福音にあくまで耳をかすことのないような耳は、永遠に汚辱の烙印を押されなければならない、というのである。〈啓示〉を授かったにもかかわらず、人間の主人を探し求めるような輩は神に仕える資格がない、言い換えるなら自由に値する存在ではないのである。

さらに『バーバー・メツィア』〔中の門、動産取引〕10bは、至高者への忠誠を条件としたこの自由の原理を、日々の生活での諸権利という日常的な問題にまで拡大している。神の僕たるがゆえに、人間は雇用者から独立しており、彼らの契約書といえどもこの独立を奪うことはできず、場合によっては、仕事の最中に主人のもとを離れることすらできるのである。

(1) タルムードは、西暦紀元に相前後してパレスチナとバビロニアで教育に携わっていたラビ博士たちの教えと論議を書き留めたものである。博士たちはおそらく古来の伝承を継承していたのだろう。
そこには、ユダヤ教における道徳や法律や儀式のきまりに関する諸問題が見いだされるが、それらの問題は個々の情況に対する実に鋭敏な注意を怠ることなく扱われている。そうした決疑論的な外観をまとっているとはいえ、諸原則への留意がそこに欠けているわけではないし、数々の譬え話や寓話は聖典に関するユダヤ的ヴィジョンから哲学的な含意を引き出してもいる。タルムードの弁証法を特徴づけている、行動の具体的諸条件への関心はこのうえもなく困難な一個の技法を教えていると考えてもよいだろう。高潔でかつ一般的な諸観念といえども現実と接触することで疎外されかねないのだが、それらの観念を疎外から護る、そのような技法である。実現されようとしている目的が逆転して倒錯が始まるような瞬間を、イデオロギーに鼓舞された行動のなかに見分けることで、イデオロギーを警戒する、そのような技法なのである。

# タルムード読解

# 2　西欧のモデル

──『メナホット』〔穀物の供え物、素祭〕99b－100a

ミシュナー(1)

寺院の玄関口の広間に、ふたつのテーブルがあった。ひとつは大理石のテーブルで、もうひとつは金のテーブルだった。大理石のテーブルのうえには、中に持ち込まれる供物のパンが置かれ、金のテーブルのうえには、外に持ち出されたパンが置かれていた。なぜなら、聖なる事物は高められるべきであって、降ろされるべきではないからだ。寺院の内部には金のテーブルがひとつあって、そこにはいつも供物のパンが置かれていた。四人の司教が入ってきた。ふたりは〔パンの〕二列の並びをもち、あとのふたりはふたつの香炉をもっていた。すると、四人の司教が彼らの正面に進み出て、ふたりは二列のパンを持ち去り、あとのふたりはふたつの香炉を持ち去ろうとした。入ってきた者たちは北に陣取り、顔を南に向けていた。出ていく者たちは南に陣取り、顔を北に向けていた。出ていく者たちは、互いの正面にある空間から引き抜くことで持ち去ろうとし、入ってきた者たちはこの空間に入り込むことで置こうとした。なぜなら、こう言われているからだ（『出エジプト記』25・30）、「絶えずわたしの前に供えなさい」と。ヨッシは言う、「たとえまずある者たちが持ち去り、次いである者たちが置くとしても、『絶えず』は充たされる」と。彼らは出ていき、それらのパンを広間の金のテーブルに置き、香炉の香を炊いた。そして司教たちはパンを分け合った。ヨム・キプールがシャバトと重なるなら、パンは夜に分けられる。ヨム・キプールがシャバトの前の日と重なるなら、贖いの雄山羊は夜に食べられる。バビロニア人〔の司教〕たちはそれを生で食べる。なぜなら、彼らにはそれでもよかったからだ。

ゲマラー

こういうバライタ〔外典〕がある。ラビ・ヨッシは言う、「たとえ彼らが朝に古いパンを持ち去り、夜に新しいパンを置くとしても、問題はない。」しかし、その場合には「絶えずわたしの前に」はどのようにして守られるのか。そのためには、パンを載せないままテーブルが夜を越してはならない。

ラヴ・アミは言う、「ラビ・ヨッシの言うとおりだとすると、朝にひとつの章を学び、夜にまたひとつの章を学ぶ者も、『このトーラーの書をあなたの口から離してはならない』（『ヨシュア記』1・8）という戒律を果たしたことになるのだろうか。」ラビ・シモン・ベン・ヨハイの名においてラビ・ヨハナンは言う、「たとえあるひとがシェマアの祈りを朝と夜に読誦するだけだとしても、彼は『それをあなたの口から離してはならない』という戒律を果たしたことになる。しかし、これを無学な者（アム・ハ・アレツ）に教えることは禁じられている。」ところが、ラバはこう言う、「無学な者に教えるのは善行（ミツヴァ）である」、と。――ラビ・イシュマエルの妹の息子ベン・ディマはラビ・イシュマエルに尋ねた。「トーラーをすべて学んだわたしのような人間がギリシャ的叡知を学ぶのはいかがなものか。」ラビ・イシュマエルはつぎの聖句を彼に読んで聞かせて答えに代えた。「このトーラーの書をあなたの唇から離すことなく、昼も夜も口ずさみなさい。」(『ヨシュア記』1・8)「昼でも夜でもない時を見つけなさい。そして、ギリシャの叡知を学びなさい。」この点については、ラヴ・シュムエル・バール・ナフマニによって異論が唱えられた。「その聖句は責務を課すものでも戒律でもない。それは祝福の言葉なのだ。称えられるべき主は、トーラーの教えがヨシュアにとって格別に重要なものであることを見てとった。なぜなら、『モーセの従者である、ヌンの子ヨシュアは幕屋から離れなかった』(『出エジプト記』33・11)と言われているからだ。称えられるべき主はヨシュアにこう言ったのだ、『あなたはこれほどトーラーの教えが好きなのだから、トーラーの書があなたの唇から離れることは決してない!』(『ヨシュア記』1・8)、と。」

ラビ・イシュマエルのもとではこう教えられていた。「トーラーの言葉はあなたが負うた債務ではない。あなたがトーラーの言葉から解放されることはありえない。」

ヘズキアは言う。「『神はあなたを逆境の重圧から引き出して、広い所でくつろがせ、豊かな食べ物を供えた食卓を整えてくださる』(『ヨブ記』36・16)という言葉は何を意味しているのか。神のやり方が肉と血の〔人間の〕それとどれほどちがうかを見よ。これは肉と血のやり方だが、人間が隣人を誘うのは、彼を生の道から死の道へと導くためである。が、称えられるべき主が人間を誘うのは、彼を死の道から生の道へと導くためである。なぜなら、(『ヨブ記』36・16では)『わたしはあなたが狭き口の外に出るよう誘う。(2) 地獄の外に出るよう誘う。煙をそこに充満させるために』と言われているからだ。『その口が狭いように、地獄そのものも狭い』、とあなたは言うかもしれないが、実際の文面は『深く、広い』となっている(なぜなら、ずいぶん前からトフェト〔焼き場〕は準備され、用意が整っているからだ)。『それは王のために造られたものではない』と、あなたは言うかもしれないが、実際には（『イザヤ書』30・33では）、『王のために』と言われている。『そこには木がない』と、あなたは言うかもしれないが、実際には『そこには木が積まれ、火のついた薪が置かれ』と言われている。『それもまた褒賞である』と、あなたは言うかもしれないが、実際には『食卓は豊かな食べ物で一杯だ』と言われている。」

ラバ・バール・ハナはラヴ・ヨハナンの名において言う。「彼らはバビロニア人ではない。彼らはアレキサンドリア人である。ところが、バビロニア人たちが嫌悪されているので、アレキサンドリア人をバビロニア人と呼んだのである。」

バライタがあって、そこではこう教えられている。ラヴ・ヨッシは言う、「彼らはバビロニア人ではなくアレキサンドリア人である。バビロニア人たちがかき立てる憎悪ゆえに、アレキサンドリア人たちはバビロニア人と呼ばれているのだ。」ラヴ・イェフダは言う、「心を鎮めなさい。なぜなら、あなたはわたしの心を鎮めてくれたからだ」、と。

始める前に、私の意図について、そしてまた、私が註解を試みようとしているタルムードの一節の性格について、聴衆のみなさんに御説明申し上げておきましょう。つぎの四つの点を明言しておかなければなりません。

——お見受けしたところ、この部屋にはタルムードについて広い知識をお持ちの方々が数多くおられるようですから、どうしてもはっきりさせておかなければならないのですが、私の野心はごくごく限られたものでしかありません。私はもちろん教養ある聴衆に向けてお話ししているのですが、なにぶん多数の聴衆がおられるわけですから、たぶん、タルムードの諸篇に通じた方々には余計なものとうつるかもしれない指示や前提事項も省略するわけにはいかないでしょう。

——タルムードをめぐる高度な学問では、検討対象となった箇所をつうじて諸篇の全体をいわば振動させることがごく当然のこととして要請されるのですが、この読解では、そのような要請を充たすことはできないと思います。

——お配りしたテクストは明らかに多義的なもので、それはまた多様な次元を有してもいるのですが、私の探究は、あくまで本会議のテーマとの関連でこのテクストに問いかけようとするものです。

——最後に、毎度のことですが、私は、問題の一節にはらまれたさまざまなテーマの統一性を引き出すことに努力を傾けるつもりです。お手もとの翻訳を御一読いただくだけでも、そこに多様なテーマが含まれていることに気づかざるをえないでしょう。そうしたテクストの整合性を探究し、見いだされた多様なテーマ同士の一致点を探ること、それが私の主たる努力目標なのです。

ですから、あらかじめ解決しておくべき多くの事項があることになります。まずしなければならないのは、テクストに記されたデータの直接的意味を説明することです。このテクストは聖書のふたつの箇所、『出エジプト記』25・23-30と『レヴィ記』24・5-9に係わっています。全部は引用いたしませんが、これら二つの箇所を解釈してみましょう。

『レヴィ記』のほうから始めることにします。題材の論理的順序のほうがテクストの「年代的」順序よりも重要だからですが、そこでは、砂漠の幕屋に設えられた聖域での典礼のお勤めが語られています。こう述べられています。一、シャバトごとに供え、つぎのシャバトまで取り置かれるべきパン——フランス語の翻訳ではこのパンは「供物のパン」(pain de proposition) と呼ばれるのですが――、そのようなパンを作ること。二、このパンをひとつのテーブルのうえに、「主の御前に絶えることなく」置き、シャバトごとに、大祭司と祭司たち(コハニーム)がこのパンを食べること。「上等な小麦粉を用いて、それぞれ十分の二エファの分量のパン菓子を一二個焼きなさい。それを六個ずつ二列に並べ、純金のテーブルのうえに置いて永遠なる主の御前に供えなさい。それぞれの列に純粋な香を添え、パンの徴しとしてそれを燃やして永遠なる主に捧げなさい。」「シャバトごとに、イスラエルからの捧げ物としてパンを永遠なる主の前に絶えることなく供える。これは永遠の契約である。」「このパンはアロンとその子孫たちのものであり、彼らは聖域でそれを食べる。なぜなら、それは格別に聖潔なものであり、永遠なる主への数々の供物のうちでも、不変の食事として彼に属しているからである。」それは永遠なる主の一日分の食糧であり、パンはすべてコハニームによって分配され食べられるのです。

『出エジプト記』25・23-30は、このパンを載せるためのテーブルの製作について語っています。そこからただちに、私たちはお配りしたタルムードのテクストのうちに入り込むことになるのですが、このテクストはテーブルの話から始まっています。「つぎに、アカシア材で机を作りなさい。寸法は縦二アンマ、横一アンマ、高さ一アンマ半。それを純金で覆い、金の縁飾りをほどこしなさい。一トファの幅の枠を周囲につけ、この枠にも金の縁取りをほどこしなさい。」ここにいう金の縁飾りは、ひとつ前の〔25・10-16〕聖句で語られていたのと同じ縁飾りです。つづいて、準備すべきさまざまな用具が列挙されます。この段の最後の聖句はこうです。「このテーブルのうえにパンを置きなさい。つねにわたしの前に置きなさい。」ですから、ここで銘記しなければならないのはまず、シャバトごとに神殿に菓子あるいはパンを供え、一週間そのまま置いたのち司祭たちがそれを食べるという典礼の次第であり(それにしても、なんとも古びたパンですね！）、つぎに、金で覆われたテーブルが神殿のなかにあって、そこにパンが供えられるということです。二つの聖句で語られていた金の縁取りのことも忘れてはいけませんね。そして最後に、テーブルのうえに置かれるパンの位置ですが、パンはつねに永遠なる主の前に置かれます。「つねにわたしの前に」、と言われていました。

私は、お配りした抜粋でのラビの考察を「西欧のモデル」というこの大会の主題に捧げたいと考えているのですが、この試みを正当化するものと私に思えたのは、他でもありません、この恒常性（permanence）の意味であり、また、タルムードの抜粋のなかでこの恒常性を考えるために提出された多様なモデルだったのです。反語的な正当化、であることは言うまでもありません。ただ、本大会のテーマをつうじて私たちが大いに関心をよせているのは、西欧が身を投じた近代世界に対するイスラエルの位置です。兄弟たる人間がそれぞれ時間を感受し、感得する仕方によって、この究極の相違によって、おそらくは今でもなお兄弟たる人間は弁別されるのであり、この区別に即して私たちはイスラエルと西欧を区別しているのです。

恒常性は、「いつも」は何を意味しているのでしょうか。「いつも」はいかにして意味を得ることができるのでしょうか。イスラエルは「いつも」の意味性をどのように考えているのでしょうか。私たちが提起したいのは以上の問いです。

近代を牛耳っているのは「歴史的意味」であり、生成の意味なのですが、西欧にとって、この意味が現実をその到達点に導くのは申すまでもありません。ただし、ここにいう到達点は近代の偽メシアニズムをつうじてたえず繰り延べされる到達点なのですが（にもかかわらず、この時間は数々の到達点の時間として定義されるのです）。こうして「歴史的意味」は、ひとつひとつの瞬間を審問し、相対化し、その価値を貶めます。それはまた、理念的な、とはいえ具体的次元でも他に比較するもののない諸関係の超時間的永遠を垣間見ることで、不出来な世界あるいは解体した世界のなかに数学的な完全無比な学を築きうるものでもあります。このような「歴史的意味」を前にして、このような歴史主義をまさに前にして、イスラエルは「いつも」と、言い換えるなら時間における恒常性と結びつくのではないでしょうか。聖潔な諸瞬間によって担われた時間であり、また、これらの瞬間が意味を得、「目標の間近に」あるその仕方によって担われた時間であります。これらの瞬間のどれひとつとして失われることはなく、失われるべきでもない。そのひとつひとつがさらに深められるべき瞬間であり、つまりは昇華されるべき瞬間なのです。「いつも」のそのような味わいと意味は、単なる言葉、精神のひとつの見地、流れゆく時間における瞬間のなんらかの共存にとどまることなく、まさに具体的な人間の現実の構造化を、生の指針を――さらにおそらくは正義そのものを――呼び求めているのではないでしょうか。そうした構造化や指針や正義があって初めて「いつも」のかかる意味は可能になり、実際に有意味なものと化すのではないでしょうか。

これほど深刻な論議に入るに先だって、この会場におられる批判的精神の持ち主たちに対してさらに釈明をしておくべきでしょう。その方たちはきっと驚いておられるにちがいありません。これほど深刻で、これほどアクチュアルな問題が遥か昔に消えたパンとテーブルを起点として扱われているのですから。そんなものはラビたちの妄想だ！　そう思われるかもしれません。

私が注意を促したいのは、とくに供物のパンとそれが置かれつづけるテーブルとの祭儀がラビの伝承では何を意味しているのか、また、その意味が私たちをいかなる思想のうちに導いていくのか、ということです。すでに強調いたしましたが、細部から始めましょう。『出エジプト記』25章からの私の引用文には、テーブルの周りの金の縁飾りが出てきましたが、これは「冠」とも訳せる言葉です。縁飾りか冠なのですが、『出エジプト記』では、祭壇のためのいまひとつの縁飾りあるいは冠が、さらには、聖域に奉られた契約の櫃のためのいまひとつの縁飾りあるいは冠が語られてもいます。聖域に置かれている調度のことを、みなさんがご存じかどうか、私は知りませんが、そこには、五つの聖具が置かれています。聖櫃、テーブル、燭台、香を焚いて犠牲を捧げるための金の祭壇がそこにはあり、さらに青銅の祭壇が玄関前の中庭に置かれています。さてそれで、縁飾りが施されているのは、聖櫃、青銅の祭壇、テーブルです。ミドラッシュ——というのはラビたちの寓意的な釈義のことですが——このミドラッシュは、それらの縁飾りないし冠のうちに、至高性の象徴を見ようとします。なかでも『アヴォット』〔父祖〕は、三つの冠が、至高性の三つの様態が存在するのだ、と言っています。司祭の勤めないし典礼の至高性は祭壇の縁取りによって示されます。王あるいは政治的権力の至高性を象徴するのはテーブルの縁飾りです。そして第三の至高性——これはもっとも高き至高性でありながらも、それを得ようと努力する者たちすべての手のとどく至高性、トーラーの至高性のことなのですが、聖櫃の縁飾りがそれにあたるのです。(『アボット』ではさらに、第四の冠、評判の良い冠のことが語られており、この冠がもっとも高き冠であるらしいのですが、お配りした抜粋にはこの冠は出てきません。)

テーブルに付された冠、それはこのように王冠のことです。王、それはテーブルを開放する者、人々を養う者のことです。永遠なる主と向き合ってパンが置かれるテーブルは、政治的権力、言い換えるならダヴィデ、言い換えるならダヴィデの子孫、言い換えるならメシアは人々の飢えに心を砕くという恒常的な思想を象徴しているのです……。時間の終末ではなく、空腹な人々の飢えに心を砕くのです。イスラエルの王威、それはつねに、民衆を養うヨセフのことです。人々の飢えに思いを致すことが政治性の第一の働きなのです。

政治的権力が人々の飢えにもとづいて考えられているというのはかなり注目すべきことです。問題のパン、レヘム・ハパニームは「供物のパン」と訳されています。文字どおりにこれを訳しますと、「顔のあるパン」(pain à visages)となるはずです。なぜ、「顔のあるパン」なのでしょうか。ラシはこう言っています。その出来上がりの形からしてパンは二つの顔をもっていて、二つの顔は聖域の二つの側面に向けられているのだ、と。イブン・エズラはというと、たぶん彼はラシほど信仰に厚くなかったのですが、しかし彼もまた驚くべきことを言っています。それは神の顔の前につねにあるようなパンである、と。私の考えでは、これら二つの解釈はそれほどかけ離れたものではありません。事実、神の眼差しにさらされたパンに、人々を見つめること以外の何ができるというのでしょうか。パンの至る先は、人々を養うこと以外の何なのでしょうか。水平に伸びる眼差しの方位が高みから放たれた眼差しの成就なのです。宗教性の意味を探る人々が、「水平」、「垂直」という措辞をめぐって今まさに議論をたたかわせていることは承知しています。思いますに、二つの方位がひとつの運動を導いているのです。いろいろな象徴が出てきましたが、これらの象徴のうちには、〈精神〉と人々を養うこととの連関をめぐる問題そのものがはらまれているということ。これらの象徴はこの問題の政治的性質を思い起こさせるものであり、思想や近代テクノロジーの進歩にもかかわらず、国連やユネスコの存在にもかかわらず、西欧の政治はこの問題を解決するには至っていないということ。おそらくこの事態は、テーブルと顔のあるパンへの言及になにがしかのアクチュアリティーを与えることでしょう。この点も強調しておきたいのですが、このパンはもともと聖体拝領のためのパンであったわけではありません。まず、空腹な者たちのパンであり、それによって初めて、たぶん聖体拝領のパンと化すのでしょう。消費に専念した西欧と、聖域の構造のなかに、言い換えるなら、おそらくはユダヤの魂のもっとも奥深い襞に刻まれたユダヤ教の宗教的感受性とのあいだには一致があるのでしょうか。それとも、ずれがあるのでしょうか。私にはわかりません。両者は実に近く、実に異なっているのです。

この導入部分を締め括るにあたって申し上げておきたいのは、他の二つの絶対的な権威、典礼のそれもトーラーのそれも同様に、私たちのテクストでは永続性の核のごときものとして現れることになるという点です。事実、私たちは顔のあるパンを置いたテーブルから学習のテーブルへ、トーラーへ、私たちのうちなるトーラーの「永続性」へと赴くのですが、顔のあるパンが聖域のテーブルから離れないように、トーラーも私たちの唇から離れることはないのです。私たちは、典礼と一体化したトーラーへと赴くことになりましょうが、おそらくこの点のほうがユダヤ教の構造にとってはより本質的でありましょう。しかし、私は論点を先取りしすぎましたね。

お配りしたタルムードのテクストの最初の部分はもっとも古い部分でミシュナーと呼ばれていますが、一見すると、それは儀式の描写しかしていないように見えます。ミシュナーは供物のパンを一週間ごとに取り替えるという儀式を描いています。シャバトの日に、古いパンがさげられて新しいパンがもってこられるのです。ただし、聖書で予見されたただひとつのテーブル――このただひとつのテーブルは先に挙げた『出エジプト記』の箇所に登場するもので、そこでは砂漠の聖域に置かれていました――に、ミシュナーは、エルサレムの神殿での儀式を描写しながら、二つのテーブルをつけ足しています。二つのテーブルは広間に、聖域を含む建物の内部に、とはいえ聖域それ自体の外に置かれています。テクストの最初の数節を読んでみましょう。

神殿の玄関口の広間に、二つのテーブルがあった。ひとつは大理石のテーブルで、もうひとつは金のテーブルだった。大理石のテーブルのうえには、中に持ち込まれるパンが置かれ、金のテーブルのうえには、外に持ち出されたパンが置かれていた。なぜなら、聖なる事物は高められるべきであって、降ろされるべきではないからだ。神殿の内部には金のテーブルがひとつあって、そこにはいつも供物のパンが置かれていた。

ですから、三つのテーブルがあるわけです。ひとつは戸口にある大理石のテーブルで、そこには新鮮なパンが置かれており、もうひとつの金のテーブルは、聖域の内部にある金のテーブルから取ってこられたばかりのパンが置かれているのです……。それにしても、なぜこの順序なのでしょうか。大理石、金、金なのでしょうか。「なぜなら、聖なる事物は高められるべきであって、降ろされるべきではないから」です。パンはまず大理石のテーブルの上にあり、ついで聖域の内部にある金のテーブルに置かれる。供物のパン、聖なるパンは大理石から金へと高められたばかりです。今度は金のテーブルからパンが取り上げられて、聖域の外に持ち出されることになります。では、それは大理石のテーブルの上に置かれるのでしょうか。しかし、そうするとパンは降りたことになります。供物のパン、聖なるパンは聖域の外でも、少なくとも金のテーブルをまた見いださなければならないのです。私たちの考えでは、このようにして価値における生成を指揮する原則が確証されるのです。数々の真の価値も変化する、もちろんです。ですが、真の価値が価値を失うことはありません。真の価値の原則は上昇なのです。状況が継起していく際の価値の永続性の原則はそれらが上昇していくということなのです。それは数々の祭儀によって象徴されるひとつの行動の規則です。たとえば、ハヌカの祭〔八日間守られる光の祭で一二月に祝われる〕では、蠟燭の明かりは、明かりが次第に明るくなる序列に即して点灯されるべきでしょうか。それとも、次第に暗くなる序列に即して点灯されるべきでしょうか。シャンマイ学派とヒレル学派はこの点で論争を展開しました。次第に明るくなる序列を信奉したヒレル学派の考えがハラハー〔実践的な教え〕となりました。と申しますのも、「聖なる事物は上昇させるべきであって、降下させるべきではないから」です。

大理石のテーブル、金のテーブル、そして金のテーブルです。これはひとつの教育学です。高められたものを決して卑俗化しないこと、つねにそれを高揚させ、老いつつある価値からもつねにその昇華された形を引き出すこと、これです。これは、異議申し立てを否定する反動的な原則でしょうか。まったくちがいます！　教育的推奨は数々の真の価値をめぐる一個の価値論と一個の聖史を想定しています。高揚はある価値の持続に固有な意味なのです。磨滅なき持続、開花であるような持続であります。次第次第に高く、不可逆的に、です。これは深層の時間性あるいは時間の隔時性そのものについてのひとつの解釈ではないでしょうか。もっとも聖潔なものへと向かう聖潔なものの緊張――「最大」はすでにして「最小」の只中で作用しているのです。私たちの日常的生存や、日常的か否かはともかく、私たちの哲学のなかで私たちが価値に付与している構造とは大きく異なる価値の構造ではありませんか。もっと正確に言うなら、相対的価値と聖潔なる価値とのあいだにはおそらく区別があるのです。聖潔なる価値は上述の高揚によって、「善い」から「より善い」への変化によって定義される。価値の生命がひとつの聖史なのです。ミシェル・セール氏が昨日見事な仕方で語ってくれたような歴史の発見であるのみならず、歴史のある種の高揚でもあるのです。歴史におけるすべてが真なる歴史であるわけではないし、すべてがそこで歴史として重要なわけでもない。あらゆる瞬間が重要ではありますが、すべてが瞬間であるわけではないのです。他の人々なら歴史に属するものとみなすであろう数々の波瀾に対して、ユダヤ人が無関係であるのもそのためです。西欧は数々の価値の相対性とそれらに対する異議申し立てを説きました。が、おそらく西欧はすべての瞬間を真剣に受け止め、それらすべてをあまりにも性急にも歴史的瞬間と呼び、そのような歴史に、諸価値を相対化して相対性のなかに埋没していく権利を残したのです。その結果、諸価値のたえざる再評価が、そのたえざる瓦解が、道徳のたえざる系譜学が生じます。永続性なき歴史、聖潔なき歴史でありましょう。

もちろんユダヤ人も、西欧人と同様、「ある種の価値の相対性」について幻想を抱いているわけではありませんが、ユダヤ人は諸価値と聖潔とを明確に区別しています。イスラエルの永続性は、高揚していく聖潔についてのこのような意識のなかに、歴史を裁くこの可能性のうちにあります。ですが、ここにいうイスラエルの「永遠性」は特権ではなく、人間のひとつの可能性です。聖潔のこのような時間性、生としての聖潔が、エーテルのごときなんらかの精神性、数々の言論で「精神」と呼ばれているものに関して語られているのではなく、人々のパンを契機として語られているという点も無意味ではありません。続きを読んでみましょう。

神殿の内部には金のテーブルがひとつあって、そこにはいつも供物のパンが置かれていた。四人の司教が入ってきた。二人は二列の並びを、云々。

儀式は詳細に描かれています。

……二人は〔パンの〕二列の並びをもち、あとの二人は二つの香炉をもっていた。すると、四人の司教が彼らの正面に進み出て、二人は二列のパンを持ち去り、あとの二人は二つの香炉を持ち去ろうとした。入ってきた者たちは北に陣取り、顔を南に向けていた。出ていく者たちは南に陣取り、顔を北に向けていた。出ていく者たちは、互いの正面にある空間から引き抜くことで持ち去ろうとし、入ってきた者たちはこの空間に入り込むことで置こうとした。

結局のところ、テーブルの上に何もないときはまったくないのです。

なぜなら、こう言われているからだ（『出エジプト記』25・30）。「絶えずわたしの前に供えなさい」、と。ヨッシは言う、「たとえまずある者たちが持ち去り、ついである者たちが置くとしても、『絶えず』は充たされる」、と。彼らは出ていき、それらのパンを広間の金のテーブルに置き、香炉の香を焚いた。そして司教たちはパンを分け合った。ヨム・キプールがシャバトと重なるなら、パンは夜に分けられる。

聖潔の高揚はまだ続きます。大理石から金へ、金から司教たちの口——消費者の口へと。消費へと高揚していくのです。パンは司教たちによってすべて消費され、神は焚かれた香炉によって単に思い起こされるだけです。祭壇のために前もって取っておいたりはしないのです。聖書はこう言っています、香炉は記念となるであろう、と。神に思いを馳せる。その思い出のために香炉はある。しかし、パンはここではそれを消費する人間たちに全面的に属しています。「偉大なり、食べることは」、とラヴ・ヨハナン（同一人物にラヴ、ラビという異なる尊称が付される場合がある）は言っていますが、「偉大なるかな、飢えた者——隣人——の飲食は」なのです。しかしながら、都合のよいことにミシュナーによってここで言及されたキプール〔贖罪、赦し〕は、癒された飢えの彼方を想起させることになるのではないでしょうか。

ミシュナーのこの箇所で記述され、ゲマラーの冒頭でラビ・ヨッシが反対しているかに見えるこの永続性の意味に今度は注意してみましょう。ミシュナーにいう「絶えず」、「いつも」、それは時間の連続性です。つまり、中断なき時間です。神の眼差しにさらされたパンは一時たりともこのテーブルの上を空にはしません。ですが興味深いことに、ここではある型の間‐人格的な連関がこの連続性を保証するために前提とされています。テクストの細部を思い起こしていただきたいのですが、複数の顔と顔が互いに向かい合うのです。連続性は共同の動きによって保証されます。ただし、互いに知り合い、見つめ合う協力者たちのあいだの共同によって、です。人間と人間が「現に現前し合う」ような間‐人格的連関を有した小さな社会でありましょう。互いに知り合うこともない大きな社会ではないのです。

ですが、おそらくはそれこそがゲマラーの冒頭でのラビ・ヨッシの介入を促す原因なのでしょう。ラビ・ヨッシはこうミシュナーにつけ加えたのです。永続性は、人間同士の対面、互いの顔を見せ合い隣人の顔を探す人間たちによって保証されるような時間の連続性のうちにのみ存しているのではない、と。人間的なものの永続性は、共通の仕事の周囲に形づくられる連帯によって保証される。同じ課題によって保証されるのですが、この課題は、協力者たちが互いに知り合ったり出会ったりすることなしに果たされるのです。よりいっそう大きな驚異です。人間たちの兄弟愛はここでは、兄弟たちが互いに知り合うことを必要としないのですから！

ヨム・キプールがシャバトと重なるなら、パンは夜に分けられる。ヨム・キプールがシャバトの前日と重なるなら、贖いの雄山羊は夜に食べられる。バビロニア人〔の司教〕たちはそれを生で食べる。なぜなら、彼らにはそれでもよかったからだ。

聖潔なる事物の上昇の物語のなかになぜキプールへの言及があるかについてはすでに説明いたしました。が、キプールの雄山羊のことについては何も申しませんでした。その点については最後にひとこと述べるつもりです。バライタに移りましょう。

ラビ・ヨッシは言う、「たとえ彼らが朝に古いパンを持ち去り、夜に新しいパンを置くとしても、問題はない。」しかし、その場合には「絶えずわたしの前に」はどのようにして守られるのか。そのためには、パンを載せないままテーブルが夜を越してはならない。

ゲマラーの冒頭をかざるこのバライタは、すでに註解を加えたラビ・ヨッシの主張を私たちに伝えてくれるのみならず、ラビ・ヨッシがその主張に付した条件をも伝えてくれます。夜のあいだ何も置かれていないテーブルがない限りにおいて、時間的連続性なき永続性がある、というのです。としますと、たとえ協力者たちが互いに出会わなくとも、うまく組織された諸機能を有するような共同作業のなかに、永続性があることになりましょう。それにしても、なぜ夜が重要視されるのでしょうか。夜に、ひとは何を恐れるのでしょうか。私が思いますに、夜とは、個人的接触よりも諸機能の組織にもとづいた大きな集団にとっての危機の時なのです。夜には、誰もが自分の家に戻る。これは私的な生活です。組織の解体であり個人主義です。夜は、経済的連帯の上に構築された大きな社会にとっては、解体と無秩序状態の脅威です。私たちの大国家がそうであるように、経済的連帯の上に構築された社会、近代大国家としての社会が脅かされるのです。

続きを読みましょう。

ラヴ・アミは言う、「ラビ・ヨッシの言うとおりだとすると、朝にひとつの章を学び、夜にまたひとつの章を学ぶ者も、『このトーラーの書をあなたの唇から離してはならない』(『ヨシュア記』1・8)という戒律を果たしたことになるのだろうか。」

ラヴ・アミはこう言っているのです。「聖域のテーブルに置かれたパンの永続性に関する戒律についてラビ・ヨッシがとった立場から、私たちは、イスラエルびとの唇にトーラーが永続的にあることに関する戒律についての結論を引き出そうとしているのだろうか。テーブルに載せられたパンの永続性と『あなたの唇を決して離れることのない』トーラーの永続性とのあいだには類似があるのだろうか」、と。類似、類比による推論は水準が代わるときにも有効なのでしょうか。トーラーはパンではありません。トーラーの王冠はそれとは異質です。トーラーの王冠は、それを求める者の手の届く範囲にあります。王の冠はダヴィデとその子孫に属しており、典礼はアーロンとその子孫たちの領分ですが、トーラーの王冠はトーラーの学習に専念する者に属しています。学習、と言いましたが、それは知解の日常的行使であって、一挙に与えられる直観ではありません。万人の手の届く範囲にあるのですが、恒常性と苦闘という代価がそれには伴っているのです。

しかしながら、ここにはある新たな永続性のモデルがはっきりと姿を現してもいます。時間の連続性でもなければ、面識がないかもしれない者たちの仕事を核とした統一性でもありません。日常的規則性の永続性であり学習の永続性です。実際この場合には、集団の成員が私的な領域に逃避して社会が解体してしまいかねない、そうした夜から身を護る必要はまったくありません。ラビ・ヨッシとの類比によって推論しつつも、ラヴ・アミはラビ・ヨッシとはちがって夜の永続性を要請してはいません。トーラーの諸部分はそれ自体でおのずからトーラーの全体へと導かれるのでしょうか。因みに、やがて見ますように、これに似たことはラバによっても想定されています。このようなものが学習による「絶えず」です。仕事によって統一された人間たちの社会的連関によって構成されるのではなく、トーラーという媒体、真実の統一性での知によって構成されるような時間の連続性なのです。

日常的な規則性はトーラーの学習を満足させます。が、このような規則性としての学習の「絶えず」は、崇拝の「絶えず」に、日々の典礼の責務という徳の「絶えず」に類似しているのではないでしょうか。タルムード博士にとっては、日々の典礼の責務という徳はトーラーのもっとも高度な教え、隣人愛の教えよりも重要な教えとうつったのでした。というのも典礼の恒常性なしには、隣人愛はレトリックにとどまる可能性大だからです。師の承認を得たベン・アナスの見解によりますと、『モーセ五書』の至高の聖句はただこう教えるのみです。「一頭の子羊を、あなたは朝に犠牲にし、もう一頭を夕に犠牲にする」、と。私たちは典礼と学習の融合というイスラエルの唯一無二の特徴に立ち会っています。そこでは、知的生活は崇拝、精神的生活のこの至上の形式と化すことができるのです。そこから、ラビ・ヨハナンの意見が生まれます。

ラビ・シモン・ベン・ヨハイの名においてラビ・ヨハナンは、云々。

――因みにラビ・シモン・ベン・ヨハイ、それはユダヤ神秘主義の祖であります。

……ラビ・ヨハナンは言う、「たとえあるひとがシェマアの祈りを朝と夜に読誦するだけだとしても、彼は『それをあなたの唇から離してはならない』という戒律を果たしたことになる。しかし、これを無学な者（アム・ハ・アレツ）に教えることは禁じられている。」ところが、ラバはこう言う、「無学な者に教えるのは善行（ミツヴァ）である」、と。

シェマア・イスラエルの一日に二度の読誦（『申命記』6・4－9、同11・13－21、『民数記』15・37－41の聖句からなる）は祈りの一部分をなしています。ラビの伝承によると、この祈りは「天の軛」の受諾を、〈律法〉への従順を表しています。〈律法〉への従順であり、奉仕の永続性であり、自我と自然な諸性向とのあいだに介在する祭儀の受諾であります。これが目覚めであり、聞けイスラエルなのです！　しかし、「聞けイスラエル」は聖典の一部をなしてもいます。だからこそ、日々の典礼はその永続性において、一個の真理の永続性と合致するのです。これは極度に厳格なユダヤ一神教の教えでありましょう。つまり、エロヒームたる神は創造的力能であり正義の原理であり、ひいてはこのような力能ならびに被造物におけるその権威の拡張と奔出であるのですが、そうしたエロヒームとしての主はテトラグラムの絶対的統一性に他ならず、いかなる「差異」も〈一者〉の統一性を触発したりはしないのです！　日々の祭儀と規則的に取り上げられる真理、真理のなかに根づいた祭儀――自然な生活の退屈な流れが揺り動かされる際の仕方がここにあるのです。イスラエルの生活の秘密、「絶えず」についてのイスラエルの意識の秘密、それは、そのお方自身「眠ることもまどろむこともない」イスラエルの〈守護者〉と同様、「眠らないこと」なのです。トーラーの王冠が典礼の王冠に付加される、この至高の瞬間の規則的な回帰によって、時間の散逸は集摂され、永続性として結び合わされるのです。

ですが、なぜ無学な者にはそのことを語ってはならないのでしょうか。ラビ・ヨハナンは、無学な者が永遠にそれで事足れりとしてしまうような「必要最小限」を彼に教えることになる、と考えたのでしょうか。いずれも覚醒させる力能を有しているにもかかわらず、祭儀と真理は教養を欠いた知性にとっては「催眠力」を有してもいる。この点をラビ・ヨハナンは危惧しているのでしょうか。逆に、なぜ上述の点を無学な者に語ることは善行なのでしょうか。ラバは祭儀と学習の力動的性格を信頼していて、端緒を築く可能性を無学な者に与えようとします。そのラバにとってもまた、聖潔はそれ自体でおのずとより高くへと昇っていくものだったのではないでしょうか。

ラビ・イシュマエルの妹の息子ベン・ディマはラビ・イシュマエルに尋ねた。「トーラーをすべて学んだわたしのような人間がギリシャ的叡知を学ぶのはいかがなものか。」ラビ・イシュマエルはつぎの聖句を彼に読んで聞かせて答えに代えた。「このトーラーの書をあなたの唇から離すことなく、昼も夜も口ずさみなさい。」(『ヨシュア記』1・8)「昼でも夜でもない時を見つけなさい。そして、ギリシャの叡知を学びなさい。」

昼でも夜でもないそのような時間は存在しない、だからユダヤの宇宙からギリシャ的叡知は排除されるべきだ、と言っているのでしょうか。それゆえ結局のところ、西欧のモデルが拒否されているのでしょうか。それとも逆に、この言葉は昼でも夜でもない黄昏の時刻を、この不確実性の時刻を暗示しているのでしょうか。そして、黄昏の時刻ではギリシャ的叡知への依拠が可能である、いや、おそらくは不可欠でさえあるのでしょうか。考慮に値する意見です。この意見はユダヤ教史のひとつの時代全体を特徴づける意見でありましょう。それはギリシャ的叡知の究極的本質をも勘案している、とさえ言えるかもしれません。ギリシャ的叡知は、イスラエルがあるいはその困難な叡知の主人であり、あるいはその伝承に盲目的に従っている、そのような時刻からだけ排除されるのです。ギリシャ的叡知は不安定な逡巡の時刻には不可欠なものとなりましょう。多次元的な問いを諾か否かの分離へと還元することが、ギリシャ的叡知には可能なのですから。諾と否とのこの合理主義がユダヤ教史のひとつの時代全体に対して放った魅惑は、ユダヤ人たる私たちの不確実性、不安の度合いを測る尺度ではないでしょうか。

ですが、こう考えることもできます。ラビ・イシュマエルによって口にされた排除は、彼が推奨している慎重さに叶った仕方で、ベン・ディマの眼からラビ・ヨハナンの意見を隠すひとつの仕方だったのではないでしょうか。ベン・ディマは無学な者である——驚くべきことではありませんか。ベン・ディマはトーラーの全体を熟知していたのではなかったでしょうか。無学な学者なるものが存在する以外に手はありません！　アム・ハ・アレツの深い意味はいかなるものでしょうか。教養ないしトーラーはその時と限界を有していると考える者、という意味です。その場合、トーラーは時間割のなかに閉じ込められて、ギリシャ的叡知のための余暇を残す。休暇や日曜日の暇な時間にギリシャ的叡知が存在することになるのです。だからラビ・イシュマエルは、どんな中断をも禁じる連続性の意味でのトーラーの永続性をアム・ハ・アレツに対して指摘したのでした。アム・ハ・アレツは上述の仕方以外ではトーラーを解することのできない者なのです。

ベン・ディマとラビ・イシュマエルの対話のなかで、ギリシャ的叡知なるものがどのように解されているのか、その点を最後に考えるべきかもしれません。いずれにしましても、ギリシャ的叡知が問いただされるのは、その学問的、芸術的な壮麗さのゆえではありません。それに、ギリシャ的叡知がタルムードのなかではこのような壮麗さを意味しているという点も定かではありません。ギリシャ的叡知という措辞が現れる箇所を比較してみましょう。それはある種の言語です。王の宮殿で話される言語です。追従であり外交術なのです。ギリシャ文明が告知している、追従と魅惑に係わるすべてのことであり、――西欧のモデルにおいて私たちを魅惑するすべてのことです。おそらく、それはレトリックであり、ある種の言語が所有している幻惑の「力」でもありましょう。それはおそらく、弄び欺く力を有したものとして今日侮蔑的にヒューマニズムと呼ばれているものです。ヒューマニスティックな雄弁をなしうるものとしてのギリシャ的叡知。ギリシャ的叡知のなかでも、まったく数学的ならざるものが問題となっているのです（ただし、不完全な世界にあっては数学的完璧さもレトリックとしての一面を有しているのだが）。レトリック、それは私たちを真実のなかに止め置くにはあまりにも美しい仕方で語られるすべてのものの謂でありましょう。ギリシャ的叡知のいまひとつの側面を次に見てみましょう。『ソター』〔姦淫の嫌疑ある妻〕49bはこう述べています。「ハスモン王朝の王たちが争っていたとき、ヒュルカヌスは外（エルサレムの外）にいたが、アリストブルスは中（エルサレムの中）にいた。毎日、彼ら（エルサレムにいる者たち）は篭にディナール金貨を入れて降ろし、毎日永続的に続けられる犠牲のための動物を引き上げた。それらの者のうちに、ギリシャの叡知に通暁したひとりの老人がいた。この老人はギリシャの叡知を援用して他の人々を自分を理解させる術を心得ていたのだが、その彼がある日エルサレムにいる者たちにこう言った。『ここにいる者たちが日々の犠牲を保証することができる限り、彼らはあなたたちの手には落ちないだろう』、と。翌日、ディナール金貨を降ろすと、篭は一頭の豚と共に上がってきた。篭が壁の中間まできたとき、豚が壁に爪をたてたので、イスラエルの地は四方四十里にわたって揺れた。そのとき、彼ら（博士たち）はこう言った。『豚を引き上げた者よ、呪われてあれ、息子にギリシャの叡知を教える者よ、呪われてあれ！』、と。」

『ソター』はギリシャ語とギリシャの叡知とが別物であることを明確に記しています。ところで、ラバン・ガムリエルは例外です。彼にはギリシャの叡知が許されているのです。というのも、「ラバン・ガムリエルは政治的権力（王権）と接している」からです。このように、ギリシャ的叡知は胸襟を開くことですが、それはまた、普遍的には理解されることのない記号によって語る可能性でもあり、共犯の記号たるがゆえに、これらの記号は欺く力を有しているのです。ある種の言語の曖昧さのなかに包み込まれたものである限りにおいて、ギリシャ的叡知はこのように奸計と支配の武器です。それは、哲学にあっては詭弁に通じているという事態であり、科学にあっては力と政治に貢献するという事態でありましょう。純粋に人間的なものでしかない叡知のなかには、虚偽とイデオロギーに反転してしまう可能性が存している。ベン・ディマに対する回答のなかで、ギリシャ的叡知の排除が徹底したものであったのもそのためでしょう。とはいえ、それはギリシャ的叡知が知識であるからではありません。そうではなく、レトリックとありとあらゆる裏切りへの偏向が、純粋に人間的なものでしかないトーラーなき知識、純然たるヒューマニズムのうちにすでに潜り込んでいるからこそ、ギリシャ的叡知は徹底的に排除されたのであり、実はプラトン自身、レトリックや裏切りと闘っていたのでした。タルムードの文体を解釈することは私たちに多大な困難をもたらすのですが、おそらくこの文体もレトリックとの闘いに他ならないのでしょう。昨日、アンセル氏はユダヤ的叡知と魔術との対立についてみなさんに語られました。ユダヤ的叡知はなによりもまず、言語の魔術と敵対しているのです。

ところで、どんな魔術も言葉の力でありましょう。レトリックの危険を忘れることは可能でしょうか。しかし逆に、科学や芸術を無視することは可能でしょうか。ギリシャ的叡知が科学や芸術にもたらしたすべてのものを無視することは可能でしょうか。ユダヤ教を西欧の数々の源泉から切り離すことは可能でしょうか。続く箇所では、ラビ・イシュマエルに対する異論が見られます。とは言わないまでも、そこではラビ・イシュマエルの厳格さが緩和されています。ただし、そこで語られるような読解は無学な者、アム・ハ・アレツによってなされるのではないという条件がそこには付されるのですが、その限りでこの種の読解は恣意的ならざる読解と化すのでしょう。

この点については、ラヴ・シュムエル・バール・ナフマニによって異論が唱えられた。「その聖句は責務を課すものでも戒律でもない。それは祝福の言葉なのだ。称えられるべき主は、トーラーの教えがヨシュアにとって格別に重要なものであることを看て取った。なぜなら、『モーセは従者である、ヌンの子ヨシュアは幕屋から離れなかった』(『出エジプト記』33・11)と言われているからだ。称えられるべき主はヨシュアにこう言ったのだ、『あなたはこれほどトーラーの教えが好きなのだから、トーラーの書があなたの唇から離れることは決してない！』(『ヨシュア記』1・8)、と。

この箇所の最初の意味は、ギリシャ的叡知は禁じられてはいない、ということでしょう。『ヨシュア記』1・8の聖句では、動詞は命令法ではなく希求法で用いられています。トーラーの召命を聴取する者は自由に、この希求法を祝福として解釈することができるのです。

ギリシャの叡知を学ぶユダヤ人はもはや不信仰者ではありません！　が、それだけではありません。無学ならざる者は、至るところに散らばった諸価値をその真の意味へと導くのです。トーラーは、余所から私たちに到来したすべてのものに対する祝福であり、余所から到来したものは容認しうるものなのです。

ところで、トーラーの学習の永続性は命じられた責務ではなく祝福であるという事態はそれ固有のある意味を有していて、それによって永続性の新たなモデルが示唆されることになるのですが、先の引用箇所の最後の部分も、さまざまな側面をつうじてそこへと私たちを導いていくのです。

トーラーの永続性は祝福であって命令ではないということ、この事態はきっと、永続性が時間的連続性の意味に解されてはならないことを意味しているのでしょう。しかし、この教えは無学ならざる生徒にしか授けられてはなりません。それはトーラーを愛する者たちに限定された教えなのです。生活の全体をトーラーが覆い尽くすその仕方はトーラーの溢れんばかりの充溢、その豊穣さに由来しています。トーラーに捧げられた時間内に精神に参入するものは、授業と授業の合間に結実する。それは、理性がその実際の行使を超えて獲得する無償の報酬でありましょう。祝福という観念は、タルムードの別の見事な箇所でも表明されています。トーラーの学習に際しては、トーラーの深奥までもが与えられるというのです。『サンヘドリン』〔法廷〕99bは、『箴言』16・26の聖句を自由自在に区切りながら、私たちにこう教えています。「トーラーを学ぶために人間は現世で苦労しているが、人間が学ぶトーラーも彼岸で苦労している」、と。これをラシはつぎのように註解しています。「人間が学んだトーラーは人間の面倒を見、トーラーの〈師〉に対して、トーラーの『由来』とその内的組成を人間に明かすよう要請している」、と。最小のもののなかの最大です！　理性の彼方が理性に与えられる。理性の彼方はおそらく、私たちが検討する主題の現前とは異質な現前を有しているのです。お配りしたテクストの最後の最後の部分で、私たちはこの点を、この驚異的な特質を見ることになりましょう。トーラーは数ある文学ジャンルのひとつではなく、文字や命題や語を起点としてそこである生命が始まるような場所です。たぶん、こうした力動性もまた「聖なる事物」の上昇に関する定式のうちに書き込まれているのです。

ところで、豊穣なものであるにもかかわらず、ある面では祝福が責務以下のものであるというのは確かでしょうか。祝福は義務より以上のものではないでしょうか。トーラーの永続性について、私にはもっとも高度なものとうつるヴィジョンを与えてくれる一節にようやく辿り着きました。

ラビ・イシュマエルのもとではこう教えられていた。「トーラーの言葉はあなたが負うた債務ではない。あなたがトーラーの言葉から解放されることはありえない。」

トーラーの言葉は債務ではありません。というのも、債務は清算することができるからですが、それに対してここでは、私たちは不断に清算をやり直すべき何かと係わっているのです。ラシの註解は私たちのテクストでももっとも独特な範疇をここに介入させています。祝福の溢れんばかりの充溢に、ラシは義務の彼方を、単なる義務の遂行ならざるものをつけ加えるのです。トーラーが永続性であるのは、トーラーが支払い不能な債務だからです。債務を支払えば支払うほど、あなたはより大きな債務を背負う、言い換えるなら、あなたはこれから発見し実行すべきもののより大きな広がりを見ることになるのです。トーラーが教える、他の人間との関係のうちに導入すべき範疇でありましょう。つまり、他者に近づけば近づくほど、他者に対するあなたの責任は増大するのです。義務の無限――おそらくはそれこそが無限との関係がまとう様態そのものなのでしょう。ここにもまた、高みへの運動が見られますね……。

最後の箇所と取り組むことにしましょう。一見すると、この箇所は永続性についての上述の数々のモデルをめぐる論議を中断するものであるかに見えます。

ヘズキアは言う。「『神はあなたを逆境の重圧から引き出して、広い所でくつろがせ、豊かな食べ物を供えた食卓を整えてくださる』（『ヨブ記』36・16）という言葉は何を意味しているのか。」

ここで挙げられた聖句は、ヘブライ語では「ヴェアフ・ヘッシティハ」という語で始まる聖句です。第二の語は、持ち去る行為、ある場所から別の場所へと連れていく行為を意味するものとみなすことができます。と同時に、説得し、信じさせ、ある考えによって誘惑し、誘うことをも意味していると考えられます。さて今度は、ヘズキアの解釈が語られます。

神のやり方が肉と血の〔人間の〕やり方とどれほどちがうかを見よ。これは肉と血のやり方だが、人間が隣人を誘うのは、云々。

他でもないゲマラーのヘブライ語によって、ここでは「ヘッシティハ」は「彼はあなたを誘うだろう」という意味で用いられています。

……人間が隣人を誘うのは、彼を生の道から死の道へと導くためである。が、称えられるべき主が人間を誘うのは、彼を死の道から生の道へと導くためである。なぜなら、云々。

さて、タルムード学者たちが自分に許容している手続きについては、昨日アンセル氏がみなさんに示してくれたとおりです。タルムード学者は、『ヨブ記』からの引用を、一見すると自明の意味とはまったく異なる意味で援用しようとするのです。ここでは——まさにその真骨頂！と言うべきでしょうが——、タルムード学者はなんと、二つの異なる書物から取られた二つの異なる聖句をひとまとめにして読解している。『イザヤ書』のある聖句と『ヨブ記』のある聖句をひとまとめにして註解しているのです。『ヨブ記』36・16の聖句はつぎのようなものと化してしまいます。

「わたしはあなたが狭き口の外に出るよう誘う！　口〔入口〕の小さい地獄の外に出るよう誘う。煙をそこに充満させるために。」

この誘いは、そこに入ることができないようにするための誘いではまったくなく、煙がそこから出てこないようにするための誘いです！

「その口が狭いように、地獄そのものも狭い」、とあなたは言うかもしれないが、実際の文面は、云々。

ここで言及されたのはなんと別のテクストです！　『イザヤ書』30・33の聖句なのです。

……実際の文面は「深く、広い」となっている（なぜなら、ずいぶん前からトフェト〔焼き場〕は準備され、用意が整っているからだ）。「それは王のために造られたものではない」、とあなたは言うかもしれないが、実際には（『イザヤ書』30・33では）、「王のために」と言われている。「そこには木がない」、とあなたは言うかもしれないが、実際には「そこには木が積まれ、火のついた薪が置かれ」と言われている。「それもまた褒賞である」、とあなたは言うかもしれないが、実際には、云々。

今度は『ヨブ記』36・16の聖句です。

……実際には「食卓は豊かな食べ物で一杯だ」と言われている。

まず最初に、地獄の脅威がここでは語られています。説教としては何ら斬新なものではありません。神の言葉は天国へと導くが、単に人間でしかない人間の言葉、人間の教唆はつねに地獄へ導くというのです。この箇所に若干の秩序を――というか、それはより大きな無秩序かもしれませんが――もたらすべく努めてみましょう。私にとって、もっとも重要なのは「ヘッシティハ」という動詞です。つまり、理知によってよりもむしろ甘い話によって誰かを説得し、誘惑すること、レトリックを思わせる何かです。ゲマラーはこの措辞を神に適用しているように思われます。今や神はあなたの理知に訴えることであなたに教えるのではなく、あなたを誘惑することであなたに教え、あなたを「豊かな食べ物で一杯の食卓」へと導くのです。人間の誘いは惨憺たる結果に終わってしまう。が、神もまた誘う。神もまた誘惑する。あたかも神がレトリックを有しているかのようです。このような神の教唆は何なのでしょうか。騙すことのない教唆があるのでしょうか。純然たる理知ないし理性ではないが、にもかかわらず真に顕示するような言葉があるのでしょうか。そうだとしても、理性ならざるものはいずれも理性に先立っているのではないでしょうか。理性「以降」が、理性の彼方があるのではないでしょうか。神の教唆、それはトーラーなのです。

　トーラーのなかには理性を超えたある要素がはらまれているということ、ここで私たちに示唆されているのはおそらくこの点です。理性の彼方、それは単に信じられただけの意見、信のひとつの要素ではありません。理性の彼方が、理性的な真理それ自体のなかにあるのです。つまり、人格的連関が普遍的なもののなかに、真理のなかにあるのです。個人的人格の資格であなたに話しかける者へとあなたが近づくのはトーラーにおいてです。悪意、敵意、欺瞞の要素を思想から引き剥がすこと！　ここではトーラーは純粋な真理、普遍的な真理を有したものとして登場します。比類なきもの、世界にひとつしかないものとして、です。トーラーは、哲学を超えて人格の現前、人格的なものへと導くような教えという還元不能な範疇を描き出しているのですが、人格的なものがその始原的純粋さにおいて現れるのはおそらくトーラーというテクストを介してのみなのです。一個の人格に対する関係、もはや知識ならざる関係へと導くような知識です。ボロズィンのラビ・ハイームのように、「トーラー、それが神である」と語るいくたりかのタルムード学者たちの奇妙な言葉もたぶんそこから生まれたのでしょう。そうしますと、トーラーとは、真理を介して人格の最たるもの、神の人格へと私たちを導くようなテクストであることになりましょう。トーラーは欺瞞なき誘惑の要素を、聖潔なるレトリックを伴っています。聖潔なるレトリックは純然たるヒューマニズムにおけるヒューマニスティックなレトリックとは正反対のもので、お配りしたテクストの上述の箇所もまさにこのようなレトリックに反旗を翻していたのでした。

　という次第で、残った部分は容易に理解されることになります。『イザヤ書』と『ヨブ記』をひとまとめにして援用すること、それはタルムード解釈学の大いなる技法においてはどうでもよいことではありません。この地獄ではたぶん火が燃え盛っているのでしょうが、またしても興味深いことに、地獄に堕ちた者たちは火あぶりの刑で苦しんでいるのではなく、煙で苦しんでいるのです。純然たるヒューマニズム、トーラーなきヒューマニズムが私たちを導く地獄での生活は煙にまみれたものなのです。この世の地獄——都市は煤煙に包まれ、伝えられた文化は窒息しているではありませんか。地獄を語るためにここで用いられた煙の比喩は見事です。それは炎による永遠の殉難ではなく、汚染なのです。それも、局所的で偶発的な心配の種としての汚染ではなく、もはやそこでは生きていくことのできないような社会的生活のひとつの様相としての汚染なのです。木はたくさんありますし、好きなだけ石油もあります。が、それは人類を煙で包むためのものなのです。例外はあるのでしょうか。王はどうでしょう。王は煙のなかを通らなければならないのでしょうか。王もそこを通らなければなりません。いかなる条件を付しても、あなたがこのような生存の彼方に至ることはありません。では、不条理を信じなければならないのでしょうか。いいえそうではありません。すべてが不条理なわけではありません。すべてが虚妄であるわけではありません。義人たちを養うために食卓は整えられています。お配りしたテクストの冒頭に登場するテーブルが最後の部分にもう一度登場します。それがこのテクストに循環的な完成のごときものをもたらすのです。

さあ、これで終わりです。二つのことをつけ足しておきます。私が自分の読解のなかに組み込むに至らなかった唯一の箇所、それはキプールの雄山羊をめぐるミシュナーの最後の一節です。ヨム・キプールが金曜日にあたる場合には、この雄山羊を生で食べなければならないというのです。今日は私はイスラエルの地についても何も語ることができませんでした。金曜日に祝われるキプールの雄山羊をきっかけとして、イスラエルの地に言及することができるのではないでしょうか。最近では、キプールはもはや金曜日には来ません。今は私たちは種々の暦を有していて、すべてを調節できるようになったからです。ですが昔は、数々の観察と証言で新月祭〔シュ・ホデッシュ、太陰暦の各月初めに祝われる〕の日を定めざるをえない場合には、キプールの終わりとシャバトの始まりが一致することもあったのです。ですから、キプールの最後で、夜に食べられることになっているキプールの雄山羊は、食べることのできないものとなってしまいます。なぜなら、シャバトに入ってしまったので、雄山羊を調理することが禁じられてしまったからです。そこで、バビロニア人の名を有した何人かの司教が呼ばれ、彼らが生で雄山羊を食べることになります。彼らにはそれができるのです。ゲマラーは生で食べる者たちの物語に立ち戻ってこう言っています。

ラバ・バール・ハナはラヴ・ヨハナンの名において言う。「彼らはバビロニア人ではない。彼らはアレキサンドリア人である。ところが、バビロニア人たちが嫌悪されているので、アレキサンドリア人をバビロニア人と呼んだのである。」

バライタがあって、そこではこう教えられている。ラヴ・ヨッシは言う、「彼らはバビロニア人ではなくアレキサンドリア人である。バビロニア人がかき立てる憎悪ゆえに、アレキサンドリア人はバビロニア人と呼ばれているのだ。」ラヴ・イェフダは言う、「心を鎮めなさい。なぜなら、あなたは私の心を鎮めてくれたからだ」、と。

ラヴ・イェフダはバビロニア人でした。ですから彼は、自分が生で食べる者たちの範疇に属してはいないことを知ってたいそう喜んだのでした。生肉を食べる者たちはアレキサンドリア人でした。おそらく、エジプトからやって来たギリシャ人たちです。では、なぜバビロニア人たちはこれほど嫌悪されたのでしょうか。ここでは何も語られていませんが、トセフタ〔補遺〕が私たちにこの点を説明してくれています。バビロニア捕囚以降、バビロニアからの大アーリア〔帰還、上昇〕が起こったとき、追放の身であった司祭たちのうちの何人かは、新しいユダ王国が建設された国に戻ろうとはしませんでした。そして、アーリアを行わない者たちが嫌悪されたのです。すでにこの時代にしてそうだったのです！　しかも「バビロニア人」という語は今でも侮蔑語、侮辱でありつづけています。生で食べるアレキサンドリア人たち、彼らがバビロニア人と呼ばれた所以です。

このような形――それもレトリックでしょうか――でですが、イスラエルの地はやはり私の話の最後で称えられているのです。

（1）　本書6章に付された原註3と4を参照。

（2）　『ヨブ記』36・16の聖句の冒頭の部分であるが、翻訳には変更が施されている。不分明な聖句であって、何行か前に、フランス・ラビ協会の聖書に合った翻訳が記されている。「神はあなたを引き出すだろう」とそこで訳されている語「ヘッシティハ」は、字義どおりにとると「神はあなたを誘うであろう」という意味である。

## 3　逃れの町

――『マコット』〔鞭打ちの刑〕10ａ抄――

……それらの町は小さな村のなかからも、大都市のなかからも選ばれず、中位の町のなかから選ばれる。それらの町は水のある場所にしか築かれない。水がなければ、水が引かれることになる。それらの町は、市のための場所があり、盛んな交通のあるところにのみ築かれる。流通がまれな場合には、それを増大させることになる。住民が減少した場合には、コハニームが、レヴィびととイスラエルびとが呼び寄せられる。そこでは武器も罠も売買されない――ラヴ・ネヘミアによるとそうなのだが、博士たちもこの点を承認している。ただし、つぎの点では全員の意見が一致している。「血の復讐者」が寄りついてはならないから、罠をしかけてはならないし、綱を張ってもならないのだ。

ラヴ・イツハックは言う、「それはどの聖句にもとづいているのか。」それは、「その町のひとつに逃れて、彼がそこで生き延びることのできるように」という『申命記』４・42の言葉である。――「生き延びる」〔彼の命を救う〕とあるが、彼が〔真に〕生きるためなら何でもしなければならないのである。

バライタがある。ある弟子が〔逃れの町に〕追放されたときには、〔彼と共に〕師もまた追放される。なぜなら、「彼が生き延びることができるように」と言われているからだ。――彼が（真に）生きるためなら、何でもしなければならないのだ。ラヴ・ゼラは言う、「それだから、ふさわしくない弟子に（トーラーを）教えるべきではない」、と。

ラビ・ヨハナンは言った。「師が追放されたときには、（師と共に）彼の学院（イェシバ）も追放される。」どうしてそのようなことがありうるのか。ラビ・ヨハナンも「トーラーの言葉が避難所であることを、私たちはどこから知ったのか」と言っていなかっただろうか。それは（『申命記』4・43では）（モーセが選んだのは）「荒れ野のベツェルである」と言われ、すぐそのあと（『申命記』4・44）では「ところで、これはモーセのトーラーである」と言われているからだ。――これは反論ではないが、それ（トーラーによる庇護）はトーラーに専念しているあいだのことで、あれ（庇護することなきトーラー）はトーラーに専念していないあいだのことである。さらに、もしお望みなら、こう言うこともできる。トーラーに語られたことが避難所であるのは、死の天使に対してのみなのだ、と。たとえばラビ・ヒスダは学びの館に座し、学問に没頭していたが、死の天使は彼に近づくことができなかった。なぜなら、彼の口は絶えず教えを誦していたからである。死の天使が学びの館の前に生えているヒマラヤスギの上に座ろうとすると、そのヒマラヤスギは軋んだ。その音を聞いてヒスダが朗誦をやめたとき、死が彼を捕らえたのだった。

ラヴ・タンフーマ・バール・ハニライは言う。「なぜルベンが第一に避難所として語られているのか。」それは、彼が（ヨセフを）救うための最初の動きを見せたからだ。（『創世記』37・21では）こう言われている。「ルベンはこれを聞いて、ヨセフを彼らの手から救い出そうとした。」

ラビ・シムライはこう教えた。「『それからモーセはヨルダン川の東側に三つの町を定めた』（『申命記』4・41）という言葉は何を意味しているのか。称えられるべき主はモーセに言う、『意図せざる殺人者たちから太陽の光を奪ってはならない』、と。ある者たちが主張するところでは、称えられるべき主はモーセに、『あなたは過失による殺人者たちからも太陽の光を奪わなかった』と言ったのだった。」

ラビ・シムライは言った。「『銀を愛する者は銀に飽くことなく、多数を愛する者は収穫を得る』（『コヘレトの言葉』5・9）という言葉は何を意味しているのか。」銀を愛し、銀に飽くことのない者、それはわれらが師モーセである。モーセはもちろん、カナンの国の三つの逃れの町が定められるまでは、（自分が定めた）ヨルダン川流域の三つの町が避難所としては役に立たないことを知っていた。が、モーセはこうひとりごちた。「わたしの手に落ちた戒律、わたしはそれを実現しよう」、と。「多数を愛する者は収穫を得る」という言葉はというと、それは（知識の）富すべてを有する者、公的に教える資格がある者を意味している。ラビ・エレアザルの言葉も同じことを教えている。「『誰が永遠なる主の全能を語り、その栄光をことごとく告げうるだろうか』（『詩篇』106・2）という言葉は何を意味しているのか。永遠なる主の栄光をことごとく物語りうる者のみがその全能を語る資格がある、という意味である。」しかし博士たち、そして彼らのあとではラバ・ベン・マリはこう主張した。「多数を愛する者は収穫を得る、それは、（師が）多数に教えるのを好む者は収穫を得る、という意味である。」そこで博士たちはその視線をラッバの息子ラバに向けた。

ラヴ・アシは言う。「大勢の群衆のなかで学ぶ者はそこから収穫を引き出す」、と。これはラビ・ヤシ・バール・ハニナの言ったことと合致している。「『剣が孤立した者たちに臨み、彼らは愚か者になる』（『エレミヤ書』50・36）は何を意味しているのか。独りトーラーを学ぶイスラエルの敵たちの首〔言い換えるなら、「律法博士たちの首」であるが、反語的にこう表現されているのである〕を打つ剣である。もっと悪いことに、彼らは愚か者になってしまう。ここでは『彼らは愚か者にある』（ヴェノアル）と書かれているが、あそこ（『民数記』12・11）には『私たちの愚かさ（ノアルヌ）を私たちの罪としないでください』と書かれている。もしお望みなら、私はこの教えを『ツォアンの司たちは愚かである（ノアル）』という『イザヤ書』19・13からも引き出す。ラヴィナは説明した。『多数の者のなかで学ぶ者は収穫を得る』、と。これはラビが言ったことである、『私は私の師たちからトーラーについて多く学んだ。同僚たちからはもっと多く学んだ。私の生徒たちからはもっとも多く学んだ。』」

ラヴ・イェホシュア・ベン・レヴィは言う。「『おおエルサレムよ、私たちの足はあなたの城門のなかで止まったままである』（『詩篇』122・2）は何を意味しているのか。私たちの足が戦闘に耐えることのできた原因は何だったのか。それはエルサレムの城門であって、そこでは人々はトーラーに専念していたのだ」、と。ラヴ・イェホシュア・ベン・レヴィはまた言う。「『ダヴィデ作の都に上る歌。永遠なる主の家へ行こう、と言われたとき、私は嬉しかった』（『詩篇』122・1）は何を意味しているのか。ダヴィデは永遠なる主の前で言った、『世界の主よ。私は人々がこう語るのを耳にしました。この老人〔ダヴィデ〕はいつ死ぬのか、サロモンはいつ選びの館を建てにやってくるのか、そしていつわれわれは巡礼の旅に出るのか、と。それで私は欣喜雀躍したのです!』すると永遠なる主は、『まちがいなく、あなたの前庭で一日いるほうが他の数限りない日々よりも価値がある』（『詩篇』24・11）とダヴィデに答えた。わたしはあなたの息子が祭壇でいつかわたしに捧げるであろう無数の犠牲よりも、あなたの前庭でトーラーを学んで過ごす一日のほうを好む、という意味である。」

## 1　天のエルサレムに結びつけられた町

私がこれから註解を加えるテクストでは、エルサレムという名は最後の部分にしか登場しません。この最後の部分は『詩篇』122章の最初の二つの聖句に言及しています。そこで詩篇作者はエルサレムの城門にいることの喜びを歌い、巡礼ならびに正義の法廷のこの場所を称えています。私たち全員と同様に、詩篇作者は都市の平和と繁栄を願っているのです。「あなたの城壁のうちに平和がありますように、あなたの城郭のうちに平安がありますように!」〔『詩篇』122・7〕お配りしたテクストでは挙げられていませんが、『詩篇』122章の第三の聖句は逐語的に翻訳すると、実に不可思議な響きを獲得します。「それと結びついて総体を形づくる町として建てられたエルサレム」となるのですが、フランス・ラビ協会訳はこの謎めいた聖句について、「エルサレムは調和的な統一のための町として建てられた」というその自明の意味を私たちに伝えてくれます。

『タアニート』〔断食〕5aのゲマラーは、その秘密の意味を探ることでこの聖句を註解しています。こうしたことはすべてみなさんにお配りしたテクストの範囲外なのですが、ここでは逸脱は不可欠です。数分をそれに費やしてみましょう。ラヴ・ナフマンがラヴ・イツハックに言います。「『わたしはもはや激して怒りに身を委ねることもなく、エフライムを再び滅ぼすこともしない。なぜなら、わたしは神であって死すべき者ではないからだ。あなたの只中に宿る聖である、このわたしはバ・イルに至ることは決してない』(『ホセア書』11・9)は何を意味しているのか」、と。ラシによりますと、「バ・イル」という最後の語は「憎悪のなかへ」を意味しています。すると、「わたしは憎悪することは決してない」となるでしょう。

綴り字の類似に依拠したタルムード博士たちの自由な翻訳によると、「バ・イル」は「町〔イル〕に」を意味しており、とすると「わたしは町には決して入らないだろう」となります。さらに、タルムード博士たちによると、「あなたの只中に宿る聖たる、このわたしは町には決して入らないだろう」という聖句の最後の部分は聖句の冒頭から切り離されます。しかし、「あなたの只中に宿る聖たる、このわたしは町には決して入らないだろう」という翻訳ならびにこの切り離しは意味を維持しているのでしょうか。どのような町が問題なのでしょうか。その点についてラビ・ヨハナンはこう言っています。それは「わたしは、あなたの只中に、下界のエルサレムのうちに入る前には、天上のエルサレムには入らないだろう」という意味である、と。では、天上にもエルサレムがあるのでしょうか。きっとそうでしょう。なぜなら、――『詩篇』122・3の聖句を翻訳して引用しますが――、「結びつけられた町として建てられたエルサレム」と書かれているからです。

昨日の夜言及された天のエルサレムという観念のさまざまな起源のうちのひとつがここにあります。このような解釈学的複合は、地のエルサレムを、天のエルサレムの黙殺できない玄関たらしめます。そしてこの点が重要なのです。どのような意味において、でしょうか。まずは、昨日の夜問題となった意味においてです。つまり、神は流浪のイスラエルを追いかけており、神が自分自身へと帰還するのは、流浪から帰還するイスラエルと共に神が地のエルサレムを通過することによってでしかないのです。この解釈はまた特につぎのことを表してもいます。イスラエルにとっては、地のエルサレムへの帰還なしには精神的充溢は存在しないのです。タルムードの語りをめぐる厳密な意味でシオニスト的な読解でありましょう。

しかし、別の仕方で読むこともできます。タルムードの語りが実に奇妙なものであるのは、単純な仕方ででも説明できることを込み入った仕方で言明するのを楽しんでいるからではなく、逆に、タルムードがその語りに意味の多様性を残すからであり、それが複数の読解に訴えるからなのです。私たちの役割はまさにこれら複数の読解を探究することにあります。そこで第二の読解はこうです。エルサレム、それは例外的で唯一無二の町であり、神の国と連結された町であり、ありとあらゆる宗教の町であり、その理想と連結された町であり、その原型と連結された町だというのです。世界にとって本質的なものとしてユダヤ教を捉える意識でしょう。ユダヤの町の宗教的本質が肯定されているのです。

私たちの註解の続きの主題となるものへと私たちを近づける第三の意味があります。イスラエルにとっては――あるいはイスラエルによると――、地の町での正義なき宗教的救済は不可能であるというのが、ここにいう第三の意味です。水平の次元なしには垂直の次元はないのです。どんな上昇にとっても無視できない段階としての正義です。地のエルサレムを成就しなければならない――タルムードの術語を用いると、その意味はこうなります。トーラーあるいはトーラーの正義を学習し実行し、トーラーと呼ばれる学問を定義する実践的意識と留意とのいまひとつの水準へと学習をつうじていわば移行し、天のエルサレムを神の現前で充満させること。人間たちの住処を通過する通路以外には、救済への通路は存在しません。以上がこの町と結びついた本質的な象徴論なのです。

テクストの最後の部分から、いや、この最後の部分のさらに向こう側から始めて、ただちに、天への門(シァアール・ハ・シャマイーム)としてエルサレムを語ったのですから、おそらく驚かれたことでしょう。ただちに神学的象徴としてエルサレムを捉えたわけですが、実は私たちの意図は、すでに見ましたように、エルサレムは人間たちが住まっている現実の町であり、そこでは、隣人たちとの、他の人間たちとの諸関係をめぐる数々の具体的な問いが人間たちに対して提起されるという、まさにこの点をこそ指摘することにあるのです。

少なくとも、私たちが選んだタルムードの抜粋の冒頭は、私たちのような人間が住んでいる町のなかで提起される問題群の意味を私たちに告げています。これから見ていきますように、実に高度な文明と、ヒューマニズム、言うまでもなく真正なヒューマニズムを証示するような町が問題なのです。しかしながら、トーラーのエルサレムをつうじて私たちを照らし出してくれるのは、精神性のまったく異質な様相ないし潜在力であり、人間的なものへのある新たな留意であって、それはいわばヒューマニズムの上位に位置づけられているのです。おそらく、トーラーのエルサレムは意識よりも意識的な意識として定義されるのでしょう。私たちが「選んだ断片」を締め括るトーラーのエルサレムは、数々の逃れの町の上述の都市機能を文脈として姿を現すということ、やがて明らかになるように、それはトーラーという観念そのものにとって極度に意義深い事態なのです。

## 2 逃れの町

私たちの抜粋では実際に逃れの町が語られています。聖書で制定されたこの町については『民数記』35章で問題になっています。この町についてみなさんに紹介させてください。

過失による殺人が生じた場合、たとえば——これは聖書で挙げられた例ですが——樵の仕事中に斧が柄から外れて通行人に致命傷を与えた場合、こうした殺人は法廷では追訴されることはありえません。この「客観的な」殺人は悪事をなそうとする意図なしになされたからです。しかしながら、「血の復讐者」と呼ばれる、犠牲者の近親者——もっと正確に言うとゴエル・ハダム、「流された血を贖う者」で、犯された殺人によってその「心は煮えたぎっている」(キ・イハム・ルヴァヴォ)——は仇討ちをする権利を有しています。法廷での公的な権利を超えて、このようにある種の権利が「心の熱情」に認められるのです。ある種の権利がなんと単なる心の状態に認められるのです！　ですが、ある種の権利だけです。このいわば欄外の権利に抗して、権利そのものは過失致死の罪を犯した者を保護します。モーセの〈律法〉は、過失致死の罪を犯した者が避難する、あるいはまた追放されるいくつかの町を定めています。避難するか、追放されるかと申しましたが、これらは相異なる二つの事態です。「血の復讐者」は、逃れの町に避難した殺人者をもはや追うことができません。しかしこの場合、過失致死の罪を犯した者――彼はまた不注意による殺人者でもある――にとっては、逃れの町は追放の地でもある。つまりは、懲罰でもあるのです。追放は、殺人が犯された当時大司祭であった者が退位するまで、要するに大司祭が死ぬまで継続します。長生きする可能性のある者にとっては追放は永遠に続くものではなく、その後、殺人者は自分の国に戻ることができるのです。

逃れの町では無実の者が保護されるのですが、このように保護は客観的に有罪である者に対する罰でもあるのです。同時にその二つがあるのです。これは、血の復讐者が仇討ちの権利を有していたことそれ自体からすでに引き出される帰結ではありますが、それだけではありません。これは私たちが註解する予定のタルムードの抜粋に後続する箇所に記されていること――もっとも、それはこの抜粋のなかでも暗示されてはいます――なのですが、今申し上げたことは、過失による殺人を犯した人種と端的に殺人を犯した人種とのあいだには絶対的な断絶は存在しないという断定の帰結でもあるのです。不用意、注意の欠如は私たちの責任を軽減するのでしょうか。私たちは十分に意識的で、十分に覚醒していて、すでにして十分に人間的であるのでしょうか。いずれにしましても、半ば罪人であり半ば無実の者であるような者たちが復讐から匿われるような逃れの町がなければならないのです。

## 3　逃れの町と私たち

お配りしたテクストは私にある特異な考え、というか特異な大胆さを抱かせてくれることになります。ただ、それを読解する前に、逃れの町という文脈のなかで、あるいは逃れの町に対立するものとしてエルサレムを提示し、そうすることで、逃れの町の制定ならびに「血の復讐者」の承認が、時代後れの風変わりな慣習を単に思い起こすにとどまることなく、今まさに私たちにとって何を意味しうるのか、その点を指摘しておきたいと思います。

殺人者が望まなかったにもかかわらず犯されたこれらの殺人は、柄から離れて通りがかりのひとに当たってしまう斧とは別の仕方では生じないのでしょうか。自由で文明化された西欧の社会、しかしながら社会的平等と厳密な社会的正義を欠いた西欧の社会にあっては、貧者に対して富者が自由にできる優越――西欧における誰もが誰かに対しては富者なのですが――、この優越が結局はどこかにいる誰かの苦悶の原因となるのではないか、そのようなことを考えるのはばかげているでしょうか。世界のどこかに、このような優越の帰結であるような数々の戦争と殺戮があるのではないでしょうか。この首都に住む私たち――なるほど平等なき首都ではありますが保護と豊かさがそこにはあります――、その私たちが誰かの不幸をまったく願わないとしても、そうなのではないでしょうか。「心の煮えたぎった」復讐者たちが、贖おうとする者たちが私たちの周りを徘徊しているのではないでしょうか。大衆の怒りという姿をまとって、反抗の精神という姿をまとって、さらには私たちの界隈での非行という姿をまとって。そしてそれは、私たちが身を置いている社会的不均衡の結果なのではないでしょうか。

私たちが居住している町では、この自由社会にあっては（たとえ社会の自由度が以前よりもいささか低落しているように思えるとしても）、私たちは自分たちの主観的無実ゆえに、神も法も恐れないかくも多くの復讐の脅威やかくも多くの煮えたぎった力から保護されています。ところで、このような保護も実は半ば無実で半ば有罪であること――無実ではあるがやはり罪であること――に対する保護なのではないでしょうか。なるほど、だからこそ、私たちの町は避難の町にして追放の町であるものと化しているのではないでしょうか。なるほど、文明、私たちのギリシャ‐ローマ的な輝かしいユマニスム文明、私たちの賢明な文明は煮えたぎった血や危険な魂の状態に対する、脅威をふるう無秩序に対する必須の防衛ではあります。が、そうした私たちの文明もまた血の復讐者たちの理不尽な怒りにはあまりにも無頓着で、しかも均衡を修復することもできない一抹の偽善をはらんでいるのではないでしょうか。そんな疑問を禁じえません。つまり、私たちの生き方、私たちの正しき意図、私たちの善意、現実に対する私たちの注意のなかで表現される精神性、それは果してつねに目覚めているのでしょうか。

## 4　逃れの町の都市計画

では、テクストを読解してみましょう。冒頭で語られているのは、「主観的には無実である」人々が、不法ではあるが至極もっともな懲罰をまぬかれることができるよう、逃れの町が整えられるその仕方です。全部は読みませんが、まず、この都市の明らかに高度な水準を称えると共に、イスラエルの建設者たちの天才、その天才の源をそこに認めておきましょう。イスラエルの建設者たち、彼らは砂漠を庭園に変えたヨーロッパ人であって、この点に関しては彼らは西欧の数々の教えに広く胸襟を開いていたのでした。彼らは西欧でそれを学びました。彼らには自分たちを啓発してくれる数々の書物があったのです。

それらの町は小さな村のなかからは選ばれない。小さな村ですと、血の復讐者たちがそこに忍び込み、なんら障害に出会うこともなく、首尾よく本懐をとげられるのではないかと思いかねないからです。しかし、それらの町は、

大都市のなかからも選ばれない。

と申しますのも、大都市の場合は、血の復讐者が群衆に紛れてそこに入り込んでも見分けることができないからです。それらの町は、

中位の町のなかから選ばれる。それらの町は水のある場所にしか築かれない。水がなければ、水が引かれることになる。それらの町は、市のための場所があるところにのみ築かれる。

不注意による殺人者が不自由してはならないからです。さらに、それらの町は、

盛んな交通のあるところにのみ築かれる。

これもまたやはり、不注意による殺人者を保護するためです。あえてことに及ぼうとする血の復讐者がいたときに、襲われた者が助けを呼べるようにするためなのです（お配りしたテクストではなんと、人通りの多い通りでは人々は襲撃に対してあなたがたを護ってくれるということが前提とされているのです！）。

交通がまれな場合には、それを増大させることになる。住民が減少した場合には、コハニームが、レヴィびととイスラエルびとが呼び寄せられる。

正常なユダヤ人社会の構造を維持した社会を、避難した者に確保してやるためです。

そこでは武器も罠も売買されない。

逃れの町のなかで、血の復讐者が武器を買ったり、気づかれることなく武器を持ち込んだりすることができないようにするためです。

ラヴ・ネヘミアによるとそうである。

さらにこう言われています。ラヴ・ネヘミアはこのうえもなく慎重です！

が、博士たちもこの点を承認している。

……武器や罠の売買に関してなぜこのように慎重であるかと言いますと、おそらく、逃れの町に闖入するやもしれない野獣たちや、血の復讐者とは別の暴徒に対抗するためには武器や罠が必要だからでしょう。

ただし、つぎの点では全員の意見が一致している。罠をしかけてはならないし、綱を張ってもならない。

血の復讐者が、目当ての避難者を、恒常的に設置された罠のおかげで突き止めたりすることのないようにです。すべては逃れの町に、

「血の復讐者」が寄りついてはならないからなのです。

## 5　人道的な都市計画

逃れの町の描写については以上のことが語られています。こうした描写は聖書のいかなるデータにもとづいているのでしょうか。引用されるべき聖句はいかなるものか――ゲマラーでしばしば提起される問いです。根拠なしに断定したりしないためだけではありません。それは、ある聖句と結ばれた数々の決まりがはらむ精神について、当の聖句が私たちの蒙を啓いてくれるようにするためでもあるのです。

ラヴ・イツハックは言う、「それはどの聖句にもとづいているのか。」それは、「その町のひとつに逃れて、彼がそこで生き延びることのできるように」という『申命記』4・42の言葉である。――「生き延びる」〔彼の命を救う〕とあるが、彼が（真に）生きるためなら何でもしなければならないのである。

つまり生きることとは、生きることの名に値するような生きることだけを意味しているのです。十全なる意味での生きることを、です。なるほど追放されてはいるのですが、刑務所も牢獄も強制収容所もありま

せん。まさに生きることであるような生きること、です。逃れの町のヒューマニズム、人道主義でありましょう！　お配りしたゲマラーのもう少し先の箇所にももう一度登場する原則です。

ラビ・シムライは言った。「『それからモーセはヨルダン川の東側に三つの町を定めた』（『申命記』4・41）という言葉は何を意味しているのか。

外見的には、この聖句の意味ほど明確なものはないように見えます。が、ラヴ・シムライがそこから引き出したのはつぎのことでした。

称えられるべき主はモーセに言う、「意図せざる殺人者たちから太陽の光を奪ってはならない！」、と。

この聖句のなかでは、位置を定めたり、町の方角を示すために太陽という語が使われているのではありません。生きることには、生活には太陽が必要であるという点を肯定するために、太陽という語が登場するのです。

ある者たちが主張するところでは、称えられるべき主はモーセに、「あなたは過失による殺人者たちからも太陽の光を奪わなかった」と言ったのだった。

「あなた〔モーセ〕はよくやった。」最初の解釈によると、追放された者たちに太陽が必要であることに思い至るためには神の命令が必要であったことになります。ですが、第二の解釈によると、モーセは自分だけでそのことに思い至り、賛同を得たことになります。しかしながら、おそらく第二の解釈は第一の解釈とくいちがってはいないのでしょう。予言的な魂の自発的動きは、神の言葉が辿る道そのものなのではないでしょうか。

十全なる仕方で生きることであるような生きること。充たされた数々の欲求と太陽の光、しかしそれはトーラーでもあります。

バライタがある。ある弟子が（逃れの町に）追放されたときには、（彼と共に）師もまた追放される。なぜなら、「彼が生き延びることができるように」と言われているからだ。――彼が（真に）生きるためなら、何でもしなければならないのだ。

果して文化・教養なしに生きることができるでしょうか。トーラーなしに真に生きることができるでしょうか。まさにここでトーラーが逃れの町に姿を現すことになります。文化的な欲求のためのトーラーであって、その意味でのトーラーは、エルサレムにおいてトーラーが有するような究極的本質を有してはいないのですが。

ラヴ・ゼラは言う、「それだから、ふさわしくない弟子には（トーラーを）教えるべきではない」、と。

ふさわしくない弟子に教えること、それは、この弟子が犯すであろう殺人ゆえに、いつか自分も追放の憂き目に遭いかねないということです。実に重要な点でしょう。それは私たちにこう教えているのです。なるほど、不注意から殺人を犯した者は犯罪者ではないが、しかし彼は難のない人間でもないのです。冒頭で語ったような、過失による殺人者の人種と端的に殺人者である人種との類縁性でありましょう。過失による殺人者たちは、いささか品行不公正な少年たちから募られます。殺人者たちの位階における連続性は今やこのような細部によって確証されることになります。先に申しましたように、このような考えはもっと直截に表現されることになりましょう。つまり、殺人が意図せざる仕方で犯されるにせよ意図的に犯されるにせよ、殺人者たちについては唯一の人種しかいないというわけです。私たちの意識はいまだ十全なる仕方では意識ではありません。それは薄暗の状態にとどまっています。意図せざるものから意図されたものへの移行は、はっきりと感じ取ることのできる大きな移行でありましょう。私たちは十全なる仕方では覚醒していないのです。

つまり、〔追放された〕弟子がトーラーを必要としているときには師も追放されることになるのです。では、師が追放されるとどうなるのでしょうか。

ラビ・ヨハナンは言った。「師が追放されたときには、（師と共に）彼の学院も追放される」、と。

弟子に対する師の関係はひとつの堅固な社会的構造です。弟子は、逃れの町で師が自分と合流することを要請する権利を有しており、一方師は、弟子たちが彼についてくることを要請する権利を有しているのです。弟子に対する師の精神的関係は婚姻の関係と同じくらい強固なものなのです。

## 6　トーラーと死

さて、反論です。血の復讐者から護られるためにはトーラーの師が追放されなければならないなどということが、どうしてありうるのでしょうか。師の専心しているトーラーそれ自体がここにいう保護なのではないでしょうか。トーラーが逃れの町なのではないでしょうか。「怪しげな」つぎのような解釈学によって、この点を知ることができるのではないでしょうか。

どうしてそのようなことがありうるのか。ラビ・ヨハナンも「トーラーの言葉が避難所であることを、われわれはどこから知ったのか」と言っていなかっただろうか。それは（『申命記』4・43では）（モーセが選んだのは）「荒れ野のベツェルである」と言われ、そのすぐあと（『申命記』4・44）では「ところで、これはモーセのトーラーである」と言われているからだ。

『申命記』4・43と44の二つの聖句が相前後しており、共に同じような書き出しであるということによって、そしてまた、前者の聖句はモーセが逃れの町として選んだ最初の町を示しているのだから、後者はきっといまひとつの逃れの町を示しているはずだということによって、私たちは先に述べた点を知るのです。ところで、『申命記』4・44の聖句の自明の意味は、モーセのトーラーを名ざしすることにあります。ところがゲマラーの解釈学は、モーセのトーラーは逃れの町であると主張しているのです。ですが、トーラーが避難所であるとするなら、トーラーに専心している者が過失による人殺しを犯した場合、彼が追放されねばならないなどという事態はどうして起こるのでしょうか。その者はトーラーそれ自体のなかに避難するのではないでしょうか。これが問いです。もっともらしい解釈学はこの問いを二つの聖句の継起から引き出したように見えますが、この問いがそうした継起とは無関係に意味を有しているのは言うまでもありません。逃れの町のなかでは、トーラーは、文化的欲求に応えるものとして、私たちの肉体的条件に不可欠な太陽や水に似たものとして扱われたのでしたが、トーラーはただそれだけのものなのでしょうか。トーラーはまた永遠の生そのもの、純粋な活動でもあって、それゆえ死に対しては無関心なのではないでしょうか。トーラーは死よりも強いのではないでしょうか。魂の完璧な覚醒！なのではないでしょうか。世界に見られる数々の暴力とは決して位相を同じくしない、そのような生です。そしてそれゆえ、おそらくは復讐に対する保護を超えたものであり、すでにして、殺人を「犯しえないこと」一切の源泉であるのではないでしょうか。ですが、このような覚醒は果して中断なきものでしょうか。

これは反論ではないが、それ（トーラーによる保護）はトーラーに専念しているあいだのことで、あれ（保護することなきトーラー）はトーラーに専念していないあいだのことである。

授業のあいだは保護され、死と殺人の彼方にある。問いを提起し答えを聴取しているときには、そうなのです。しかし、数々の中断が生じます。純粋な精神である者がどこにいるでしょう。ああ、離散のトーラーであり四散のトーラーであり、日曜日と金曜日に教えられるトーラーです！　教えを復唱しているあいだにも、数限りない思念が教えを中断します。あらゆる方向への四散です。追放のトーラー、孤立した者たちのトーラーです。そのようなトーラーもやはり死より強いのでしょうか。そのようなトーラーの観念を拡張し、「文化的活動」、数ある仕事のうちのひとつとしてトーラーを解したとしても、真理へと向かい、弟子たちに切れ目なき意識を要求するものとしてトーラーを解したとしても、やはり実際にはトーラーはつねに中断されていると言わなければならないでしょう。私たちは脆い。このように貶価されたトーラーから死に対する保護を期待する代わりに、過失による殺人者は、たとえ彼がトーラーを学習しているとしても、逃れの町に行くほうがよいのです！

## 7　死よりも強く、正しき復讐者よりも弱い

しかしながら、先の問いにはいまひとつの答えがあります。トーラーが死よりも強いというのに、なぜトーラーの学習者は逃れの町の保護を求めるのでしょうか。

さらに、もしお望みなら、こう言うこともできる。トーラーに語られていることが避難所であるのは、死の天使に対してのみなのだ、と。

……血の復讐者に対しては避難所ではないのです。たとえ意志せざるものであれ、あたかも殺人という法外な行為が死そのものの力よりも強いかのようではありませんか。意志せざるものではあるが客観的なこの過ちを忘れるために、逃れの町に避難しようとする者は、依然として血の復讐者にさらされたままです。彼は逃れの町に保護を――罪滅ぼしを求めなければならないのです。まったくもって、正義の要請を沈黙させうるものが何ひとつないかのようです。死を前にしても、知解の剣や理性の純粋活動は受動的なものにとどまったりはしないのです。たとえそれが意志せざる人殺しであれ、自分の犯した殺人を忘れてもらうために、精神的生活のなかに避難することができるなどと期待してはなりません。血の復讐者は死

の天使よりも強いのです。

死よりも強い知解の剣、精神の純粋活動。ちょっと先走りすぎたようです。続きを読みましょう。

## 8　純粋活動

たとえばラビ・ヒスダは学びの館に座し、学問に没頭していたが、死の天使は彼に近づくことができなかった。なぜなら、彼の唇は絶えず教えを朗誦していたからである。

死の天使はある策略を思いつきます。

死の天使が学びの館の前に生えているヒマラヤスギの上に座ろうとすると、そのヒマラヤスギは軋んだ。その音を聞いてラビ・ヒスダが朗誦をやめたとき、死が彼を捕らえたのである。

トーラーの熱心な学習はその褒賞を見いだすことになる——それがこの箇所の教化的な意味でありましょう。しかし、すでに行ったような仕方でこの箇所を理解することも可能です。つまり、トーラーとはその語の十全なる意味での活動・能作（acte）であり、トーラーの学習は意識の任意の状態ではないのです。トーラーのなかには受動性は存在せず、学習をつうじてトーラーと結びついた者が死を受動的に受け取ることはありえないのです。私たちの世界がそうであるような暴力の世界では、知的生活は、世界の因果関係とは決して位相を同じくすることのないようなひとつの存在様相です。死の暴力がそうした知的生活に作用することはないのです。

これらのことすべてのなかにはおそらく、いまひとつ別の思想がはらまれてもいます。つまり、トーラーの真の学習の精神性は不注意や放心を排するのです。註解の続きにとって、そしてまた、意志せざる人殺しや逃れの町やエルサレムといった主題全体にとって重要な意味でありましょう。このエルサレムという主題はテクストの最後の部分で語られているのですが、トーラーの善き学習についてさまざまな考察を試みたあとでそれと取り組むことにいたしましょう。トーラーとは正義であり、逃れの町の曖昧な情況を乗り越えるような全面的な正義であります。全面的な正義と申しましたのは、その語り方や内容のうちに、絶対的な徹宵の留意（vigilance）への呼びかけが存しているからです。この大いなる覚醒からは、一切の不注意が排除されます。意志せざる人殺しの不注意さえが排除されるのです。このような意味でのトーラーによって、エルサレムは定義されることになりましょう。つまり、極度の意識を有した町なのです。いうなれば、私たちの通常の生活での意識は依然としてまどろみであり、いまだ私たちは現実に足をつけていないのです。

私たちはエルサレムの城門に近づいています。お配りしたテクストでも、トーラーの真の学習と他者への新たな留意のことがすでに語られているのですから。

## 9　逃れの町と人間の友愛

付随的な問いが提起されます（が、これは果して問うべき問題なのでしょうか）。つまり、『申命記』4・43で逃れの町を定めたモーセはなぜ、ルベンの部族の世襲の地所に位置する町をまず指名したのでしょうか。

ラヴ・タンフーマ・バール・ハニライは言う。「なぜルベンが第一に避難所として語られているのか。」それは、彼が（ヨセフを）救うための最初の動きを見せたからだ。（『創世記』37・21では）こう言われている。「ルベンはこれを聞いて、ヨセフを彼らの手から救い出そうとした。」

話は『創世記』37・21に、ヤコブの息子ルベンに遡ります。兄弟たちに殺されそうだったヨセフに憐憫の情を抱いたルベンです。もちろん、字義どおりの意味よりも射程の長い比較でありましょう。逃れの町の古のあり方――懲罰ならざる懲罰によって罰せられる犯罪ならざる犯罪という曖昧さ――が、憎悪と憐憫の源泉たる人間の友愛の曖昧さに連れ戻されるのです。

エルサレムとそれを満たすトーラーが定義される箇所で遙かに描き出されるような新たな人間性についての見通しも、これを通じてさらにはっきりするのではないでしょうか。ここにいうトーラーとはモーセのトーラーであり、それは、まさに逃れの町やその寛大さやその赦しをも含んだ書物なのです。

## 10　真のトーラー

エルサレムはもう間近です。お配りしたテクストのつぎの部分も、トーラーを学習する真の仕方をそれなりに示しています。知識の獲得には限定されることのない、そのような学習です。ユダヤ教の伝承によりますと――ただし他の神秘主義的な実践とそれを混同してはならないのですが――、トーラーの学習は生のもっとも高度な水準であって、そこでは、認識はもはや実践的な命法や衝動とは区別されず、学と意識は合体しており、現実と正義ももはや二つの相異なる秩序に属してはいません。さながら、そこでは人間的なものが高揚して、精神の精神性の新たな条件に、その新たな様相に到達するかのようではありませんか。

ラビ・シムライは言った。「『銀を愛する者は銀に飽くことなく、多数を愛する者は収穫を得る』(『コヘレトの言葉』5・9)という言葉は何を意味しているのか。」銀を愛し、銀に飽くことのない者、それはわれわれらが師モーセである。モーセはもちろん、カナンの国の三つの逃れの町が定められるまでは、(自分が定めた)ヨルダン川流域の三つの町が避難所としては役に立たないことを知っていた。が、モーセはこうひとりごちた。『わたしの手に落ちた戒律、わたしはそれを実現しよう』、と。」

またしても、「不正確に」訳された聖句をめぐる意表をつく解釈です! 二つの半球〔聖句の二つの部分〕の並行関係が崩されてしまいます。良識的な翻訳、自明の翻訳ではこうなるはずです、「銀を愛する者は決して飽くことなく、豪奢を愛する者は利益(あるいは収穫)を得ない」、と。ところが〔この箇所では〕、第二の半球のなかで、アレフを伴ったローというヘブライ語によって表現された否定が、あたかもヴァヴを伴っていて「その者へ」を意味するかのように考えられているのです〔ヘブライ語では、ラメッドとアレフからなるローは否定を意味するが、ラメッドには~にを示す人称接尾辞としての意味があり、ヴァヴをそれに付すと「彼に」の意味になる〕。ミドラッシュは必要とあらばいつでも単語の物質的形態を指針とするのです。前衛的ないくつかのサークルで今日用いられている「撒種」(dissémination)の手法にも似た読解の仕方でしょう。その代償としてミドラッシュは、もはや互いに呼応することなき二つの半球を得ることになる。「銀を愛する者が銀に飽くことは決してない」はつぎのような意味となります。トーラーの数々の戒律への服従は、〈律法〉の軛を課せられることとして感得される代わりに欲望と化す。それも、トーラーが命令するより以上に果たそうとする欲望と化すのです。この高貴な欲望が情念に、吝嗇家の飽くことなき貪欲さに比されているのです。自然な性向を超えて悪徳が踏み込んでいく、そのような無限に比されているのです。いわば故意に、銀の比喩によって跳躍の無償性が示唆されるのです。ミツヴァ〔戒律〕の豊穣さを強調するという点では、なかなかおもしろい比喩です。モーセは、逃れの町を利用できるようになる前に、逃れの町を造りました。それゆえこう言われるのです。神の戒律があなたの「手に落ちる」や否や、それを捕まえて果たさなければならない、と。

『コヘレトの言葉』の聖句から取られた第二の部分は「豪奢を愛する者はその利益を得る」と改変されているわけですが、この部分は真の学習の方法論を告知するものでありましょう。そのいくつかの特徴を急ぎ足で列挙しておきます。

「『多数を愛する者は収穫を得る』という言葉はというと、それは（知識の）富すべてを有する者、公的に教える資格がある者を意味している。ラビ・エレアザルの言葉も同じことを教えている。『誰が永遠なる主の全能を語り、その栄光をことごとく告げうるだろうか』（『詩篇』106・2）という言葉は何を意味しているのか。永遠なる主の栄光をことごとく物語りうる者のみがその全能を語る資格がある、という意味である。」

トーラーを教えるためには、それを全部ものにしていなければならないのです！　無学な者や素人たちが授ける教えには御用心、です！　しかし、なによりも重要なのはおそらく、真理と聖典への個人的な接近——たぶんそれは一なる真理の無限のきらめきによって引き起こされたまさに人間的人格の多様性の存在理由なのでしょうが――を埋め合わせるものとしての伝承への依拠でしょう。あらかじめ伝承が授けられているところでしか刷新されない、そのような伝承への依拠です。

しかし博士たちは、そして彼らのあとではラバ・ベン・マリはこう主張した。「多数を愛する者は収穫を得る、それは、多数に教えるのを好む者（師）は収穫を得る、という意味である。」そこで博士たちはその視線をラッバの子ラバに向けた。

多数の者に教える師――普遍的な教育、大人数に適した教育の卓越でありましょう。多数の生徒たちを前にして、ひとりひとりの魂の唯一性に応えることができる、そうした教育なのですから。それはまた、多数の者の師を愛することのできる弟子の卓越でもありましょう。大群衆のなかでも向かい合うことができる、師の人格と向かい合うことができるのですから。真実の普遍性を介して師を愛することができるのですから。おそらくここには、一般的なものや抽象的なものの普遍性とは別の仕方で構造化された普遍性があるのでしょう。

ラヴ・アシは言う。「大勢の群衆のなかで学ぶ者はそこから収穫を引き出す」、と。これはラビ・ヤシ・バール・ハニナの言ったことと合致している。「『剣が孤立した者たちに臨み、彼らは愚か者になる』（『エレミヤ書』50・36）は何を意味しているのか。独りトーラーを学ぶイスラエルの敵たちの首を打つ剣である。もっと悪いことに、彼らは愚か者になってしまう。ここでは『彼らは愚か者である』（ヴェノアル）と書かれているが、あそこ（『民数記』12・11）には『私たちの愚かさ（ノアルヌ）を私たちの罪としないでください」と書かれている。もしお望みなら、私はこの教えを『ツォアンの司たちは愚か者である（ノアル）』という『イザヤ書』19・13からも引き出す。

ラヴ・アシによると、「大勢の群衆のなかでの」学習の豊穣さは、孤独な学習ならざる学習を意味しています。真の思考は「魂と魂自身との無言の対話」ではなく、思考する者同士の論議です。『エレミヤ書』50・36の聖句の自明の意味は「嘘つきの密売人たちに（捏造する者たちに）剣（戦争）が臨み、彼らは頭を切り落とされるだろう」となるでしょうが、「撒種」と先に呼んだ仕方に即して、バディム（嘘つきの密売人あるいは捏造する者）という語のうちにボデディム（孤立した者たち）という語を読み取ることで、この聖句が読解されているのです。つまり、「孤立した者たちに剣が臨み、彼らは愚か者になる（頭を切り落とされる）」と読まれるわけですが、「嘘つき」と「孤立した思考者」との見事な置き換えではありませんか！　「彼らは愚か者になる」、ヘブライ語ではヴェ・ノアルの意味が、さまざまな聖句を対比することで引き出されているのです。ヴェ・ノアルに含まれたヴェ（～と）という接続詞は段階を意味しているのでしょう。だから、「もっと悪いことに、彼らは愚か者になってしまう」と言われるのです。改めて、真理の多元性、とはいえ一なる真理の多元性が、人格的なものにもとづく真理の多元性が確証されます。他者への呼びかけによって自分たちの「天才的な考え」を制御することのない孤立した者たちの逸脱に御用心！　孤立した者の痴呆とその傲慢という罪に御用心！

「ラヴィナは説明した。『多数の者のなかで学ぶ者は収穫を得る』、と。これはラビが言ったことである、『私は私の師たちからトーラーについて多くを学んだ。同僚たちからはもっと多くを学んだ。

私の生徒たちからはもっと多くを学んだ。』」

多元性は単に同等な者のあいだでのみ教えをもたらすのではありません。同僚よりも弟子のほうが師の思考を豊かにしてくれるのです。教育とは探究のひとつの方法です。ここでラビの言葉が引用されるのですが、ここにいうラビはラビ・イェフダ・ハナスィー、われらが聖なる師（ラベヌー・ハカドッシュ）、このミシュナーの編纂者のことです。「私は私の師からトーラーについて多くを学んだ。同僚たちからはもっと多くを学んだ。私の生徒たちからはもっと多くを学んだ。」

## 11　私たちはエルサレムに入っていく

ラヴ・イェホシュア・ベン・レヴィは言う。「『おおエルサレムよ、私たちの足はあなたの城門のなかで止まったままである』（『詩篇』122・2）は何を意味しているのか。私たちの足が戦闘に耐えることのできた原因は何だったのか。それはエルサレムの城門であって、そこで私たちはトーラーに専念していたのだ」、と。

先の箇所ではトーラーは血の復讐者から身を護ることを許しはしなかったのですが、ここ、エルサレムでは、トーラーは「私たちの足が戦闘に耐えることを」許すものなのです。トーラーゆえに勝利が約束されるような戦闘だったのでしょうか。おそらく正義は勝利するのでしょうが、エルサレムにおける正義の学知はさまざまな行為の正義にまで及ぶのです。ただし、逃れの町の文脈では、以上のことを別の仕方で読解することもできます。なぜ逃れの町があるのか。それは、私たちが善き意図を抱くには十分な意識を有してはいるが、その意図を行為によって裏切らないほどには十分な意識を有していないからである。その結果、意志せざる人殺しが生じることになるのです。現実は私たちにとって透明なものではありません。私たちは感情の混乱を意識と取りちがえ、憎悪を友愛と取りちがえます。諸事象の滔々たる流れを前にして、私たちは足場を失ってしまいます。それに対して、エルサレム、この真正なるトーラーの町では、それ以上に意識的な意識、完璧に覚醒した意識がある。大いなる目覚めがあるのです。もはや私たちは数々の出来事に埋没してしまうこともないし、もはや血の復讐者を恐れることもない。いや、もう血の復讐者は存在しないのです。もはや私たちは、血の復讐者を生み出すような殺人を犯すことがないのです。どの実存もが自分の実存のことを気遣う、そのような無秩序から私たちは脱出して、ついに他の人間が見えるものと化すような秩序に入ろうとするのです。

ラヴ・イェホシュア・ベン・レヴィはまた言う。「『ダヴィデ作の都に上る歌。永遠なる主の家へ行こう、と言われたとき、私は嬉しかった』（『詩篇』122・1）は何を意味しているのか。ダヴィデは永遠なる主の前で言った、『世界の主よ。私は人々がこう語るのを耳にしました。この老人〔ダヴィデ〕はいつ死ぬのか、サロモンはいつ選びの館を建てにやってくるのか、そしていつわれわれは巡礼の旅に出るのか、と。それで私は欣喜雀躍したのです！』」

自分の死を人々が望んでいるのを耳にして私は喜んだ、とダヴィデは言っているのですが、それというのも、「彼らをして私の死を望ましめているもの、それは、私の息子がやがてその建設者となるであろう神殿、選びの館に入ることができるという喜びである」からです。

「すると永遠なる主は、『まちがいなく、あなたの前庭で一日いるほうが他の数限りない日々よりも価値がある』(『詩篇』24・11)とダヴィデに答えた。わたしはあなたの息子が祭壇でいつかわたしに捧げるであろう無数の犠牲よりも、あなたの前庭でトーラーを学んで過ごす一日のほうを好む、という意味である。」

としますと、トーラーの学と教養は典礼よりも重要であることになりましょう。エルサレムの卓越、それはエルサレムのトーラーです。ああ、このいと高き場所、この比類なき空の光と青さよ! 照明です。学知です。

トーラーの学習です。細々とした数々の区別——あるいは不分明さ——を経たあとで、私たちはなんとも月並みな結論に行き着いたのではないでしょうか。正統派と伝承によってエルサレムを定義するために、タルムード読解が必要だったのでしょうか。それは民衆の想像力のなかでのエルサレム、民間伝承的なエルサレムではないでしょうか。事実、お配りしたテクストはその動きのすべてをつうじて、使い古され、また数々の試練にさらされることで月並みなものと化してしまったこのような考え方を私たちに再発見させるにすぎません。このような考え方は学習教材のひとつ、ありきたりな知識のひとつと化してしまいました。どうにかこうにか、知的欲求を充たし、私たちの論理学に明敏さを付与してくれはするのですが、やはりありきたりな満足のひとつとして、太陽や空気のように、私たちの生命的な欲求を充たすだけなのです。思い起こしていただきたいのですが、お配りしたテクストでは、逃れの町でのトーラーの約束は水の約束と太陽の約束のあいだに挿入されていました。しかしながら、私たちのテクストでトーラーがその真の本質に達するのは、エルサレムの城門においてであります。そこで、トーラーは暴力に抵抗するのです。詩篇作者のイメージによりますと、トーラーは「私たちの足が戦争に持ちこたえる」ことを許すのです。問題は世界の救済であり、人間がその真の人間性に立ち戻ることなのです。

まさに逃れの町との対立において、私たちはトーラーのこの主張を理解するのであり、トーラーのそのような主張によってエルサレムは定義されるのです。逃れの町とは、主観的に無実な者を保護し、客観的な罪ならびに、行為が意図につきつけるありとあらゆる否認を赦してしまうような文明と人間性に属する都市なのです。政治的な文明でありましょう。なるほど、そのような文明も、自由なと称される情念と欲望の文明よりは「善き」ものでしょう。自由な情念と欲望の文明は、何の歯止めもなく奔出するがままにされると、『ピルケー・アヴォット』〔父祖、倫理教訓集〕に言うような「人間同士が生きたまま互いを貪り合いかねない」世界に行き着いてしまうからです。政治的文明はなるほど法治的な文明ではあります。が、そのような文明の正義は欺瞞的なものであって、そこでは、血の復讐者たちが否定できない権利をもって徘徊しているのです。

エルサレムに約束されたもの、それはトーラーに即した人間性です。逃れの町の数々の矛盾がそれによって乗り越えられることになりましょう。神殿よりも善き、新たな人間性なのです。逃れの町を出発点とした私たちのテクストが私たちに思い起こさせていること、いや私たちに教えていること、それは、シオンへの希求、すなわちシオニズムはナショナリズムではないし、ましてや特殊恩寵主義でもないということです。それはまた単に避難所を探すことでもありません。シオニズムとは、十全なる仕方で人間的な社会とそのような社会における学知への希望であります。そして、この希望はエルサレムに、地のエルサレムのなかにあるのであって、他のどの場所にあるのでもない。それは敬虔なる思考のなかにあるのです。

## 4 最後に残るのは誰か

――（『ヨマー』〔大贖罪日〕10a）

ラヴ・イェホシュア・ベン・レヴィはラビの名において言う。「ローマは最後にはペルシャの手に落ちるだろう。なぜなら、（『エレミヤ書』49・20には）こう書かれているからだ。『それゆえ、永遠なる主がエドムに抗して練られた計画、テマンの住民に抗して画策された企てを聞け。もちろん、羊の群れを護るもっとも卑しい者たち（別の伝承によると、もっとも幼い獣たち）が彼らを力ずくで引き立てていくだろう。もちろん、羊小屋は倒れて彼らの上にのしかかるだろう。』」

ラバ・ベン・ウルラが反論した。「『エレミヤ書』49・20で言及されたもっとも幼い獣たちがペルシャであることは、どのようにしてわかるのか」、と。『ダニエル書』8・20に、「おまえの見た二本の角のある雄羊はメディアとペルシャの王である」と書かれているからだ。しかし、それはたぶんギリシャなのではないだろうか。聖句の末尾ではまさにこう書かれているのだから。「あの毛深い雄山羊はギリシャの王である」、と。ラヴ・ハビバ・バール・スルマキがやってくると、ラビたちのなかの若い弟子のひとりがこの質問を彼にした。ラヴ・ハビバ・バール・スルマキはこう答えた。「聖典の聖句を註解する術を知らない者が（ラビに）反論しているのだ！」、と。「獣のなかでももっとも幼きもの」は、若き弟の意味に解さなければならないし、ラビ・ヨセフは「ティラス、それがペルシャである」と教えていた。

ラバ・バール・ハナはヨハナンの名において、イェフダ・ベン・ラビ・エレアイから授けられた教えを語る。「ローマは最後にはペルシャの手に落ちるだろう」、と。これはより強い論拠にもとづく論議である。セムの子孫たちによって建設された第一神殿がカルディア人たちによって破壊された際に、破壊者たるカルディア人たちがペルシャ人たちの手に落ちたのであるから、ましてや、ペルシャ人によって再建された第二神殿を破壊したローマ人たち、破壊者たるローマ人たちがペルシャ人の手に落ちるのは当然であろう。

ラヴは言った、ペルシャは最後にはローマの手に落ちるだろう、と。ラヴ・カハナとラヴ・アシはラヴに言った。「建設者たちが破壊者たちの手に落ちるなどということがどうしてありうるのか。」するとラヴは、「そう、ありうるのだ。これは王の決断である」と答えた。ラヴは「彼ら（ペルシャ人たち）もまた祈りの館を破壊した」と答えた、という者たちもいる。バライタがある。「ペルシャは最後にはローマの手に落ちるだろう。第一の理由としては、彼らが祈りの館を破壊したからである。補足的な理由としては、建設者たちが破壊者たちの手に落ちるよう仕向ける王の決断があったからである。」

ラヴ・イェフダはラヴの名において言う。「ローマ人たちの凶悪な国家が九カ月のあいだに世界中に拡大されるその前に、ダヴィデの子孫がやってくることはないだろう。なぜなら、（『ミカ書』5・2には）こう書かれているからだ。『主は彼らを捨ておかれる（彼ら自身に委ねる）。産むはずの女が産み、彼の兄弟の残りの者がイスラエルの子らのもとに帰ってくる日まで』、と。」

## 1 主題

私が註解を加えるつもりの『ヨマー』10aの短い抜粋では、ペルシャとローマが問題となっています。〈歴史〉を必ずや集結させるはずの戦争の可能性が問題となっているのですが、この戦争はこれら二つの帝国のあいだで演じられる――戦争が演じられるものだとしてですが――のです。

私の発表と併行して、現下の情況がみなさんの精神のなかにどのような思いを引き起こすにせよ、私が思いを馳せているのはそのような現下の情況ではないのだという点をどうか信じていただきたい。私がこのテクストを選んだのは数カ月前で、新聞やラジオ・ニュースを賑わせている現下の抗争が勃発する遥か以前のことだったのです。この抗争が勃発したからといって、発表の主題を変更しなければならないわけではないし、すでに構想された発表を別の精神的見地から修正しなければならないわけでもない、と私は考えました。私のことをご存じの方々は、私がタルムードをきわめて高度な思想とみなしてはいるが、それを託宣のごときものとはみなしていないのを知っておられるでしょう。

単純な構成を有した抜粋ですが、そこでは世界の政治的歴史の帰趨をめぐる省察がなされています。二大帝国のあいだの戦争――最終戦争――を伴った帰趨です。〈歴史〉を集結させるこの戦争の結果について論議しながらも、私たちのテクストは最終的な結論を押しつけてはいないのですが、この戦争の結果ならびに、私たちのテクストで名ざしされている数々の帝国は、政治の営みの意味についての、そしてまた、この意味と宗教との連関についてのある考えをおそらく示唆しているのでしょう。政治の営みの意味と申しましたが、もちろん政治の営みはつねに戦争であるわけではありません。強国同士の平和共存の時代には、政治の営みがライバル関係、競合、純粋な競争と化すこともあるでしょうが、しかし、いずれにしてもこれらの強国は警戒を怠ってはおらず、それゆえ、国家内部での営みのあらゆる形態においていわば外部へと眼を向けているのです。

このテクストで名ざしされた大帝国、覇権を主張し普遍的なものを自称する大帝国は古代の大帝国で、ペルシャとローマです。ギリシャの名はおそらく、タルムードの伝承のなかでは、アレキサンダー大王とその後継者たちの帝国を示すもので、ヘレニズム一般を喚起しているのでしょう。お配りしたテクストにもギリシャの名が登場しますが、ちょっとついでに言及したという感じですね。その理由を探ってみたいと思います。

この半頁ほどのテクストを註解する場合、私たちにとって問題なのはペルシャやローマやギリシャの歴史的、地理的研究を企てることではないという点も明白です。それも可能ではありましょうが、私の話ではそうではありません。タルムードのこの断片では、古代のこれらの国家は果して具体的な歴史的実在として登場しているのでしょうか。なるほど、地中海沿岸の人間についての暗示がそこにはあります。ですが、これらの固有名が表しているのはなによりも、再現されたこの対話の討議者たちであるラビ博士の政治思想に鑑みた、権力と国家についてのある観念なのです。概念を、そしておそらくは範疇をそこに見なければならないのであって、だからこそこの抜粋は私たちの関心を惹くのです。これらすべての国家名と結びつけられた概念的性格はおそらく、歴史上実際に消滅した諸国民に特徴的であったいくつかの性質と相容れないわけではないでしょう。しかし、これらの国名はここでは重要ではありません。それらが姿を現す他のタルムードのテクストにおいても同様です。これらの国名は、歴史的資料として証言をもたらすものであるよりもむしろ、伝統的思想における数々の政治的な考え方を明確化することを可能にしてくれるものなのです。

最後に、ペルシャ、ローマとは別に、ギリシャへの一過的な言及とは別に、この一節の最後の部分では第四の存在が登場するのですが、この存在は話題となっている戦争のゲームの相方としては登場いたしません。ユダヤ民族のことですが、ユダヤ民族はテクストの最初から終わりまで戦闘には加わらないのです。ユダヤ民族はダヴィデの子孫の到来を、言い換えるならメシアの到来を待望しています。大帝国の政治的歴史に終止符を打つはずの到来なのですが、そのようなものとして、メシアの到来はやはり〈歴史〉に属しているのです。

テクストはメシアの勝利の予見をもって終わります。この勝利は宗教的かつ歴史的な出来事です。メシアに最後の言葉は属している。メシアによって、好戦的な諸国民の、そしてまた、これらの抗争によって司られた政治の秩序とは異質な秩序が始まることになります。ただし、この到来の時期——それが興味深い点なのですが——は、政治的な見地から見てどうでもよいものではないし、同じく政治的な見地から見て未規定なものでもありません。通念とは逆に、お配りしたテクストならびにそれに呼応している他の数々の言葉は、メシアの到来はいつでも起こりうるものではないという点を示唆しているように思われます。実に顕著な仕方で、私たちのテクストは、〈歴史〉のメシア的終焉を条件づけているようなある政治的情況との係わりを伴っています。たとえこの主張がラビ博士たち全員に共通の主張ではないとしても、です。なぜこれがラビ博士たち全員に共通な主張ではないかと申しますと、ラビ博士たちは歴史的条件を介在させずにメシアニズムを思考することもできるからです。

という次第で、私たちが試みる註解では、政治と宗教との連関がまとう数々の相のひとつが姿を現すことになるでしょう。

## 2 プラン

全体的にテクストは単純ですが、いつものように暗示的で、また風変わりな細部によって表現するものですから、やはり解釈に訴えているわけです。

拙訳の四つの段落は、私たちに対して提起された考察ないし弁証法の三つの契機を記述している、というかそれらを映し出しています。第一段落と第二段落は第一の契機を、第三段落は第二の契機を、第四段落は第三の契機を記述し映し出しているわけです。

第一段落と第二段落は、世界の政治的歴史の最後を締め括る出来事として、ローマに対するペルシャの勝利を予告しています。

第一段落の冒頭と第三段落の冒頭を読んでみましょう。

ラヴ・イェホシュア・ベン・レヴィはラビの名において言う。「ローマは最後にはペルシャの手に落ちるだろう。」（……）ラバ・バール・ハナはヨハナンの名において、イェフダ・ベン・ラビ・エレアイから授けられた教えを語る。「ローマは最後にはペルシャの手に落ちるだろう」、と。

ローマはペルシャの手に落ちるだろう——同じ出来事が語られています。それにしても、なぜ二つの相異なる解釈が、二つの相異なる伝承があるのでしょうか。どの点で、ラヴ・イェホシュア・ベン・レヴィの主張はラバ・バール・ハナの主張と異なるのでしょうか。

最後の段落では、とうとうこの主張が覆されてしまいます。ローマがペルシャを征服するというのです。

ラヴは言った、ペルシャはローマの手に落ちるだろう、と。

私たちのテクストにいうペルシャが依然としてペルシャであるのか、もはやペルシャではないのか。それは私にはわかりませんが、ローマがもはやローマのなかにないことはまちがいありません。

## 3　ペルシャの勝利——動物的な力

もう一度読み直してみましょう。

ラヴ・イェホシュア・ベン・レヴィはラビの名において言った。

——つまり、ミシュナーの編纂者の名において、絶大なる権威を誇る師の名においてこう語ったわけです。

「ローマは最後にはペルシャの手に落ちるだろう」、と。

どうやって彼はそれを知ったのでしょうか。『エレミヤ書』のある聖句をつうじてです。

「なぜなら、(『エレミヤ書』49・20には) こう書かれているからだ。『それゆえ、永遠なる主がエドムに抗して練られた計画、テマンの住民に抗して画策した企てを聞け。もちろん、もっとも幼き獣たちが彼らを力ずくで引き立てていくだろう。もちろん、羊小屋は倒れて彼らの上にのしかかるだろう。』」

『エレミヤ書』ではローマは問題にはなっていないように見えます。ただし、聖書のなかではエドムはヤコブの兄弟エサウの異名で、ラビ的釈義の伝統的慣習によりますと、ローマを象徴するはずの名です。エサウの孫の名であるテマンとも結びついた象徴です（『創世記』36・15）。

では、なぜペルシャなのでしょうか。ローマの正体はわかりました。しかし、なぜペルシャなのでしょうか。これは第二段落の端緒となる問いです。事実、こう言われています。

ラバ・ベン・ウルラが反論した。「『エレミヤ書』49・20で言及されたもっと幼き獣たちがペルシャであることは、どのようにしてわかるのか」、と。

『ダニエル書』のある聖句からわかる、というのが答えで、この聖句は『エレミヤ書』49・20の聖句の解読を可能にするはずのものなのです。

『ダニエル書』8・20に、「おまえの見た二本の角のある雄羊はメディアとペルシャの王である」と書かれているからだ。

いずれにしましても、ローマの終末はなんとも奇妙な仕方で予告されたものです！　予言者エレミヤとダニエルが選んだのは動物的な象徴です。ローマの誇り高き軍団を「力ずくで引き立てていく」のは「優しい」小さな家畜なのです。ローマにとってはなんという敗北でしょうか！　しかも、羊の群れのための小屋の倒壊が永遠の〈都市〉を、西欧の大首都を圧し潰してしまうのです！　予言的な夢のなかで見られた二本の角のある雄羊はペルシャとメディアと同一視されるのですが、ローマの権勢に打ち勝つのはこの雄羊なのです。

この冒頭の部分にさらに注意してみましょう。この箇所はローマの破壊を正当化するような理由については何も語っていませんし、ペルシャの勝利とそれゆえに決定的なものとなったペルシャの権勢を説明するようないかなる動機もそこに記されてはいません。ある聖句が、あるいはまた複数の聖句の結合が出来事の予言を可能にするということ、それはきっと、聖句の著者たちにとっては、事実は神意の知らぬ間に生じるものではなかったということを示しています。しかしこの場合には、それも特にローマの終焉を語る主張の第二の定式と比較してみますと、最初の言明はその道徳的中立性ゆえに私たちの眼を惹きます。神の意志は、この意志がその本性に即して展開させるものに対して超越的でありつづけるのです。ですから、予言されたペルシャの優越にはいかなる内在的な理由もないのです。

……ただし、これは私の仮説なのですが、出来事を予言するために用いられた、象徴の動物性がそれに加えて出来事の本性を表現している場合はこの限りではないでしょう。象徴の動物性は戦争をめぐる一個の哲学を示唆しているからです。つまり、戦争は純粋に生物学的な諸力の、動物たちの獣性の対峙であり、その帰趨は、諸存在が最初に有するエネルギーの生命力の不均衡によってあらかじめ決定されることになるのです。政治はあらかじめ染色体のなかに書き込まれているのです。

もちろん、動物学的な象徴を、聖書とタルムードにおけるトーテミズム的な思い出の存続によって説明しようと思いつくこともあるかもしれません。私もそれを無碍に斥けはしません。が、聖書とタルムード、予言と批判的精神はまさに神話との断絶を意味しています。トーテミズムを引き合いに出すことに心をそそられるのは、何かにつけて「近代」、「近代」と唱えながらそれに夢中になった若者たちだけでしょう。

お配りしたテクストの後の部分でラヴ・ハビバ・バール・スルマキが言うように、彼らは「聖典の聖句を註解する術をまだ知らない」のですが、にもかかわらず大胆にも伝承と対立しようとするのです。

では、ラビの名において語るラビ・イェホシュア・ベン・レヴィにとっては、動物の象徴に訴えることは何を意味していたのでしょうか。大地の諸民族が身を置く純然たる政治は存在への固執の動物的エネルギーの展開にすぎず、それは互いに抑圧し合うことをめざしているということ——私が思いますに、それが動物の象徴に訴えることの意味だったのです。生物の遺伝子に登記されたエネルギー、この生命エネルギーは、変更不能な仕方で、とはいえ不平等な、言い換えるなら不当な仕方で配分されつつ、弱い種族と強い種族を生気づけているのですが、そうしたエネルギー同士の衝突は、どんな平準化にも抵抗する力同士の衝突以外の何ものでもなく、人間的なものの数々の理論や文化やイデオロギーはこの種のエネルギーの外観だけしか示すことがないのです。

としますと、この動物的なエネルギーが社会的なものの、政治的なものの、闘争の、敗北と勝利の秘密を握っていることになりましょう。論理学それ自体の厳密さも、推論や「正しい方向を向いた諸観念」の力もこのエネルギーに由来しています。諸国家の営みがなんと、道徳的な問いと係わることなく動物的な仕方であらかじめ決定されてしまうのです！　事実、動物が存在しつづけようと固執すること、このコナトゥスはどんな正当化にも、どんな糾弾にも無関心です。それは問いを欠いているのです。

ローマに対するペルシャの勝利のなかで勝ち誇る、生物学的な諸力についてのこのような考えは、若さが強調される際に改めて浮き彫りにされています。第二段落の最後をもう一度読んでみましょう。

「獣のなかでももっとも幼きもの」は、若き弟の意味に解さなければならないし、ラビ・ヨセフは

「ティラス、それがペルシャである」と教えていた。

敗れたローマ人たちを圧し潰す獣たちは群れのなかでももっとも若き獣たちであり、ティラス――『創世記』10・2で挙げられたこの名を、ラビ・ヨセフはペルシャの神話的始祖と同一視しているのですが――このティラスは〔ヤフェトの子孫のなかでは〕もっとも年下なのです。

ラビの精神のなかでは、いったいユダヤ教は何を意味していたのでしょうか。ラビは、一方の帝国が他方の帝国に対してこのように勝利することを予見しながらも、勝利者に利するような点を何ひとつ挙げることができませんでした。普遍的政治についての実に暗鬱なヴィジョンでありましょう。そう思えてならないのですが、ラビ、われらが聖なるラビにとっては、ユダヤ教ならびにそのメシアニズムは、不平等な――不当な仕方で配分された可変的な原子価をもつ、このような生命の原子の審問ないし「核崩壊」(dénucléation) を意味していたのではないでしょうか。自然的な不平等のこのような審問、まさしくそれを宗教と呼ぶことができるでしょう。それは、たとえこれらの不平等が現存しているとしても、それらが相殺されるような社会を創出することなのです。思うに、以上のことはラヴ・イェホシュア・ベン・レヴィが政治について抱いているヴィジョンと対蹠的なものではないでしょうか。ユダヤ教の最初の啓示は、他ならぬコナトゥスの異論の余地なき権利、因果関係以外の存在理由なしに存在しつづけることへの権利を審問するものではないでしょうか。この部屋には何人ものすぐれたスピノザ研究者がいらっしゃいます。コナトゥスを問いただすことが彼らの眼にどれほど許しがたいこととうつるかはわかっているつもりです。自然に反した問い、自然の自然性に反した問いなのですから！　ですが、存在に分析的に、動物的に内属した、存在しつづけようとする固執、正当な根拠を欠いたこの自然な要請、生命空間のこの要請、それが正義なのでしょうか。ここにいう正義は、法的なものにせよ数学的なものにせよ、「抽象的な仕方で」強制力を有するような「法・法則」を含意しているのではありません。そうではなく、正義は人間の顔、隣人の顔の先行的な啓示、他の人間に対する責任を含意しているのです。〈法〉それ自体もこのような責任から派生するのですが、そうして生まれた〈法〉は「不羈の力」、おのずと展開されるような力の政治に抗するものなのです。

こうして私はベルナール＝アンリ・レヴィの著書『神の遺言』(*Le Testament de Dieu*) と合流します。私たちのテクストの第一段落のように暗鬱な書物であり、〈法〉、過酷な〈法〉について実に多くの卓見を語った書物ですが、事実、あまりにも安直に楽観主義に陥るある種の若者たちが請け合うのとはちがって、過酷な〈法〉がまずもって「黎明」の歓喜を私たちに与えてくれることなどありません。過酷な〈法〉、正しき〈法〉の民たる私たちが担う役割です。私たちが担う役割、それも最良の役割なのです！ ただし、レヴィはギリシャに対して厳しすぎないでしょうか。それによって彼は、対話を可能ならしめるような一種の譲歩のごときものを思い描いているにすぎません。学知やプラトンへの敬意ゆえに、なおさらこの思いは募ります。ギリシャと対話するためのみならず、私たちの内面的言論においてもギリシャの語りはすでに不可欠なのではないか、私はそう考えたのでした。ギリシャの誘惑はいまだ乗り越えられてはいないのです！ そのような留保を付したうえで申しますと、かくも輝かしいギリシャ遺産をわがものにしようと努める者たちに比べると、やはりベルナール＝アンリ・レヴィは正しいのではないでしょうか。この者たちは、この輝かしい遺産のうちに生命力の卓越をも認めようとするのですが、ここにいう生命力は、その無情な高慢さをなんら失うことなしに実に偉大な繊細さを容れうる、そのような生命力なのです。挿話としてでお配りしたタルムードの抜粋では、第二段落でギリシャが登場しているのがわかります。

すが、それでもギリシャが登場していることに変わりはありません。読んでみましょう。

ラバ・ベン・ウルラが反論した。「もっとも幼き獣たちがペルシャであることは、どのようにしてわかるのか」、と。しかし、それはたぶんギリシャではないだろうか。聖句の末尾では、云々。

つぎに引用される『ダニエル書』の周知の聖句が謎解きを可能にしてくれます。

……聖句の末尾ではまさにこう書かれているのだから。「あの毛深い雄山羊はギリシャの王である」、と。

こうして、『エレミヤ書』40・20の聖句にいう幼き獣たちもギリシャを意味しうるものと化します。幼き獣を毛深い雄山羊よりも角のある雄羊と同一視することを私たちに強いるものは何ひとつないのですから。ギリシャとはアレキサンダーの帝国です。西欧の本質的な諸契機のひとつである地中海沿岸をヘレニズム化した哲学的、芸術的な文明です。それもまた幼き獣たちの作品であるかもしれません。他人たちのことを斟酌することなき動きをつうじて、生命力は、いかなる倫理的意図もなしに繊細さと洗練に転じることができます。それは「精神の勝利」と化すことのできるもので、それゆえ、粗野な暴力の段階に留まったままではありません。とはいえ、この水準に達した者たちがそれほど「生命力」をもたない者たちに対して有する優越、それが乗り越え不能な優越であることは言うまでもありません。今も、まさにつぎの点を私たちに確証してくれる何人もの哲学者がいますね。つまり、「動物精気」〔動物の精神〕は粗野な動力ではなく、その暴力は精巧なものである、と。それは、激しい戦いや殺人兵器なしに勝利することさえできるのです。ローマ、ギリシャを打ち負かしたローマはギリシャに敗北したのではないでしょうか。ラバ・ベン・ウルラならびに私たちのテクストに登場する「ラビたちのなかでも若き弟子」はすでに、昨今のこうした哲学者たち——絶えず甦るこうした哲学——に思い至っていたのではないでしょうか。この若きラビは、みずからの魅力的な主張の確証をラヴ・ハビバ・バール・スルマキに求めたのでしたが、その際、ギリシャの栄光から毛深い雄山羊のごときその生命力を切り離すことはありませんでした。ラヴ・ハビバ・バール・スルマキは提起された仮説を斥けます。

聖典の聖句を註解する術を知らない者が（ラビに）反論しているのだ！

ローマに対する覇者ギリシャという仮説はもちろん、ただみずからの野蛮な力によってのみ敗れたローマ、それ以上に高尚ないかなる根拠もなしに敗れたローマという情況ほどには暗鬱ならざる情況を告知するものではありません。文明による征服、数々の技芸や文学や科学による征服はすでにしてある種の価値の勝利を伴っています。この最後の戦いにおいて、若者がペルシャよりもギリシャを好むのも納得できるでしょう。ラヴ・ハビバ・バール・スルマキはただちに若者の仮説を斥けたのでしたが、それとて彼が動物学的な象徴で表現できるようなギリシャを望んではいなかったからです。ラヴ・ハビバ・バール・スルマキはその対話者の解釈学的未熟さを非難しています。あるテクストが示唆するすべてのことはこのテクストのなかに組み込まれているわけではないし、テクストの文字とも伝承とも一致してはいない、というわけです。ただし、内容の点からすると、ラヴ・ハビバ・バール・スルマキの頑な態度はそれ以上に深い意味を含んでいます。毛深い雄山羊という象徴で示唆される限りにおいて、ギリシャはペルシャと大同小異なのです。文化的な諸概念といえども、動物学的な比喩による示唆を介して生物学的諸力の純粋な展開に立脚していて、これらの力に口輪をはめるために余所から到来する法の道徳を欠いているなら、その野蛮な起源に舞い戻ってしまうのです。このような意味に解されたギリシャの勝利はペルシャの勝利と同等なものでしかありません。道徳なき文化は見せかけにすぎなかった。ひとを欺く脆い上部構造、瞞着にして偽装でしかなかったのです。美学の最たるものではありますが、結局のところそれは真摯なものでも十分なものでもありません。そこには――タルムード学者はつねにこう考えてきたのですが――レトリックと単なる慇懃さの可能性がはらまれています。凶暴さと悪意を包み隠した「宮廷言語」、美辞麗句です。このような洗練は極度に脆いもので、アウシュヴィッツでその終点に達しかねないのです。

「若者」の仮説が却下されるについては、おそらくいまひとつの理由があったのでしょう。他の獣たちよりも大きな能力を有した若き獣たちの力量に立脚した、そのような文化の繊細さを拒否しなければならないのです。というのも、このような繊細さは、不平等が支配するような社会に連れ戻すものだからです。ある者たちの卓越が彼らを他の者たちから分離してしまうのです。天賦の才の不平等はそれ自体で一個の暴力であって、この暴力は、生物学的起源以外の起源にまで遡るような社会によってしか解消することのできないものなのです。自然のさまざまな決定論にもかかわらず社会を維持しうるようなこの種の社会、宗教の観念はそうした社会に近づけられねばなりません。それ自身では平和な社会を築きえないギリシャによるローマの征服、それは戦士たちによる征服となんら変わらない征服なのです。

### 4 〈歴史〉のなかの道徳

ペルシャに敗れたものとしてローマを捉える最初の二つの段落を、私たちは第三の段落との対比をつうじて解釈してきました。第三段落も同じ主張をなしているのですが、それはペルシャの勝利にある道徳的な理由を見いだしているのです。同じ主張の第二の定式は聖句を引用することはせずに、〈歴史〉を語っています。それはローマに対するペルシャの道徳的優越に触れているのです。これまでのところ、註解を加えられているテクストのなかには、道徳という語はただのひとつも見いだされません。実に明らかなこの動機のうちに、第二の主張の新しさは存しているのです。道徳の登場は最初の二つの段落でのその不在をいわば浮き彫りにするもので、こうして私たちは最初の二つの段落にある固有の意味を付与するよう導かれるのです。

生命力とその戯れには尽きることのない正義の人々と不正の人々が、ラバ・バール・ハナと共に姿を現します。終わったのです、政治でしかないような歴史は！　そうなると、正義の人々が不正の人々に勝利することになりましょう！

ラバ・バール・ハナはヨハナンの名において、イェフダ・ベン・ラビ・エレアイから授けられた教えを語る。「ローマは最後にはペルシャの手に落ちるだろう」、と。これはより強い根拠にもとづく論議である。セムの子孫たちによって建設された第一神殿がカルディア人たちによって破壊された際に、破壊者たるカルディア人たちがペルシャ人の手に落ちたのであるから、ましてや、ペルシャ人によって再建された第二神殿を破壊したローマ人たち、破壊者たるローマ人たちがペルシャ人の手に落ちるのは当然であろう。

カルディア人たち――もしくはバビロニア人たち――は、ソロモン王によってエルサレムに築かれた第一神殿を解体しました。バビロニアの王国はペルシャ人たちによって壊されました。ですからペルシャは、自分たちが建設したのではないとはいえ、第一神殿の破壊者たちの過ちを糾弾したことになります。というわけで、バビロニアへの追放からの帰還ならびに第二神殿の建設の功績は、ペルシャ人たちの王キュロスに帰されることになります。ペルシャ人たちによって建設された第二神殿の破壊者たるローマを罰するのも、キュロスではないでしょうか。そうです、より強い根拠によってこの勝利はペルシャのものとされるのです。予言者たちが予告していた、ペルシャによるローマの破壊はこうしてその正当な根拠を見いだしたわけです。

道徳が出来事を指揮している場合、力の現存はなんら重要なものではありません。少なくとも、最終的な局面ではそうでしょう。こうして、政治には正義が内在することになります。政治についての新たなヴィジョンではありませんか！　ですが、このようにして告知される宗教的ヴィジョンはそれだけで十分なものなのでしょうか。それは道徳には還元不能な政治から何も期待することができないのでしょうか。お配りしたテクストの最後の部分をつうじて、すぐあとでこの点を検討することにしましょう。

注意を促しておきますと、註解を加えた一節では、イスラエルは道徳に司られたこの種の政治の主役ではありません。イスラエルがイスラエルとして積極的にそこに介入することはないのです。たとえイスラエルがある意味では政治の道徳性の基準でありつづけているとしても、です。と申しましたのは、エルサレムの神殿に対して取られた態度――神殿の建設者であるか破壊者であるか――に従って、政治的強国が裁かれているからです。「イスラエルにとって善きことは善い」のです。もう少し洗練された言い方をしますなら、政治的、社会的平面での善悪の究極的区別は、ある社会的、政治的体制がイスラエルの倫理的要請と共存しうるかどうかというこの可能性にかかっていることになりましょう。ここで性急に、また軽々にナショナリズムを語るべきではありません。ユダヤ思想のなかでは、エルサレムの神殿は人類全体にとって意味をもつ象徴なのですから。それは単に国民的な制度ではないのですから。聖書の音信、生き残りたちからなる一個の民族の歴史、生き残りたちが思い起こさせる、歴史を貫くイスラエルの〈受難〉、それらはすべて聖なる〈歴史〉に属しています。〈聖史〉はただちに〈普遍的歴史〉ないし〈世界史〉に勝利するわけではありません。〈普遍的歴史〉は容赦なく展開されていきます。ただ、〈聖史〉は〈普遍的歴史〉を裁くことを可能にするのです。

## 5 ローマの勝利

最後の段落を検証してみましょう。今度はローマがペルシャに勝利することになります。

ラヴは言った、ペルシャは最後にはローマの手に落ちるだろう、と。

しかし、そうだとしますと、ラバ・バール・ハニナの主張によって確証されたかに見えた〈歴史〉の道徳的管理に突如として異議がつきつけられたことになるのでしょうか。ラヴ・カハナとラヴ・アシの発言が表しているのも、この理不尽な事態に対する憤慨でありました。

ラヴ・カハナとラヴ・アシはラヴに言った。「建設者たちが破壊者たちの手に落ちるなどということがどうしてありうるのか。」

ラヴはこの問いに対して肯定形で答えます。ただし、彼の答えについては二つの説が伝えられています。

第一の説によりますと、ラヴは、ローマを勝利させようとする「王の決断」に言及したということです。このような「王の決断」による動機づけがない場合には、善悪とは無関係に有無を言わせぬ仕方で展開され、その内在的な因果関係によってローマ、もっとも強きローマの勝利を必然化する、そのような容赦ない現実があることになるのではないでしょうか。

するとラヴは、「そう、ありうることだ。これは王の決断である」と答えた。

そうしますと、人間の歴史の倫理的管理ならびにその倫理的達成はユートピア的なものであることになりましょう！　無情でかつ既定的な自然の秩序に、私ハカク望ミ、カク命ジルをつうじて確証される全能の神によって専断的に決定される自然の秩序に、いかにして倫理が課せられるに至るというのでしょうか。社会的自然の因果関係に、みずからの存在への諸存在の固執に立脚した数々の出来事固有の必然性に、いかにして倫理が課せられるというのでしょうか。みずからの存在への固執は当然の権利としてなんら問いをはらむものではなく、政治もそこから技術と技法を引き出すのですから。

ですがラヴは、彼が言及した王の意志という観念をこのような意味で理解していたのでしょうか。この意味はそれ自体では申し分なく受け入れ可能なものですが、果してそれはラヴの精神的宇宙と適合しうるものでしょうか。ラヴがラヴ・カハナとラヴ・アシに与えた答えについてのいまひとつの説を読んでみましょう。

ラヴは「彼ら（ペルシャ人たち）もまた祈りの館を破壊した」と答えた、という者たちもいる。

ラブは道徳的な神が人間の歴史に向ける注意を疑っているわけではありません。ただ、彼にとっては、ペルシャは神の構想を実現できるほどにはきれいな手をしていなかったのです。ペルシャは神殿の建設に貢献しました。にもかかわらず、ペルシャは神殿の精神が流布されていくその数々の場所を破壊してしまったのです。純粋な暴力としての政治からは何も期待すべきではありません！　ですから、人間の救済の構造のなかで政治に振り充てられる役割は、戦争によって悪を根絶することではありません。メシアニズムの本義は、それ自体有罪者であるような諸国民に、他の諸国民を懲らしめる機能を授けることではないのです。

しかし、王の決断は道徳と相容れないわけではありません。道徳をめざす、まったく異質な政治的狙いを、王の決断は有しているのではないでしょうか。ここでバライタからの引用が登場するのですが、そこには、今度は同じ答えの二つの動機として統合された、ラヴの答えの二つの定式が再び見いだされます。ただし、二つの答えの順序が逆になっているのですが。第二の定式での答えが第一の動機として姿を現し、第一の定式での答えが第二の動機として姿を現すのです。

バライタがある。「ペルシャは最後にはローマの手に落ちるだろう。第一の理由としては、彼らが祈りの館を破壊したからである。補足的な理由としては、建設者たちが破壊者の手に落ちるよう仕向ける王の決断があったからである。」

ローマに好意的なこの決定をなした王の意図はどのようなものでありえたのでしょうか。依然としてラヴの名において語るラヴ・イェフダの言葉は、ローマの権力の普遍的な拡がりと「ダヴィデの息子の到来」とを関係づけています。それ以上のことは語られていません。

ラヴ・イェフダはラヴの名において言う。「ローマ人たちの凶悪な国家が九カ月のあいだに世界中に拡大されるその前に、ダヴィデの子孫がやってくることはないだろう。なぜなら、(『ミカ書』5・2には)こう書かれているからだ。『主は彼らを捨ておかれる(彼ら自身に委ねる)。産むはずの女が産み、彼の兄弟の残りの者がイスラエルの子らのもとに帰ってくる日まで』、と。」

王の意図は、政治的歴史の最終的な勝者はローマに他ならないという点に起因しているのではないでしょうか。凶悪な国家ではありますが、申し分のない完璧な国家です。暴力の例外的な成功が均衡に達するのです。他の人間のためにあるような人間の生活から生み出される倫理的法を目指して、それに達するような国家ではありません。ただし、そこでの法は「人間は人間にとって狼である」という条件を起点としつつも、動物性を貫通して弁証法的な仕方で法の形式的普遍性に達することになるのです。外見だけ道徳的法なのですが、それが形式的に法であることに変わりはありません。外見的には、形式的にはそうなのです。あるミドラッシュ(『ベレシット・ラバ』〔『創世記』に関するアガダー的註解で四世紀に成立した〕65・1)が語っているのもおそらくこのことでしょう。そこではエドム、すなわちローマが豚に比されています。豚は先の割れた蹄を有してはいますが、反芻動物ではありません。ですからトーラーによると、豚は食するには不浄で不潔な動物なのですが、ところが豚は「ごろんと転がって脚を伸ばして蹄を見せ、『ほら、私は清浄でしょう』」と言い張るのです。同様に、凶悪な権力も略奪し盗みを働きながら、法廷を創設するかの様子を繕っているのです。平等を気遣いつつも、その「悪性」を法のなかに包み隠し、そこに隠蔽してしまおうとする奇妙なやり方です。

そこから二つの可能性が帰結します。ローマの普遍的権力のほうが「ダヴィデの息子」の到来に先立っている、これが第一の仮説です。というのも、凶悪な起源と本質をもつ過酷な法は世界中に拡がらなければならないからです。人間たちは最後の一滴まで苦悩の杯を飲み干さなければならないからです。メシアは、絶望しきった世界に到来することになりましょう。タルムードの他の箇所にも見いだされる主題です（ただし、それとは正反対の数々の見地と混ざり合った形で提示されているのですが）。まさにこの意味では、『サンヘドリン』98aの一節が特徴的でしょう。それは人間たちの極度の悲惨のなかに、来るべき解放の徴候を読み取っています。「ラヴ・エリエゼルは言う。つぎの言葉（『ゼカリア書』8・10）ほど明らかな終末の徴しはない。『このとき、人間に対する報酬はなく、家畜に対する報酬もない。行き来するためにも、敵がいて安全ではない。』ラヴはこう説明した。〈律法〉の学習者たちについては『〈律法〉を愛するひとに大いなる平安あれ』と（『詩篇』119・165）言われているが、彼らでさえ平安を得られないであろう、と。ラヴ・ハニナは言う。ダヴィデの息子はやってこないだろう、と。」病人に必要な魚を（市場で）見つけることもできないほど欠乏が深刻なものと化すのでなければ、ダヴィデの息子はやってこないだろう、と。」

しかしながら、思い切って別の仮説を提起できないわけではありません。最後の審判ならびに悪の破壊はダヴィデの末裔たちにしか属していない、という仮説です。正義のこの勝利のためにはある宗教的な行為が必要なのですが、それがまさにメシアの到来なのです。それにしても、なぜ王の狂おしき決断はあらかじめペルシャをローマに委ね、ローマ帝国を地の果てまで拡大したのでしょうか。ローマが世界中に拡がることが正義にとってもメシア的平和それ自体にとっても必要だからでしょう。その凶暴さをつうじて、ローマのこのような拡がりは西欧の〈秩序〉を創始します。それは、好戦的な力の展開や野蛮な生命力を有した存在の開花以上のものであり、それよりも善きものなのです。メシアの到来には、九カ月、いや九年、いや九世紀に及ぶ準備期間が必要です。世界は新たな未来を孕んでいるのです！　ローマに代表されるような政治は、他でもないメシア的高潔をあらかじめ懐胎しているのです。そうした政治は存在を法に委ね、この法は、動物性から派生したものであるにもかかわらず、人間の群れの動物性を停止させる。ローマ的法治性は、ローマの否定的側面がもたらす肯定的な効果なのです。「国家のために祈りなさい。国家なしには、人間たちは生きたまま互いに貪り合うでしょう」──『ピルケー・アヴォット』の敬うべきミシュナーはこう宣言していますが、『ピルケー・アヴォット』はまさにローマ帝国による凄まじい圧政のなかで説き教えられていたのでした。それに類したものとしては、『ベレシット・ラバ』9・13の驚嘆すべき文章があります。「ラキッシュの息子ラビ・シモンは、『神はお造りになったすべてのものをご覧になった。見よ、それはきわめて良かった』という『創世記』1・31の聖句に関してこう教えている。きわめて良かった、それは天の王国である。しかし、この『きわめて良かった』に先立つ『見よ』はローマ帝国を意味している。ローマ帝国はきわめて良かったなどと言えるのだろうか。もちろんである。ローマはすべての被造物に係わる法と手順を要請しているのだから。」

ローマ、それはまず地中海を統治し、やがて西欧と化した偉大な秩序なのです。『マコット』〔鞭打ちの刑〕24aを締め括る見事な譬え話では、遥か彼方からすでに聞こえている、そのローマの喧騒が偉人のなかの偉人ラビ・アキバとその連れ合いたちを動揺させたのでした。

政治的な西欧に関して、いかなる幻想を抱くこともできないのは言うまでもありません。ですが、ダヴィデの息子の到来はおそらく、あらかじめ統合がなされ、西欧的なものが形成されることを要求しているのです。もちろん、他の人間への愛を吹き込まれた法に即して、ただちにそのような統合がなされるのではありません。しかし、悪が外見的には善を装うような法に即しつつ、すでにこの統合は予備的なものとして形成されているのです。世界は〈法〉を中心として全面的に組織され、この〈法〉が政治的な意味で世界に影響を及ぼすことになる。地球規模の西欧がメシアの到来にとっては不可欠なのです。

# 5　条約

——『ソター』〔姦淫の嫌疑ある妻〕37a–37b

（……）彼らは顔をゲリジム山のほうに向け、祝福の言葉から始めた（……）、云々。バライタがある。一般的な祝福と特殊な祝福があり、一般的な呪いと特殊な呪いがある。こう言われている。「学ぶためには、教えるためには、実行するためにはこの四つがある。四の二倍は八であり、八の二倍は一六である。シナイでも同様であり、モアブの砂漠でも同様であった。なぜなら、（『申命記』28・69には）こう書かれているからだ。『これらは、永遠なる主が、（ホレブで彼らと結んだ契約とは別に）モアブの地でイスラエルの子らと結んだ契約の言葉である』、と。その後の箇所（『申命記』29・8）にもこうある。『だからあなたたちはこの契約の言葉を守り、実行しなさい（……）』、と。ひとつひとつの戒律について、四八の契約の条項が締結された。」

ラビ・シモンはゲリジム山とエバル山での契約を排除し、砂漠での臨在の幕屋の契約をそれに代えた。かつてタンナたちを対立させたのと同じ不一致がここにある。なぜなら、つぎのようなバライタがあるからだ。ラヴ・イシュマエルはこうは言っていた。「原則はシナイで語られたが、特殊な細部は臨在の幕屋で語られた」、と。ラビ・アキバは言う。「原則と特殊規定はシナイで語られ、臨在の幕屋で再び語られ、モアブの平原で三たび語られた。だから、トーラーにおける書かれた戒律のいずれについても、それにもとづいて四八の契約条項が締結されるのである」、と。クファル・アコ出身のラビ・シモン・ベン・イェフダはラビ・シモンの名において言う。「トーラーのなかに書かれたいずれの戒律についても、それにもとづいて四八の条項が締結されるのではなく、それぞれが六〇三五五〇の契約を含んでいるような、四八の契約条項が締結されるのだ」、と。ラビは言う、「ラビ・シモンの名において語る、クファル・アコ出身のラビ・シモン・ベン・イェフダの意見では、トーラーのなかには、それにもとづいて四八の契約条項が締結されないような戒律は存在しない。だから、ひとりひとりのイスラエルびとにとって、六〇三五五〇×四八の契約条項が存在することになる。」（これら二つの意見のあいだの）違いはいかなるものか。ラヴ・メシャルシャアは答えた。「違いは責任と責任に対する責任のあいだにある」、と。

## 1　形式的な法

このシンポジウムで私たちが取り組んでいるのは共同体の問題です。今日ある意味では地球規模のものと化した社会のなかで人々は居心地悪さを感じています。その意味でも、アクチュアルな問題であるのは疑いありません。そうした今日の社会にあっては、通信と運動の数々の近代的な手段のおかげで、産業社会での経済の世界的規模のおかげで、誰もが人類全体と結びついていると同時に、孤独で途方に暮れているという印象を抱いているのです。ラジオの放送を聞くたびに、新聞を読むたびに、私たちはなるほど、自分は遥か彼方の出来事にも巻き込まれており、至るところにいる人々と関係していると感じます。が、その一方で私たちは、私たちの個人的な運命や自由や幸福が数々の原因に左右されるもので、しかもこれらの原因のエネルギーが非人間的な仕方で襲いかかってくることに気づいてもいます。常套句を用いますが、万人を万人と関係させる技術の進歩それ自体、人間たちを匿名態のなかに遺棄してしまうような必然性を伴っています。過度に計画化された世界では、関係の非人称的な諸形式がその直接的な諸形式に、ポール・リクールが「短距離の関係」(rapports courts) と呼ぶものに取って代わるのです。

国家や国民という枠組はもちろん地球という枠組ほど抽象的なものではありませんが、それでもやはり大きすぎることに変わりはない。法による普遍的な絆は人間たちの対面 (face-à-face) よりもむしろ、その併存 (côte-à-côte) を確実ならしめるものでしょう。家族においてさえ、人間同士の連関は、各人が組み込まれているシステムの多様性ゆえに、それほど生き生きとしたものでも、それほど直接的なものでもありません。それに、親族の枠組が人間たちの社会的な使命に十全に応えたなどということはおそらく一度たりともなかったでしょう。成員同士が互いに識り合っているような、より緊密な社会を求めようとする探究が生まれるのもそのためです。そのためには、頻繁に行き来して見《まみ》えなければならないと考えられています。ですが、それが解決なのでしょうか。これは具体的な社会ではありますが、周辺的な社会にすぎず、現実の社会の縁でしか構成されません。非人称的な構造をもつ一方で、「諸事象の秩序」に基礎を有した、そのような現実の社会の縁でしか構成されないのです。果して私たちの社会性は日曜の、余暇の社会で実現されるのでしょうか。クラブの一過的な社会で実現されるのでしょうか。

そもそも、より緊密な社会的生活の枠組が、相互の承認をつうじて心を高揚させるような共同体生活についての意識を人々にもたらすためには、この枠組は人為的ならざるものであらねばならないのではないでしょうか。正常な社会、それは、世界と接触する人間がそこに映し出され、そこで呼吸するような社会です。今日の職業的生活は一定の場所への集中によって規定されていて、そのため町や産業や群衆と結びついていると同時に、逆に数々の大陸へと分散してもいるのですが、依然としてそれは重要な諸事象の真摯さを堅持しています。それはなんらかの不器用さや過ちの効果ではない。それは近代性の本質的な形式なのです。近代世界の連帯、それは〈法〉と規則をつうじて計画化された連帯ですが、このような連帯ならびにそれにそれによって確立される「長距離の諸関係」すべてが、近年は現実を機能させているのです。たとえこれらの関係が、人間たちを他の人間たちの顔へと向かわせるよりもむしろ、私たちを一緒に行進させるとしても、です。私たちの出発点となった問題がこうして再び回帰するのではないでしょうか。

## 2 註解すべきタルムードの抜粋について

ですが、私たちはおそらく〈法〉というもののすべての含意を考慮してはいないのでしょう。そのことが私をタルムードへと導くのですが、因みに、西欧の社会では〈法〉はあまりにも形式的な仕方で迎えられ、〈法〉の数々の含意もそこでは失われてしまっているのです。

イスラエルの古のテクストに問いかけなければならないひとつの理由もおそらくそこにあるのでしょう。選ばれたテクストは比較的簡単なものではありますが、いつもそうであるように奇異な側面を有しています。このテクストは、先に言及した問題に係わっています。契約（alliance）を論じているのです。表面的には契約には触れていないかに見える独特の仕方で、それを論じているのです。イスラエルの永遠なる主とイスラエルの子らとのあいだで締結された契約が解釈されているのです。契約によって、法制によって、トーラーによって、イスラエルという社会は創設されます。みなさんのために翻訳してお配りしたテクストに、私は「条約」（pacte）という題をつけました。それはバビロニア・タルムードの『ソター』37a－37bからの抜粋です。とても短いものです。半頁しかありません。

この抜粋をその文脈のなかに位置づけておかなければならないでしょう。この抜粋を一部分とするゲマラーの連なりは、まったく別の主題に関するミシュナーを引き継いだものです。ミシュナーが論じているのは、「祝福」や「説教」といった典礼のいくつかの表現にはヘブライ語が相応しいか、それとも世俗的な言語が相応しいかという問題です。ミシュナーには数頁のゲマラーが続きます。数頁にわたるこのゲマラーの連なりのなかから小さな一節を抜き出してみなさんにお配りしたわけです。この一節は、言語という主題系——そこでもミシュナーと同様、ギリシャ語の問題が提起されています——からすると逸脱にすぎません。言語という主題はいずれ私たちの抜粋のなかに登場することになりましょう。ミシュナーの語っている言語という主題が重きをなさないような場所はどこにもありません。この主題のなかで、イスラエルの特殊恩寵主義と人間たちの普遍恩寵主義との連関という問題が告知されている——あるいはそこに隠蔽されている——のです。お配りした抜粋を註解する過程で、言語という主題の谺とまた出会うことになるでしょう。

## 3　聖書からタルムードへ

外見的には、このテクストは『申命記』27章の註解であるかに見えますが、それはまた『ヨシュア記』7章とも係わっています。これらの箇所を思い起こすと共に、お配りした抜粋の最初の一文ほど省略的ではない仕方でそれらの箇所と係わるミシュナーにまで遡ることで、私たちはまず、ひとつの例を挙げつつ、書かれた〈律法〉を口伝の〈律法〉から切り離しているやもしれない隔たりを測ることができるでしょう。

さて『申命記』はその27章では、モーセによってイスラエルに与えられた勧告を語っています。それは後に執り行われることになる儀式についての勧告で、この儀式はモーセの死後、砂漠での巡礼の果てにイスラエルの民が聖なる神殿に入ったときになされるべきものです。それを語ったいくつかの聖句がここにあります。2節の聖句の末尾はこうです。「ヨルダン川を渡るとき、あなたはあなたのために、大きな石をいくつか立てて漆喰を塗り、そこにこの教義のすべての言葉を書き記しなさい。」トーラーのすべての言葉を、という意味です。4節の聖句には、「今日わたしがあなたに命じるように、これらの石をエバル山に立てなさい」とあります。儀式が執り行われる場所がこうして明示されました。そこには二つの山が聳えています。エバル山の隣りにゲリジム山があるのです。そこに石を立て、そこにトーラーを書き記したあとに第二の勧告が発せられます。5節の聖句で、そこには「同じ場所にあなたは永遠なる主のための祭壇を築きなさい。それは石の祭壇であるが、鉄の道具がそれに触れてはならない」と記されています。丸ごとの石、手のつけられていない石、鉄の道具で触れてはならない石といった示唆深い象徴を銘記しておきましょう。鉄はたぶん一切の産業の原理なのでしょう。いずれにしても、それが一切の戦争の原理であることは明らかです。続いて8節の聖句は、石にトーラーを書き込むことという最初の主題を再説していますが、ただし今度は、いかにして書き込むかを明示しています。何語で書くかという問いは提起されてはいません。今のところは、書体をめぐる問いが提起されるだけです。「あなたはこれらの石の上にこの教義の内容全体を『きわめてはっきりと』(バエル・ヘテブ)書きなさい。」11節の聖句からは、モーセによって予告された「〈契約〉の儀式」に際してイスラエルの民をエバル山とゲリジム山とに振り分けることに関する、モーセの勧告が記されています。六つの部族は「民に祝福を授けるために」ゲリジム山に陣取り、他の六つの部族は「呪いのためにエバル山に陣取る」のです。祝福されるにせよ呪われるにせよ、イスラエルの民全員が互いを見合うことのできる場所にいることになるのではないでしょうか。予告された儀式の一部始終をつうじて、社会の成員たちは互いに見つめ合います。共同体の問題に充てられた私たちのシンポジウムにとっては、このうえもなく重要なポイントでしょう。「イスラエルの者すべてに向かって、レヴィびとは大声で宣言しなければならない」という14節の聖句には、いくつかの禁止の侵犯を罰する呪いの聖句が続き、そして「民はみな、アーメンと言う」で終わります。15節から26節までの聖句では、問題となる禁止が列挙されているのですが、「この教義」を侵犯してはならないという一般的な禁止がそこにつけ加わります（26節の聖句）。これらの禁止はきっと条約の本質的な諸原則を表しているのでしょうが、しかし、シナイ山の十戒とすべての点で一致しているわけではありません。列挙してみましょう。偶像崇拝の禁止、父母を軽んずることの禁止、地境を動かすことの禁止（隣人の地所に踏み込まないこと）、盲人を道に迷わせることの禁止、異邦人と寡婦と孤児の権利を歪めることの禁止、さまざまな形態での近親相姦の禁止、「暗闇で隣人を打ちのめす」ことの禁止（こうして、特に中傷が禁じられることになる）、賄賂をもらって無実のひとを破滅させることの禁止。おそらく、これらの禁止は社会の創設に係わる諸原則なのでしょう。けれども、これらの禁止はトーラー全体の内容と重なり合ってはいません。そこで、これらの原則の全体を指し示す27章最後の聖句が記されたのです。『申命記』27章の初めの部分で語られた呪いと祝福はおそらく、禁止を護る者に対する祝福と禁止を護らない者に対する呪いを意味しているのでしょう。しかし実際には、この箇所に記されているのは否定的な表現、呪いだけです。レヴィびとが呪いを宣言するたびに、民の全員が「アーメン」と答えます。レヴィびとの言葉はひとりひとりの耳に届いている。民の全員が互いに現前し合っているのです。それで、ひとりひとりが「アーメン」と言うのです。ですから、真の条約は民全員を前にして締結されるのです。幾度でも強調するつもりですが、万人が互いに見つめ合うような社会において締結されるのです。

お気づきのように、『申命記』のテクストは、条約の儀式の演出に関して多くの点を不明瞭なまま残しているのですが、私が註解を加えるタルムードのテクストの最初の文章もそこに送り返されるように見えます。少なくとも、それを前提としているように見えます。
実際はどうでしょうか。

彼らは顔をゲリジム山のほうに向け、祝福の言葉から始めた……

最初の文章は『申命記』では表現されていない「祝福」を語っています。この文章は、エバル山とゲリジム山のあいだで展開された場面のいまひとつの描写、『ヨシュア記』（8章の30節から35節にかけての聖句）がそれに与えた要約に準拠しているのです。二つの解釈の相違を明示しながら、この要約をみなさんに読んでさしあげましょう。第二の物語〔『ヨシュア記』8章〕のほうは第一の物語〔『申命記』27章〕よりも詳細ですが、同時により短いものでもありますので、全文をここで読み上げることにいたします。この第二の物語は、『申命記』27章でのモーセの勧告に忠実なヨシュアが実現したとされる祭儀の要約のごときものので、それは明らかにモーセの勧告に準拠しています。「そのころ、ヨシュアはエバル山にイスラエルの神、主のための祭壇を築いた。神の僕たるモーセがイスラエルの子らに命じたとおりに、そしてまた、モーセのトーラーに書かれているとおりに。つまり、自然のままの石の祭壇であって、鉄の道具がそれに触れたりはしていない。そこで、永遠なる主のために焼き尽くす献げ物と報いの品が捧げられた。モーセがイスラエルの子らのために書き記したトーラーの写しが石のうえに書き込まれた。それから、主の契約の箱の運び手であるレヴィびと、この司祭たちの前に置かれた主の契約の箱の両側に分かれて、イスラエルの民全員が、長老も役人も裁判官も異邦人も土地の者もみな立ち、一方はゲリジム山のほうを向き、もう一方はエバル山のほうを向いた。それは、神の僕モーセの命令にしたがって、まず祝福の言葉がイスラエルの民に与えられるためであった。その後で、トーラーの言葉すべてが、祝福と呪いが、〈律法〉の書に記されているとおりにことごとく読み上げられた。」〈律法〉の書のひとつひとつの命令について、なんと呪いの言葉と祝福の言葉が存在するのです！「モーセが命じたことのうち、イスラエルの全会衆、女も子供も、イスラエルの民のなかで暮らす異邦人たちも含んだ全会衆の前で、ヨシュアが読み上げなかった細部はひとつとしてない。」

よく注意しておきましょう。そこには一二の氏族のすべてが集っているのです。女たちも子供たちもみないます。のみならず、私たちのあいだで暮らす異邦人たち、ゲリームもいるのです。私たちが『申命記』に見いだした最初の描写に比べて、条約の意味が増幅されているのがお分かりでしょう。光景が若干異なっており、登場人物たちの配置も明示されていますし、「演出」もまったく同じというわけではありません。ですが、いずれの場合にも、決して鉄の道具で触れてはならない石が出てきます。この石は平和の秩序に属しているのであって、戦争の秩序には属していないのでしょう。ですが、何よりも顕著なのは、儀式に民の全員、女も子供も異邦人もが出席しているという点が強調されていることです。また、『申命記』27章で言及された一一の聖句を超えて、モーセのテクストの全体が強調されてもいます。最後に、神の僕たるモーセの言葉への厳格な忠誠が強調されています。『申命記』27章とは異なる言葉も、すべてモーセに属しているのです。たとえモーセが別の仕方で語ったとしても、です！

ここで、ミシュナー（32 a）に記された、この場面についての最終的な解釈をみなさんに紹介しておきましょう。お配りした抜粋を一部分とするゲマラーもこの解釈と係わっており、私の翻訳の最初に登場する「等々」(et caetera)を伴った文章もそれと係わっているからです。すでに申しましたように、このミシュナーは、典礼あるいは祭礼でのいくつかの表現で使用してもよい言語と禁じられた言語を論じているのですが、この論点は条約をめぐる私たちの発表にとっては単なる遠因にすぎません。こう書かれています。「六つの氏族はゲリジム山に登り、他の六つの氏族はエバル山に登り、コハニーム（司祭たち）とレヴィびとと契約の箱は麓に留まり」（『ヨシュア記』と同様である）、中央にいる司祭たちが箱を取り囲んでいる。そのコハニームをレヴィびとたちが取り囲み、『ヨシュア記』に書かれているように、イスラエルの全員が両側にいるのです（ミシュナーはまさに、この発表が『ヨシュア記』に見られる要約と一致していることを明示している）。長老や役人や裁判官をも含むイスラエルの全体が契約の箱の両側にいるのです。一方はその顔をゲリジム山のほうに向けており（『ヨシュア記』8章）、祝福の言葉から始めます。彫像や鋳物の偶像を造ることなきひとよ称えられよ。すると、どちらにいる人も「アーメン」と答える（『申命記』から引用）。他方はエバル山のほうに顔を向けており、彫像や鋳物の偶像を造る「者よ、呪われてあれ」という呪いの言葉を発する。すると、どちらにいる人も「アーメン」と答えるのです。つぎに石を持ってきて、それで祭壇を造り、それらを漆喰で塗り、そこにトーラーの言葉すべてを七〇の言語で書き込むのです。というのも、「きわめてはっきりと」（バエル・ヘテヴ）と書かれていたからです。問題はもはや書体ではなく言語です！　条約についてのこの第三の解釈は『ヨシュア記』に準拠してはいますが、『申命記』の表現をいま一度取り上げてもいます。そしてこの解釈のなかで、条約は普遍的なものとして開花するのです。『申命記』では、条約は祭壇を前にしたすべての氏族と締結され、古のテクスト——戦争不在のものたらんとする文明——では、祭壇を形づくる石は鉄の道具では決して触れられてはならないものでした。『ヨシュア記』ではこの条約が女も子供も異邦人も含むものと化すのですが、ミシュナーではさらに、この教義が七〇の言語で告知されることになるのです。人類全体に宛てられた音信なのです！　この儀式は、その成員が互いに見つめ合うような民族、眼差しによって包摂しうるような具体的な共同体の儀式なのですが、つきつめて考えますなら、そうした儀式が人類全体を法制に参画させ、この法制の名において条約が締結されるのです。

ですから実に注目すべき事態なのです、ヘブライ語から、私がギリシャ的と呼ぶこの普遍性への移行は。筆記の明晰さと明確さを推奨するバエル・ヘテヴ、「きわめてはっきりと」という表現がここで、全面的な翻訳可能性を意味するものと化すのです。という次第で、解放と普遍化が継続されなければなりません。私たちはまだ聖書を翻訳し終えてはいないのです。ギリシャ語七十人訳聖書は未完成です。私たちはまたタルムードも翻訳し終えてはいません。いや、どうにかこうにか始まったばかりです。タルムードに関しては課題は微妙で難しい、という点を是非とも申し上げておかなければなりません！ これまでのところ、口頭の教えに限定された遺産は、拙速ともいうべき仕方で、数々の外国語に移されながらも、新しい形式のもとでもその奇矯な様子を維持したままなのですから。

つまり、上述の普遍性はいわばあるひとつの社会にもとづいて誕生する普遍性なのですが、ここにいう社会は、二つの山に集まった成員たちが全面的に視野に収めることのできる社会、あたかもひとつの場面に位置づけられているかのような仕方で可視的な社会の謂です。まずもって、この社会は互いに見つめ合う一二の氏族のあいだで親密なものたらんとする社会、共同の社会であるのですが、しかし、すでにして人類全体を前にしており、人類全体へと開かれているのです。

おわかりのように、書かれた〈律法〉から口伝の〈律法〉への展開の明確な例がここにあるのです。口伝の〈律法〉は、書かれた〈律法〉が語ったことを話すつもりでいます。ところが、口伝の〈律法〉はそれ以上のことを知っています。口伝の〈律法〉は、学ばれている一節の自明の意味よりも遠くへ赴くのです。が、それも聖典の総体的意味が有する精神においてのことなのですが。

## 4 〈律法〉の多様な次元

テクストに戻りましょう。今やテクストは、トーラーのこの条約にはらまれた多様な次元を私たちに示してくれます。これら多様な次元ゆえに、成員同士がほとんど対面し合っているような共同体では、彼らがその眼差しを人類に向けたとしても、成員同士のそうした関係は維持されるという点が確証されるはずなのです。共同体と社会との区別は、ほとんど成熟していない社会的思考を証示するものにすぎません。かかる社会は〈律法〉に立脚しているのですが、〈律法〉の採用は、それを妥当な仕方で採用する人々は互いの面前に留まりうるという可能性をも伴っているのでしょう。

バライタがある。一般的な祝福と特殊な祝福があり、一般的な呪いと特殊な呪いがある。こう言われている。学ぶためには、教えるためには、実行するためにはこの四つがある。四の二倍は八であり、八の二倍は一六である。

異論の余地なき算術ではありませんか！　ですが、ここでは何が語られているのでしょうか。『申命記』では、同じ律法が、侵犯する者にとっては呪いを伴うものとして、遵守する者にとっては祝福を伴うものとして告知されていました。ですから呪いと祝福は、それと係わる者にとっては、同じひとつの〈律法〉への二つの同意の仕方をなしていることになります。つまり、エバル山とゲリジム山の山頂で締結された契約のなかには、同意しようとする二つの意志が、同じひとつの〈律法〉に対する二つの「諾」があったのです。『申命記』27章を見ると、数々の禁止は特殊なものとして言明されていますが、しかし最後の聖句で確認されるように、それらの禁止は「教義全体」の想起のなかに内包されています。したがって、トーラーは一般的な形式と特殊な形式で言明されているのです。それもまた同意しようとする二つの行為でありましょう。呪いを受け入れることのなかに、同意しようとする二つの行為があり、祝福を承諾することのなかにも同意しようとする二つの行為がある。これで四つになりますが、ここにいう四は二＋二の四ではなく、二×二の四なのです。

ところで、『申命記』5・1と11・19を念頭に置いて申し上げるのですが、私たちはトーラーが四つの一般的な責務を含んでいるのを知っています。トーラーを学ばなければならない（リルモッド）。トーラーを教えなければならない（ルラメッド）。トーラーを維持しなければならない（リシュモール）。トーラーを果たさなければならない（ラアソート）。これら四つの契約が〈契約〉のなかに含まれているのです。ところで私たちは、〈契約〉へのひとつひとつの同意が同意の四つの様相を伴っていたことを見たばかりです。としますと、〈契約〉のなかには一六の契約があり、条約のなかには一六の条約があることになります。すぐ後でこの点に戻ることにしましょう。概括的に言うなら、私たちが単に律法への同意と呼んでいるもののなかに、ラビ博士たちは一六の次元を見分けているわけです。

一六の次元。いや、もっとあるのです！　再びラビの計算に戻りますなら、トーラーは三たび教えられます。『出エジプト記』によると、最初はシナイ山で。『申命記』によると、二度目はモアブの平原で。三度目は、今見ましたように、エバル山とゲリジム山のあいだで。そのたびに、一六の同意があると言われているのですから、総計四八の同意があることになりましょう。さしあたりは、四八ということにしておきましょう。もっと多いことがやがてわかるでしょう。

以上のような区別と計算の意味を解明すべく努めてみましょう。律法に従う者にとっては祝福を、それを侵犯する者にとっては呪いを伴った律法への同意のうちに、二つの異なる行為を見分けることができるという点に、驚きを覚えておられる方がきっといらっしゃるでしょう。ここでは祝福と呪いが、どんな律法にもつきものの懲罰の肯定的側面と否定的側面ではないかのように考えられているからです。具体的には、これら二つの側面の相違は明白で、だから、律法を承認するに際して、侵犯がなされた場合の赦しをすでに当てにすることができる。いつもなんとかなるだろう、と考えることができるのですが、ここではそうではないのです。もちろん、イスラエルも赦しなるものを知らないわけではありません。ただイスラエルにあっては、〈律法〉が採用されるその時には、赦しは勘案されることがない。赦しが意味をもちうるためには、〈律法〉への同意の瞬間にはまだ赦しが容認されていないのでなければならないのです。あらかじめ獲得された赦しに対するユダヤ教の不信感は、私たちの知るところです。それがどこに導いていくのかもわかっています。

全体としての〈律法〉への同意、一般的内実から見られた〈律法〉への同意は、ひとつひとつの律法の特殊な言明に対する「諾」とは区別されるのでしょうか。もちろん、一般的な同意は必要です。法制から、その一般的な精神を引き出さなければなりません。法の精神を成就しなければならないのです。哲学が禁じられているわけではありませんし、理性の介入が余計な事態であるわけでもないのです！　真に内面的な同意があるためには、このような一般化の手続きは欠かすことのできないものです。ですが、なぜこのような一般的な精神とその数々の特殊な表現への接近とを区別しなければならないのでしょうか。法制が含んでいる数々の律法を承認していない限り、一般的な意味での法制の意味も知られざるものにとどまるからです。ここには二つの手続きがあるのであり、複数の視点からこの区別を正当化することができます。誰しも、いくつかの「精神的」原則に還元されたユダヤ教には敏感です。誰もがトーラーの天使的本質とでも呼びうるものに魅せられ、そこに数多の聖句や註解が無媒介的に還元されてしまいます。〈律法〉のこのような内面化に私たちの自由な魂は魅了され、そのため私たちは、トーラーの「合理性」や「道徳性」に抵抗するかに見えるものを棄却する傾向にあります。しかし、ラビ文献が証示しているように、ユダヤ教は、すぐには内面化されない諸要素がトーラーには含まれているという点につねに自覚的でありましたし、それは偉大な精神性にとっては不可欠な事態なのです。万人が相互に認め合うような正義の律法（ミシュパティム）とは別に、フキームと称される容認しえない律法が存在していて、それはトーラーを侮蔑する際の悪魔の喜びを引き起こすのです。後者は、『民数記』19章にいう「赤毛の雌牛」の祭礼など馬鹿げていて横暴だと主張します。割礼についてはどうでしょうか。若干の精神分析をもって解明しようというのでしょうか。今からそうなると決まっているわけではもちろんありませんが、あるいはそのように事が運ぶのではないかと心づもりをしておくべきでしょう！　トーラーが語る多くの典礼や祭儀の仕儀はどうでしょうか。要するにイスラエルの〈律法〉のなかには、あまりにも安易に一過的なものとみなされている数々の細部への特別な同意を、トーラーの一般的で「奥深い」精神の承認を超えて要求するような数多の点があるのです。私たちのうちには、精神への同意と文字と呼ばれているものへの同意とのあいだの確執が恒常的に存在しています。前者と同様に後者も不可欠であること、これこそトーラーを受諾する際に二つの異なる行為が認められたことの意味なのです。ヤコブと天使との格闘、それもまた、天使のごとき純粋な内面性をイスラエルの生存のなかで乗り越えることを意味しているのです。その場合、勝利するためにどれほどの努力が必要であったかをぜひとも銘記してください！　いや、果して勝利などあったのでしょうか！　誰も勝者ではないのです！　だから、天使による拘束から放たれても、ヤコブの宗教は少しびっこをひいたままだったのです。この闘いは決して終わることがありません。しかし、いいですか、天使は被造物の頂点ではありません。純粋に精神的な存在である天使は、トーラーに即した生活が想定しているような条件を実現したりはしません。食べる必要も、取ったり与えたりする必要も、働いたりシャバトの日には働かない必要も天使にはないのです！　高潔の原理ではありますが、原理以外の何ものでもありません！　しかし、原理に同意するだけでは十分ではない。それは誘惑を伴っていると共に、留意と私たちの闘争をさらに要請しているのです。

どんな特殊な律法も普遍性を反映しています。が、そうした普遍性から独立した原則として、特殊なものが〈律法〉のうちに姿を現すそのいまひとつの理由があります。他でもない〈律法〉の具体的で特殊な側面が、そしてまた、〈律法〉が適用される際の情況がタルムードの弁証法を司っているのです。口伝の律法は決疑論なのです。口伝の律法は、〈律法〉によって体現される一般的な原則からそのありうべき履行、その具体性への移行と取り組みます。この移行が純粋に演繹可能なものであるなら、特殊な律法としての〈律法〉は、そのためだけの同意を別個に要求したりはしなかったでしょう。しかも、ここにタルムードを生気づけている偉大な叡知があるのですが、適用に際して一般的で高潔な原則が逆転してしまう場合もあるのです。いかなる高潔な思想もスターリニズムに陥る危険をはらんでいます。タルムードの決疑論の大きな力、それは、一般原則がその反対物に転じかねないその明確なポイントを特殊なものをつうじて探究し、特殊なものにもとづいて一般的なものを監視する、そのような特別の学科であるということです。それによって私たちはイデオロギーに陥らないですむのです。イデオロギーとは、適用に際して一般的原則の隙を窺うこのような逆転を勘案することなき、一般原則の高潔でありその明晰さの謂です。先ほど援用した比喩を再び用いるなら、タルムードとは天使との格闘なのです。だからこそ、どんな忠誠においても、特殊な律法への同意は還元不能な次元なのです。やがて見ることになりましょうが、ラビ・アキバの考えでは、特殊な律法への同意は一般的なものとしての〈律法〉への同意と同程度に重要なものであるだけではありません。特殊な律法の学習に捧げられた場所——要するにイェシバですね——は、条約が締結された三つの場所のひとつであり、この場所の威信は、トーラーが啓示されたシナイ山の威信にも、トーラーがモーセによって反復されたモアブの平原の威信にも匹敵するものだ、というのです。

〈律法〉を核として締結された条約のなかに、私たちのテクストは四八の契約を見分けました。外見的には奇異なものとうつるこの計算のなかには四という数字が介入していて、四は〈律法〉へのどんな同意にもつきものの四つの約束を表しています。トーラーを学び、教え、維持し、果たすという四つの約束です。学習という理論的な活動なしには、聴取と読解に繋ぎとめられることなしには、リルモッドなしには、何ひとつ私たちのうちに入ってはきません。しかし、学んだことを伝えるためには教えなければなりません。伝達、ルラメッドは、学習をつうじての純粋な受容とは区別されたひとつの責務です。と申しますのも、人間は獲得された知識を石化させてしまうという危険を伴っているからです。その場合、知識は意識のなかに惰性的な内容のごときものとして沈殿し、そのように凝固したままで世代から世代へと伝えられていくことになりましょう。精神的なもののこのような凍結は伝達ではありません。他人に対して教示され他人によって引き受けられた教え、すなわち伝承の相のもとに、伝達はまさにこのような反復のなかで、生活と意図と刷新のなかでなされるのであり、そうした様態を欠くとき、啓示されたもの、言い換えるなら真正な仕方で思考された思考はもはや可能ではないのです。このように伝達は教えを伴っているのですが、教えはトーラーを学ぶ際のまさに受容のなかですでに素描されており、そのようなものとしてこの受容性を引き継ぐのです。真に学ぶこと、それは教えを実に深く受け取ることであって、そのため、この教えは必ずや他人に与えられなければならないほどなのです。真理の教えはひとりぼっちの人間の意識のなかに存しているのではなく、他者に向けて炸裂するものなのです。よく学び、よく読み、よく聞くこと、それはすでにして話すことです。質問を提起することで、あなたに教えている先生に教えるにせよ、第三者に教えるにせよ、です。

『モーセ五書』の最後の四つの書〔『出エジプト記』、『レヴィ記』、『民数記』、『申命記』〕のいずれにも、ひとつの聖句が恒常的に登場します。そして永遠なる主はモーセに言った、「イスラエルの子らにこのような言葉で（レエモール）話しなさい」、という聖句です。自明の意味は謎をはらんではいないように見えますが、〈解放〉の直後に私が知遇を得たすばらしい師は、この言い回しについて一二〇の異なる解釈をすることができると豪語していました。ただ、私に明かしてくれたのはそのうちのひとつだけでした。そこから第二の解釈を引き出してみようと私は努めました。私に明かされた解釈は、レエモールを「話さないために」と翻訳する解釈です。そうしますと、「話さないために、イスラエルの子らに話しなさい」となるでしょう。聴取が思考することでありつづけるためには、語られざること（non-dit）が必要なのです。真理（あるいは神の言葉）が聴取する者たちを憔悴させないためには、言葉はまた語られざることでもなければならない、とも言えるでしょう。人間たちに危害を与えることなく、神の言葉は人間たちの言語と言語活動のうちに宿ることができるのでなければならない、とも言えるでしょう。上記の聖句に関する私自身の読解では、レエモールは「話すために」を意味するものとなります。「彼らが話すことができるように、イスラエルの子らに話しなさい」――きわめて深く彼らに教えることで、彼ら自身が話し始めるようにしなさい、彼ら自身が聴取しつつ話すに至るようにしなさい。この聖句が有する他の一一八の意味は依然として発見されるべきものにとどまっています。私の師はその秘密を墓のなかに持っていったのですから。

第三の責務に移りましょう。維持すること、リシュモールです。二つの可能性があります。リシュモールはまず、否定的な戒律、禁止の遵守を意味しています。否定的な戒律と肯定的な戒律の区別がなされていないここでは、この解釈は不可能です。リシュモールはまた、学ぶ際に必要とされる新しいことを意味してもいます。忘れないこと、言い換えるなら、教えを反復することです。まさにそうした反復ゆえに、学習は決して終わることがないのです。

最後にラアソート、「果たすこと」です。この点については説明の必要はないでしょう。私たちのテクストの深遠さは、これら四つの点を調和したものとして思考している点にあります。切り離すことはできるが、相互に混乱を来すことのありえないものとして思考しているのです。学習のこれら四つの契機のひとつひとつがある特別な同意、ある特別な留意を要請しています。ですから、ひとつひとつの条約のなかに一六の契約があったことになります。ところで条約は、シナイ山、モアブの平原、エバル山とゲリジム山のあいだという三つの場所で締結されました。――ですから、〈律法〉を中心として四八の契約があることになります。しかし、この点については異議が提起されました。これから見ていきますように、ラビ・アキバは、エバル山とゲリジム山のあいだでの儀式をこれら三回のひとつとして数え入れようとすることには同意しませんでした。私個人としては、ラビ・アキバがここで疑念を抱いたのをうれしく思います。その理由はあとでお話しすることにいたしましょう。

## 5　三たび

〈契約〉が三たび締結されたということは、私たちが註解しているテクストのなかでも、ゲリジム山近くでの儀式との関連で、「シナイでも同様であり、モアブの砂漠でも同様であった（……）」という言葉で示されています。全文を挙げておきましょう。

シナイでも同様であり、モアブの砂漠でも同様であった。なぜなら、（『申命記』28・69には）こう書かれているからだ。「これらは、永遠なる主が、モアブの地でイスラエルの子らと結んだ契約の言葉である」、と。

ホレブで永遠なる主がイスラエルの子らと結んだ条約とは別に結ばれた契約です。

「だからあなたたちはこの契約の言葉を守り、実行しなさい。」

しかし、ここでこの計算のある箇所に異議を唱える者が登場します。

ラビ・シモンはゲリジム山とエバル山での契約を排除し、砂漠での臨在の幕屋の契約をそれに代えた。

もちろん、ラビ・シモンも契約は三たび締結されたと考えていたのですが、彼にとっては、ゲリジム山とエバル山のあいだでくりひろげられた儀式は数に入らないのです。三という数字に至るために、ラビ・シモンは、『出エジプト記』33・7の聖句に語られた、モーセと民との会合を契約の締結とみなしました。「モーセはというと、彼はひとつの天幕を取って、宿営の外、その囲いから遠く離れたところにそれを張り、それを臨在の幕屋と名づけた。主にお伺いをたてる者はみな、宿営地の外にあるこの幕屋に赴かなければならないのだった。」これで四八という契約の数が保証されたことになります。ただラビ・シモンは、契約の締結という威厳を、彼にとってはエバル山とゲリジム山のあいだでの祝典にすぎない単なる儀式によりもむしろ、「砂漠の臨在の幕屋」の内部でなされていると考えられる〈律法〉の学習に授けたかったのです。臨在の幕屋のなかではきっと、モーセが質問や問題を抱えた者たちを迎えていたのでしょう。〈契約〉、それは、万人が万人を見ることのできるようなひとつの配置ないし演出ではありません。〈契約〉、それは個人的な資格で先生に問いかける生徒たちなのです。神の声が聴取されたのは他でもない、臨在の幕屋においてであり、モーセのイェシバにおいてだったのです。シナイとモアブの平原とのあいだで、二度目に〈契約〉が締結された場所はまさにそこだったのです。

このようにラビ・シモンにとっては、儀式に学習が取って代わることになります。重要な決定です。すぐ後で、それがラビ・アキバの意見でもあったことがわかるでしょう。ラビ・シモンが抱いていた動機はどのようなものだったのでしょうか。ラシははっきりとこの問いを提起しています。ゲリジム山での儀式を予告する『申命記』27章の記述はトーラーに含まれたいくつかの律法しか挙げていない、とラビ・シモンは考えたのではないか。これがラシの意見です。トーラーである限りでのトーラーはそこに姿を現してはいない。ですから、この儀式は「完璧な」契約の儀式としての価値をもたないのです。私はラシの言葉に異論を唱えるつもりはありません。ただラビ・シモンもまた、『申命記』27章で言及された数々の律法が抑止的な仕方で言明されているという事態に衝撃を受けたのではないでしょうか。呪いだけが挙げられているのですから。もちろん、祝福もあるのでしょうが、それを表す言葉はそこにはありません。

いずれにしましても、ゲリジム山での契約の有効性に異議を唱えるラビ・シモンの発言はある重要な問いを提起しています。この問いについて考えるためには、タルムードの巨人たちのあいだでかつて起こった論議に立ち戻るしか方法はありません。ラビ・シモンの師でタンナたるラビ・イシュマエルとラビ・アキバのあいだで生じた論争です。こう書かれています。

かつてタンナたちを対立させたのと同じ不一致がここにある。なぜなら、つぎのようなバライタがあるからだ。ラヴ・イシュマエルはこう言っていた。「原則はシナイで語られたが、特殊な細部は臨在の幕屋で語られた」、と。ラビ・アキバは言う。「原則と特殊規定はシナイで語られ、臨在の幕屋で再び語られ、モアブの平原で三たび語られた。だから、トーラーにおける書かれた戒律のいずれについても、それにもとづいて四八の契約条項が締結されるのである」、と。

ラビ・シモンが説明している不一致はこのように、ラビ・イシュマエルとラビ・シモンという二人のタンナのあいだでかつて交わされた論議にまで遡ります。条約の締結として数え入れるべき三つの儀式のなかには、エバル山とゲリジム山のあいだでくりひろげられた儀式も含まれている、とラビ・イシュマエルは考えました。彼は何を言わんとしているのでしょうか。おそらく彼は、シナイとモアブの平原以外には、いかなる〈契約〉の祝典も存在しないと考えていたのでしょう。ラビ・イシュマエルにとっては、臨在の幕屋で教えられたのは〈律法〉の特殊な細部だけであり、その原則はシナイで教えられたのでした。その結果、シナイと臨在の幕屋は相俟ってひとつの契約をなすことになります。モアブの平原が第二の契約であり、エバル山とゲリジム山が第三の契約であることになります。のみならず、ラビ・イシュマエルはおそらく、今日は取り上げませんがありうべき問題を形づくるようなある点について論議すべきだとも考えていたのでしょう。彼はたぶん、〈律法〉の原則の学習とその特殊な細部の学習との上述のまったき同等性に異議を唱えてもいたのでしょう。特殊なものと一般的なもの、そのいずれもが重要である、と彼が考えていたのは疑いありません。さもなければ、彼はタルムードの師であることはできなかったでしょう。しかし彼は、いずれにしても原則のほうが重要であるとみなしていたのです。これはラビ・アキバよりもリベラルな立場でしょうか。それは、この部屋にいらっしゃる、私よりもすぐれたタルムード研究者たちに訊ねてみなければならない問題でしょう。おそらくラビ・イシュマエルは、社会と共同体との区別について先に語られた考えに近い考えを抱いていたのでしょうし、結局のところ彼にとっては、共同体的経験が啓示のひとつの本質的な契機でなければならなかったのです。

ラビ・アキバはこのような考えに反対しているように見えます。彼は、一般的なものと特殊なものとの絶対的に同等な威信を肯定しています。万人が万人を見ることのできるような儀式を、ラビ・アキバは排除しているように見えます。おそらく彼は、人間たちの具体的現前が真の対面をなすのではないと考えていたのでしょう。

四八の契約を数えたところまで行ったのでしたね。私たちは、〈律法〉が有する多様な次元を肯定するものとしてこの計算を理解したのでしたが、これら多様な次元は、近代社会の危機の淵源であるような匿名の合法性をはみ出してしまうものなのです。

## 6　〈律法〉と間-人格的なもの

契約は四八あるのでしょうか。いや、もっとあるのです。

クファル・アコ出身のラビ・シモン・ベン・イェフダはラビ・シモンの名において言う。

ラビ・シモンの名において、とありますが、これはゲリジム山での儀式の重要性に異議を唱えたラビ・シモンと同じ人物です。

トーラーのなかに書かれたいずれの戒律についても、それにもとづいて四八の条項が締結されるのではなく、それぞれが六〇三五五〇の契約を含んでいるような、四八の契約条項が締結されるのだ、と。

としますと、これら三つの儀式で締結された契約の数は六〇三五五〇×四八であることになります。どこから、六〇三五五〇という数字が出てきたのでしょうか。それはシナイ山の麓にいたイスラエルびとたちの数を表しているのです。啓示された〈律法〉を中心として締結された〈契約〉は、法的行為の非人称的抽象物として現れる代わりに、〈律法〉を受け入れる者たち全員との生きた絆を確立するものとして迎えられるのです。そこでは、各人が各人に対して責任を負うているのです。ひとつひとつの〈契約〉行為のなかに、六十万以上の責任ある個人的行為が描かれているのです。条約の四八の次元は四八×六〇三五五〇となります。失笑を買うことは明白です。こんなにも多いのですから。しかし、これはまだ無限数ではありません。イスラエルびとと、いやもっと精確に言いますと、人類に属する人間たちは、真に人間的な律法を前にして互いに責任を負うています。〈契約〉のこのような締結のうちには、他者に対して《無–関心ならざること》がはらまれているのです。万人が私を見ているのです！　万人が各人を見るような情況にあるためには、エバル山やゲリジム山に集ったり、互いの眼を見つめ合う必要はありません。万人が私を見ているのです。トーラーが七〇の言語をつうじて告知されたことを忘れないようにしましょう。

トーラーは万人のためにある。万人が万人に対して責任を負うているのです。「汝の隣人を汝自身のごとく愛しなさい」という表現は、愛の原型として自己愛（amour de soi）を想定しています。その場合、倫理は「汝が汝自身に責任を負うているように、他者にも責任を負いなさい」という意味であることになります。私たちは、人格的なものの定義そのものとみなされた自己愛――利己愛（amour-propre）――という前提を回避したのです。しかし、これで終わりではありません。

ラビは言う、「ラビ・シモンの名において語る、クファル・アコ出身のラビ・シモン・ベン・イェフダの意見では」、云々。

何と多くの連鎖があることでしょう！　おそらく初めてタルムード講義に接した方もいらっしゃることと思いますが、この積み重ねに驚かないでください。タルムードではつねに、しかじかの点を誰が語ったかを特定することに多大な努力が費やされているのですから。告知された真理の普遍性がそれを語った者の名前も人格も抹消しないとき、教えは真の教えなのです。彼にそれを教えた者の名において、万人が自分の学んだことを引用するとき、メシアは到来するだろう、とさえタルムード博士たちは考えていたのでした。さて、ラビはこう言っています。

トーラーのなかには、それにもとづいて四八の契約条項が締結されないような戒律は存在しない。だから、ひとりひとりのイスラエルびとにとって、六〇三五五〇×四八の契約条項が存在することになる。

先程の真理が単にくり返されているのではないでしょうか。ゲマラーもその点を訝っています。

（これら二つの意見のあいだの）違いはいかなるものか。

違いを見いだしたのはラヴ・メシャルシャアでした。

ラヴ・メシャルシャアは答えた。「違いは責任と責任に対する責任のあいだにある」、と。

私は他のすべてのひとたちに責任を負うているだけではなく、他のすべてのひとたちが負うている責任に対しても責任を負うている。だから、四八に六〇三五五〇を掛けた後で、この積にまた六〇三五五〇を掛けなければならないのです。これはこのうえもなく重要なポイントです。先程、私たちは他者の承認、他者への愛に似た何かを認めました。ただしそれは、他者に対して、〈律法〉への他者の同意や忠誠に対してさえ、私がそれを請け合わなければならないほどのものだったのです。他者の事柄は私の事柄です。しかし、私の事柄は他者の事柄でしょうか。他者は私に責任を負うてはいないのでしょうか。その場合、私は私に対する責任について責任を負うことができるのでしょうか。コル・イスラエル・アレヴィム・ゼ・ラゼ――「イスラエルの全員が全員に責任を負うている」というこの言葉は、神の〈律法〉への同意者全員が、真に人間的な人間全員が互いに責任を負うていることを意味しているのです。

それはまた、私の責任が、他の人間が担うかもしれない責任にまで及ぶものであることを意味してもいます。私、この私はつねに他者よりも多くの責任を有しているのです。というのも、他者の責任についても、私は責任を負うているからです。他者が私の責任について責任を負うているとしても、私はさらに他者が私の責任について負うている責任についても責任を負うています。そしてそれは、エン・ラドヴァル・ソフ――つまり「決して終わることがない」のです。限りなく続くのです。万人に認められる、万人に対する責任の背後に、私はこの責任についても責任を負うという事態が、トーラーの社会のなかで姿を現すのです！　これは理想です。が、人間的なものの人間性の前提となるような理想です。つきつめて考えられた〈契約〉にあっては、〈律法〉のありとあらゆる次元を展開するような社会にあっては、社会はまた共同体でもあるのです。

## 6　宗教的言語と神への畏れについて

ポール・リクールに

神の言葉、神に向けて話すこと、神について話すこと——聖典、祈り、神学——、宗教的言語の多様な形姿は、語や命題や言論の意味を織りなす世界とのさまざまな係わりを語ることで尽きてしまうものではないという共通点を有しています。私たちが住まっている所与としての現実の境界線を、どのようにして言語に突破させるのでしょうか。ポール・リクールは想像力という手段について私たちに語りました。ここにいう想像力は単に再生的な能力ではありません。その錯覚の力能以外のすべてを対象の知覚に負うた想像力が、この知覚を二重化するのではないのです。想像力は逆に、人間的心性のもっとも奥深い次元であって、それはただちに詩的言語という媒体のなかで作用します。人間の心性を超現実に似たものたらしめる、魂の全エネルギーの「神秘的な根」としての詩的言語のなかで作用するのです。「主体と向かい合う客体として事物を私たちに対峙させる能力に先立つ、そのような事物の秩序への帰属を私たちに取り戻させてくれるのは、ひとり詩的言語のみである。(1)」詩的な想像力のなかでは、未曾有のことがらが聴取され、呼び出され、語られ、テクストはテクストを定めた明確な意図を遥かに超えて解釈学へと開かれ、隠喩はそれを生み出したかに思えた経験の彼方へと赴くことができます。そこでは象徴も、思弁的に思考するきっかけを与えます。外部から到来した命法ないし教えは、それが発信者の例外的人格を刻印されているときには、聴取する魂のなかで証示されうるものと化します。詩的な言葉の力能と連結された、この証しする力能は心性の深さそのものであります。その場合、超越者は意志を拘束するものであるよりもむしろ、このような想像力を魅了し、それを拡大しうるものでありましょう。そこには、自由をある種の服従に近づける媒介が、超越と内面性を和解させる「他律なき依存」があることになりましょう。

この点について私たちは、バビロニア・タルムードの短い一節を提示し、それを註解しながら、宗教的言語についてのある叙述に光をあててみたいと思います。この叙述が、最終的には、宗教的言語を、すでにして言論であるような思考（トーラーの読解とその学習）と本質的に関係づけることになるのはもちろんですが、この思考は、トーラーと、超越に意味を得させる言論とのあいだに、意味の担い手たる意志の数々の態度を挿入させるものでもあります。詩的想像力によって生きる思考よりも「古き」服従の心性なのです。教化的共同体に依存するほどに他律的であると共に、言語の戯れに固有な諸可能性に先立った規律なのです。

『ベラホット』〔祝禱〕33bから取られた私たちの一節は、祈りという宗教的言語の規範に関する一節です。(2) このテクストはもちろん、それが扱っている問題を汲み尽くすものではありません。タルムードのなかでは、このテクストは比類ないものではありませんし、もっとも有名なものでもありませんし、他の数々のテクストを排除するものでもありません。タルムードのこれらのテクストでは、そこで喚起された数々の主題に付される強調符の位置が変動することもありますし、他の数々の主題、おそらくはそれほど深刻なものならざる主題が論議のなかに姿を現すこともあります。私たちが選んだテクストもそのまま別の篇（『メギラー』〔巻物、プリム祭りのエステル記朗読〕25a）に収録されています。ですから、このテクストはそれが属している思考の流れのなかで重きをなすものなのでしょう。

この抜粋を提示するためにも註解が必要になります。と申しますのも、この抜粋に固有な構造は、どんなタルムードの抜粋もそうであるように、一読したときには突飛なものとうつるからです。圧縮されていて、省略的で、暗示的で、どんなレトリックにも、どんな言葉の魔術にも刃向かっているかのようです。なんとか理解できるものにするために、ちょっと翻訳してみましたが、それだけでも、文章構造に係わる数々の小辞や、さらには言外に語られた部分を付加せざるをえませんでした。タルムードのテクストは数々の主張から、数々の問いと答えから、数々の反論と反論に対する答えからなっているのですが、それらのあいだには時間的な隔たりがあります。数世紀の開きがあることもしばしばです。話の論理によってそれらが結びつけられているわけですが、それらを連結する媒介のすべてが明確であるわけでもありません。各々の語りを、歴史上その作者であった者にたえず帰そうとする不断の配慮がそこには見られます。話をしたり、また、しかじかの情況でしかじかの行為をなしたラビ博士たちの固有名がつねに挙げられるのもそのためです。逸話だけに関心を向ける読者にとってはどうでもよいことでしょうが、この点からも学ぶところがあります。最後に、論議を提示するに際しては大抵の場合、論議を未完のままにしておく手法が見られます。タルムードの諸篇と独断主義を結びつける誤った風説を信じる者たちを必ずや驚かす事態でしょう(3)。

タルムードのどのテクストもそうであるように、そしてまた、これらのテクストのどの註解もそうであるように、お配りしたテクストも、たとえそれがいかに地味なものであれ、伝統的なユダヤ教思想にとっては、宗教的言論であると同時に、祈りにも匹敵するほど親密な神との関係であります。ただこれは、少なくとも私たちの意図のなかでは、いわば余滴として付加される特質かもしれません。私の発表は、ポール・リクールによって開かれた宗教的言語をめぐる探究に貢献するものとして、テクストで語られたこと

――あるいはテクストが示唆する語られざること――をつうじてテクストを解明することだけを目指しているのですから。
これがテクストです。(4)

ミシュナー

「あなたの御慈悲は鳥の巣にまで拡がる」と言う者。あるいはまた、「あなたの〈名〉が（あなたが行った）善によって思い起こされますように」と言う者。あるいはまた、「わたしたちは（あなたに）感謝する」と二度言う者、その者は黙らされる。

ゲマラー

「わたしはあなたに感謝する」と二度言う者については〔黙らせることに〕了解する。なぜなら、この者は二つの〈力〉を崇拝しているように思えるからだ。「あなたの〈名〉が善によって思い起こされますように」と言う者についても了解する。なぜなら、この言葉が善にとっては意味をもつが悪にとっては意味をもたないのに対して、私たちは、人間は善について（神に）感謝するのと同様に、悪についても（神に）感謝する、という教えを有しているからである。しかし、どのような理由で、「あなたの御慈悲は鳥の巣まで拡がる」と言う者を黙らせなければならないのか。二人の博士（アモラ）がそれについて西欧(5)で論議した。ラヴ・ヨシ・バール・アビンとラヴ・ヨシ・バール・ズヴィダである。一方はこう言う。「なぜならこの者（『あなたの御慈悲は～拡がる』云々と語る者）は、（〈創造〉という）〈始まり〉に嫉妬を導き入れたからだ」、と。他方はこう言う。「なぜなら、この者は、称えられるべき永遠なる主によって取られた措置を慈悲の効果とみなしているからである。しかるに、それは主の意志の定めに他ならないのだ」、と。ある日、ラバの前にいる誰かが（つぎのような言葉で）祈っていた。「あなたは鳥の巣にも御慈悲をそそがれるそうだ。私たちをいたわり、憐れんでください」、と。すると、ラバは「ラビたちのこの乳飲み子はいかにもその（天の）〈師〉の気に入られたいのだな」と言った。アバイエがラバに、「この者を黙らせなければならないということを私たちは学んだのではないだろうか」と言った。実は、ラバは（その発言によって）アバイエの精神の鋭敏さを問いただそうとしただけだった。ある日、ラヴ・ハニナの前で誰かが（つぎのような言葉で）祈っていた。「偉大なる神よ、勇敢で、恐るべきお方よ、高貴で激しいお方よ、気遣うお方よ、強く力強いお方よ、誤ることなき称えられるべきお方よ」、と。ラヴ・ハニナはこの者が祈り終えるのを待っていた。終わると、ラヴ・ハニナはこの者に言った。「あなたはあなたの主（を称える）すべての賛辞を尽くしたのか。（祈りに際して）私たちが通常朗誦する三つの賛辞でさえ、もしわれらが師たるモーセがトーラーのなかでそれを語っていなかったら、大シナゴーグの人々が（典礼で）それを制定していなかったら、私たちはそれを語ることができなかったであろう。ところがあなたは、あなたはあまりにも多くを語った。それは、千の千倍もの銀をもち、銀（をもつが）ゆえに称えられた生身の王にも比される。それは神を侮辱することではなかろうか」、と。さらにラヴ・ハニナは言う。「すべては天の手中にある。天への畏れを除いては。なぜなら、（『申命記』10・12には）こう書かれているからだ。『さあ今、イスラエルよ、永遠なる主、あなたの神がひたすらあなたに求められていることは何か。それは永遠なる主、あなたの神を畏れることだ。』それでも、天への畏れは取るに足らないことなのだろうか」、と。ラヴ・ハニナはラビ・シモン・バール・ヨハイの名においてこう言っていなかっただろうか。「永遠なる主はその金庫のうちに天への畏れという宝しか有してはいない。なぜなら、(『イザヤ書』33・6では)『神への畏れ、それが神の宝ではなかろうか』と言われているからだ。」もちろんモーセとの関係においては、これは些細なことである。というのも、ラヴ・ハニナはこう言っているからである。「これはつぎのことに似ている。ある男に、彼がもっている重要なものを要求するなら、それは(さながらこの男に)重要ならざるものを(要求したかのようだ)。ある男に、彼がもっていない重要ならざるものを要求するなら、それはさながら、重要なものを彼に要求したかのようだ」、と。「私たちはあなたに感謝します、と二度言う者は、黙らせられる」という点について、ラヴ・ゼラは、「シェマアを二度唱える者はみな、『私たちはあなたに感謝します』を二度言う者に似ている」と言っている。そこから、反論が生じた。シェマアをくり返す者は粗野である(とする教えがある)。しかし、粗野であると言われはするが、それを語った者を黙らせたりはしない! 問題はない! ある者は一語一語くり返し、別のある者は聖句をひとつひとつくり返したのだ。ラヴ・パパがアバイエにこう言った、とも教えられている。「おそらくこの者は一度目は聖句にその思考を集中することなく朗誦したのだろう。そして二度目は、そこに思考を集中させようとしたのだ」、と。彼(アバイエ)はラヴ・パパに答えた。「いつから天と馴れ合っているのか。初めにそこに自分の思考を集中させなかったのであれば、鍛冶屋の槌で彼を打ち、自分の思考を一致させるよう仕向けるべきだっただろう。」

## 1　三つの「禁止」

このミシュナーは祈りの三つの言葉を不作法なものとして糾弾していますが、逆説的なことに、いずれの祈りの言葉も憐れみの外観を有しています。

第一の祈りの言葉は『申命記』22・6を暗示しています。「道端の木の上または地面に鳥の巣を見つけ、そのなかに雛か卵があって、母鳥がその卵を抱いているときは、母鳥と母鳥が抱く卵を一緒に捕らえてはならない。必ず母鳥を追い払い、母鳥が産んだものだけを取らなければならない。そうすれば、あなたは幸いを得、長く生きることができるだろう。」ラビの解釈学が文字や細部やありうべき象徴といったさまざまな水準でこの聖句に加えている多様な説明はここでは取り上げません。それらがここに介入してくることはありません。逆説的にも禁止を命じられた祈りのなかでこの聖句が解されているその意味は、動物界にまでその保護を拡大した神の慈悲を称えることにあります。ただ、動物界はあくまで人間に従属しているのですが（『創世記』1・28）。

第二の表現の禁止はもっと奇妙なものに見えます。神の名を思い起こしつつ、授けられた善行をこの想起の動機とすることが禁じられているのです。

第三の「不作法」――これもまた私たちを驚かすのですが――は、「私たちは感謝します」という言葉を二度くり返すことです。「一八の祝福」(6)と称されるイスラエルびとの典礼の日々の祈りのなかに登場する数々の祝福のひとつの冒頭で唱えられる、そのような言葉です。

「その者を黙らさなければならない」――ミシュナーを締め括るこの言葉は、ゲマラーのなかでは、それを物語るラバとラヴ・ハニナの振る舞いにもとづいて明確化されることになります。

## 2　人間から神へ──神の統一性ならびに神への愛の告白

なぜ、これら三つの禁止があるのでしょうか。三つの禁止のあいだの整合性はどうでしょうか。ゲマラーはまず、二番目と三番目の禁止について私たちに説明してくれます。

「私たちは感謝します」と二度くり返す者は、厳密な一神教を告白する代わりに、二つの神的な〈力〉に訴えているように見えます。一神教的排他性を尊重する極度の形式主義ではないでしょうか。と同時に、数々の態度や挙措や言葉の象徴性の心理学的効果にこのうえもない重要性が認められてもいます。これはユダヤ教文化に特徴的な規律であって、真なる言語さえがそこに依存させられるのではないでしょうか。なるほどそのように見えるのですが、しかし、「感謝の行為」を増やし、「謝意を迸り出させ」、あなたを満足させているすべての者に感謝の念を捧げること、それは、神、至高者（エル・エリオン）が唯一者であるにもかかわらず、厳密な意味での典礼の営みの外でも数多くの崇拝を容認し、自分のために捏造し、複数の水準のあいだの区別を見失うことではないでしょうか。

しかしながら、唯一者へのこのような崇拝は、善と悪の乗り越えがたい二元性に耐えることができるでしょうか。誘惑が生じます。神に由来する善のためにのみ神の〈名〉を唱え、悪の諸力のほうは神の意志とは無関係なものとみなすことで、一神教を裏切ることになりかねないのです。異端に陥る危険がここにあるのですが、ここにいう異端は単に知的な立場と係わるものではなく、神への関係の根本的な経験と係わっているのです。では、《神に語りかけること》もしくは祈りを真に可能ならしめるような憐れみとはいかなるものでしょうか。外見的には形式に極度にこだわるものとうつるこのテクストの真の主題がここにあります。上述の経験のなかで神への愛はいかなる位置を占めるのか。そしてまた、宗教的愛の本性はいかなるものなのか。それをめぐる問いが今やこのテクストのなかで頭をもたげたのです。宗教的な愛は、私たちの欲求の満足ゆえの感謝のなかにあるのでしょうか。それとも、近さ（proximité）ゆえの謝意のなかにあるのでしょうか。実際、お配りしたゲマラーはタンナたちの教えに言及しています。「人間は善について神に感謝するのと同様に、悪についても神に感謝しなければならない」とするミシュナーに言及しています（お配りしたテクストの54a）。さて、お配りしたゲマラーの翻訳に後続する部分でこの点に係わる箇所（60b）をここで翻訳しておきましょう。解釈すべき第二のテクストとなる箇所です。

人間は善について神に感謝するのと同様に、（彼に生じる）悪についても神に感謝しなければならない。なぜなら、（『申命記』6・49には）こう書かれているからだ。「あなたはあなたの心を尽くし、息を尽くし、余剰を尽くして（力を尽くして）あなたの神、永遠なる主を愛しなさい」、と。あなたの心を尽くして、それは悪しき傾向と善き傾向という二つの傾向を尽くして、という意味でしょう。(7) あなたの息を尽くして、それは、たとえそれで命を失っても、という意味でしょう。あなたの余剰を尽くして、それは、あなたが所有しているものすべてを尽くして、という意味でしょう。(8) 別の説明では、あなたの余剰を尽くしては、神があなたに施す処置(9)がいかなるものであれ感謝しなさい、という意味になります。

さて次はこのミシュナーを「解明する」ゲマラーです。

「善について神に感謝しなければならないのと同様に、悪についても神に感謝しなければならない」という言葉はどのように解すべきか。自分に生じた善について、「善をなす善きお方」（という表現を用いて）に感謝するのとまったく同様に、悪についても「善をなす善きお方」（と言いつつ）に感謝するという意味である。反論があった。（別の箇所で）私たちは、善き音信を授かったときには「善をなす善きお方」と言い、悪しき音信を授かったときには（単に）「真理に従って正義をなす裁き手よ称えられよ」と言うと学んだのではなかったか。ラバが答えた。「律法が（実際に）要求しているのはただ、（どのような表現を用いて感謝するかは別として）悪しき音信を歓びをもって受け止めよということだけである」、と。ラヴ・アハはラビ・レヴィの名においてこう言う。「それらのことすべては聖典のなかにいかなる根拠を有しているのか。『永遠なる主よ、あなたの善意と正義をわたしは褒め歌い、わたしはあなたに歌を捧げます』という『詩篇』101・1の聖句がまさにそれである。（つねに好ましいものたる）善意がある場合、わたしは歌うが、（つねに好ましいものとは限らない）正義がある場合にも、わたしは（やはり）歌うのだ。ラヴ・シュムエル・バール・ナフマニは言う。「わたしはその根拠を『詩篇』56・11の聖句から引き出す。『永遠なる主（テトラグラムで書かれている）のおかげで、わたしは神の御意志を賛美することができます。エロヒームのおかげで、わたしは神の御意志を賛美することができます。』神のおかげで（神はここではテトラグラムで書かれているのだが、ラビの伝承によると、それは神の〈慈悲〉を意味している）、私は賛美するでしょう。これは善行がなされたときのことである！　一方、エロヒーム（同じくラビの伝承によると、エロヒームは神の厳格な正義を意味している）のおかげでわたしは賛美するでしょう、それは罰が下された場合のことである。」ラヴ・タンフーマは言う。「わたしはその根拠を、『わたしは救済の杯を上げて、永遠なる主の名を呼ぶ。わたしは悲嘆と苦悩を経験してきたが、しかし主の名に祈る』という『詩篇』116・3-4の聖句から引き出す」、と。博士たちは言った。「教えは『ヨブ記』1・21から取られる。『永遠なる主は与え、永遠なる主は奪う。永遠なる主の名よ称えられよ。』」

この博学な論証の背後には何があるのでしょうか。まずは、文字への外見的な固執を貫いて、聖書のテクストの精神への極度の留意が認められるということです。『申命記』の一節を聖書全体の文脈のなかに——漸増するその深みのなかに——位置づけ直す、そのような解釈学です。この註解について完璧な註解を試みようとするなら、聖書の参照箇所ひとつひとつをもう一度取り上げ、この多様な引用の下に隠された考え方の相違を明確化しなければならないでしょう。この種の作業をここで試みるつもりはありません。ただ、博士たちのものとされた最後の意見に注意を向けてみましょう（博士たちのものとされた意見はしばしばもっとも権威ある意見を表しています）。不幸の際にも永遠なる主を祝福することが、無感覚の徴しでも、自然な感受性の単なる倒錯でもないという点を悟るためには、『ヨブ記』1・21の文脈に立ち戻るだけで十分だというのですが、苦痛のなかに存する《苦痛よりも強きもの》、感受性の彼方がこの祝福を可能にしているのです。

私たちは『ベラホット』32ａを読解していました。その際私たちは、「得られた善行だけを思い起こすことで神に感謝する者は黙らせなければならない」という義務のもとに、憐憫の中核となる愛を発見したのでしたが、その私たちにとっては、ミシュナー54ａとゲマラー60ｂはそのような愛の観念を明確化してくれるものです。この愛は私たちの数々の自然な衝動の好みを超越しています。私たちの尺度や容量、言い換えるなら私たちの欲求に見合ったものとして私たちを満足させる数々の善を超えて、没‐利害の愛着としての善——倫理的善——が可能であるかのようです。そうした善によって人間の本性の数々の矛盾は解消され、私たちの存在ならびに私たちの所有物の犠牲が命じられることになります。この種の愛着は、満足の親密さよりも高尚な、近さの意識のなかで感得される謝意でもあります。ここにいう謝意はまた、謝意のなかで経験される近さそのものに対する謝意でもあります。神という語の意味そのものが、そしてまた、この語に言及しそれを唱えることの可能性——超越的言論の可能性——が、この愛着のなかに出現するのです。一神教を特徴づけるのは、愛と呼ばれているこの近さと謝意です。数々の自然な善と悪の相違を超えた、倫理的善の可能性が超越への突破口であり、宗教的言語の源泉であるかのようなのです。

このような超越的愛へと導く道程ないし魂の状態はいかなるものでしょうか。テクストの続きを見ますと、まさにその点が特にそこで問題となっていることがわかるでしょう。ただその前に、私たちとしては、「授けられた善についてのみ」神に呼びかけるという不作法と、謝意の拡散によって一神教を堕落させてしまう不作法とが一致するその仕方を示しておいたのです。

### 3　神から人間へ——えり好み、それとも正義

それにしてもなぜ、鳥の巣まで拡大される神の慈悲への言及は咎められるべきものなのでしょうか。ラヴ・ヨシ・バール・アビンは、この表現——ないしこの思想——が〈創造〉の業のなかに引き起こしかねない嫉妬を恐れています。被造物は厳格な正義に従っています。が、慈悲はひとつの被造物を特別扱いします。その際、他の被造物が犠牲になるのではないでしょうか。「鳥の巣まで」という表現は、この小さな被造物が原則的には慈悲を授かる権利を有してはいないということを、そしてまた、慈悲が正義に取って代わりうるということを想定しているのではないでしょうか。すべてに対して平等ならざる慈悲は嫉妬を、言い換えるなら戦争を引き起こします。そのような慈悲を神のものとして語ることはできません。ですから、人間が神に負うている愛——先に見ましたように、それは感性的な愛ではありません——に、思想ならびに言論のなかで対応しうるのは、慈悲よりも高尚な神の正義という観念だけなのです。

## 4　服従と人間の没利害

私たちは今、すでに論じられた二つの禁止に包蔵されていた思想の延長線上にいます。ラヴ・ヨシ・バール・ズヴィダの意見もそこに、「神から人間への関係をどのように考えればよいのか」という点に位置づけられます。彼がこの関係を理解しているその仕方は、人間の愛の没 - 利害（dés-intéressement）を極限にまで推し進めることを可能にしてくれます。

ラヴ・ヨシ・バール・ズヴィダによると、鳥の巣を前にして神が感じたかもしれない慈悲に言及することが不作法であるのは、それがえり好みを表しているからではなく、それが感情を表しているからでした。神の戒律——神から人間への関係——は神の意志の発現です。もちろん、正義のなかでそれらの戒律は発せられるのですが、ここにいう正義は正当化を改めて要することのない正義であって、人間の自然な感情にもとづいてそこに参入することはできないのです。慈悲はなおもそのような感情に類似していると言えましょう。正義の諸法は純粋な戒律の形式をまとってしか現出することはなく、それゆえ、純粋な他律としての服従を要請します。神への人間の愛はこうして、感性的ならざる愛という否定的な特徴づけに留まることなく、肯定的な仕方で描き出されることになります。服従は全面的に外的な一個の意志に応えているのであって、この意志のうちに人間は、カントのいう定言命法の形式的普遍性を見いだすことさえないのです。続いて私たちが学ぶのは、「天への畏れ」として生きられるこの種の服従が天の「手中には」ないという点です。つまり、神の意志の全面的外部性——その発現の絶対的他律性——は、力として人間を強制し拘束するものではないのです。ゲマラーはこう示唆しているのではないでしょうか。神の超越という例外が意味を得るのは、ほとんど盲目的な服従としての全面的他律性というこの特別な現象においてである、と。ただし、ここにいう服従は、その没利害ゆえにどんな拘束をもまぬかれています。誘惑や脅えといった拘束からも、です。このような他律性のなかで神について語ること、たしかにそれだけでもすでに、理性的な諸存在による嘲弄にさらされることになりましょう。[10] ですが、それはまた、人間がこのうえもなく偉大な親密さに、このうえもなく高度な高みに至ることでもあります。もっと精確に言いますなら、それは神という語の意味そのものに至ることでもあるのです。ユダヤ的憐憫にとって本質的な契機でありましょう。

ところで、上述の箇所の直後に、神への畏れという範疇がゲマラーの中核的部分に登場するのも、おそらくはそのためなのです。神への畏れは、他ならぬ神への愛の回避不能なひとつの段階――もっとも困難な段階――として現れるのではないでしょうか。

## 5 不可能な称賛

お配りしたゲマラーのこの中核的部分は二つの短い物語に先立たれていますが、これらもまた教えを含んでいます。

まず登場するのはラバです。彼の前では、ひとりの信者（「ラビたちの生徒」）が祈っていて、この祈りをつうじて彼は、他でもない鳥の巣への神の慈悲に言及します。師の介入は祈りを中断させるためのものではなく、祈りが終わったときにそれを非難して、不作法がくり返されるのを阻止しようとするためのものなのです。「ラビたちの乳飲み子」という皮肉な非難がなされるのですが、このような曖昧な言い方がなされたのは、他の博士、つまりアバイエの精神的繊細さを傷つけないためでした。そうしたことすべてがミシュナーの厳格さを緩和してくれるのです。ミシュナーの厳格さは高度な宗教的言語にとってのみ価値のあるもので、師の若き同僚はおそらくその水準に達してはいなかったのでしょう。ですから、精神的な意味でそれほど練られてもおらずそれほど明確でもない言語に頼るような、これまたそれほど洗練されてはいない宗教的感情は慎重に扱わなければならないのです。第一の教えはこうです。

報告されている第二の介入はラヴ・ハニナのそれです。ラヴ・ハニナは、祈りつつ、永遠なる主を賛美するために思わず数々の過剰な形容辞に訴えてしまった信者を諭しています。ここでもまた、師の態度は中断することではなく諭すことを本義としています。ですから、不適切であるとはいえ魅力的な、自然な言語に頼る素朴な宗教的感情に対してもある種の理解が示されてはいるのです。しかし、数々の自然な属性の最上級によって、神の高さが表現されるのではありません。

ところで、第二の物語は第一の物語の単なる反復ではありません。第二の物語は、道徳的諸属性による神の賛美と同一の次元に、力にまつわる諸属性による神の賛美を置いています。後者の諸属性はすべて世界から引き出されます。金を蓄えた王の金庫が銀貨に化けるのです。ですから、ラヴ・ハニナの教説は、そのような銀貨としての宗教的言語による数々の賛美それ自体を禁じるところまで進みます。ただし、これらの特殊な最上級が禁じられたのは、一切の賛美に優越したものとしての至高者の高さ、ただそのことだけに暗黙のうちに思いを馳せていたからです。最後に、選良たちの精神性ほど開発されていない精神性に対する寛容な処置を超えて、この第二の物語は、崇拝の制度的諸形態に固有な必然性を承認しているように見えます。典礼では数々の賛美を容認しなければならないが、ここにいう賛美はモーセが口にした賛美であり、また、大シナゴーグの人々が典礼定式書に書き込んだ賛美なのです(11)。こうした諸制度の必然性ならざるものである場合、容認された少数の誇張ならざるものである場合、師たちの権威に属してはいない場合、宗教的言語としての神の賛美は容認しえないものと化すのです。

剽窃の手法とみなされかねないのですが、――あるラビ博士の格言に言及しつつ、論議の主題とは無関係であるかに見える彼の他の発言をも引用するのはタルムードの手法のひとつです。その場合必要なのは、外見的にはばらばらなこれらの発言のあいだにもある深い絆があるのではないか。そして、その絆が論議を活性化し、そこに数々の新たな展望を開き、新たな照明をそこに投げかけ、その真の対象を発見するのではないか。この点を絶えず考えることです。今語っていたのはラヴ・ハニナです。その彼が今度は「神の金庫」に蓄えられた神への畏れの比類ない価値について語っています。神への畏れは人間だけが神の金庫にもたらしうるものです。というのも、それは神の権能のなかには存していないからですが、ラヴ・ハニナのこの新たな発言は、実際には、神との関係ならびに宗教的言語の秘密を明かしているのではないでしょうか。[12]私たちが註解している論議の全体がそこへと向かっている、神との関係ならびに宗教的言語の秘密を、です。

## 6　神への畏れ

神の金庫に収められた唯一の宝は神への畏れです。愛について語られたすべてのことに反して、です！いや、おそらくは利害を有した愛について語られたすべてのことのゆえに、です。「一宿一飯の恩義」ならざる愛は神への畏れを内包しており、神への畏れがこの種の愛の水準を定めるからです。神への畏れは神との関係の回避不能な泣きどころでありましょう。ここにいう畏れは脅威によって惹起された単なる脅えではありません！　もちろん、全能者の権能のなかにはそのような脅威も含まれているはずなのですが。神への畏れは、結局のところ、そしてまた第一義的には、世界の諸力にもとづいて考えられた全能にではなく、絶対的に〈他なるもの〉に応えているのです。絶対的に〈他なるもの〉がその他者性を現しつつも、他ならぬその現出によってこの他者性を裏切らないのは、服従によって暴力なき優越として、比類なきものとして、神の格別な優越として認められた他律性においてのみです。それこそが天の真の高さなのです。それではないでしょうか、畏れとは。自由な畏れです。というのも、畏れはなるほど服従としての承認ではありますが、ここにいう服従は、存在を司る諸法則を超えた必然性なき責務を見いだすがゆえに、隷属なき服従であるからです。もっとも高きものへの不服従に書き込まれた悪を前にしての戦慄です。神への畏れは具体的には、他の人間への畏れとして現出します。しかし、この戦慄が神を証しするのです[13]。証しが神の意味であり、神の根源的な啓示でありましょう。ただし、この全面的で比類ない他者性に同意しうるという可能性、言い換えるなら、〈高きお方〉への服従によって証ししうるという可能性、それは〈人間〉の人間性を定義し――あるいは正当化し――、人間の自由を描き出すものなのです。天への畏れは天の権力のうちにはない、とラヴ・ハニナは言っています。が、彼はまた、天への畏れが天の唯一の富であるとも言っています。その唯一の財宝に関して、神はなんとそれを請求する側にあるのです。その請求に応えることができるのは人間です。そうした応答が脅しの結果でしかないのなら、それが世界の内部で作用する相互作用のごときものの管轄に属しているのなら、人間の応答には何の意味もないでしょう。リクールが語っていた他律なき依存に対して、私たちのテクストは他律と服従の高揚を対置するように見えますが、他律と服従のこのような高揚こそまさに独立を表すものなのでしょう。

神を証しすることのできる人間は、神の摂理には不可欠です。ラヴ・ハニナは、『イザヤ書』(33・6)の聖句の一部分を踏まえて、神への畏れが天の金庫の唯一の財宝であると断定したのでしたが、興味深いことに、この聖句の一部分はヘブライ語原文では、「彼の財宝」と言われる際の所有辞「彼の」の曖昧さをそのまま放置しています。聖句は二人称で人間に呼びかけ、三人称の所有辞で終わります。この財宝は人間の財宝なのでしょうか。それとも神の財宝なのでしょうか。ただし、『イザヤ書』のこの聖句の構文上の特異さがラヴ・ハニナにとって、神への畏れという魂の状態が厳密な意味で人間固有のものである限りで、神への畏れは神の宝であるという事態を意味していた場合は、このような二者択一は存在しないでしょうが。(14)

## 7　神への畏れと人間に対する畏れ

私たちの存在や幸福を脅かすような脅威を前にして感得される脅えのごとき月並みな情緒との係わりとは別の仕方で、神への畏れは語られうる。(15) おそらく、私たちのテクストの後続部分もまたこの点を示唆しているのでしょう。

永遠なる主は「神への畏れしか」要求しない。永遠なる主はこの畏れを、モーセの口をつうじてその民族に要求するのです。あまりにも少ない要求なのでしょうか。いや、永遠なる主は天の金庫それ自体と同等のものを要求しているのではないでしょうか。ゲマラーの答えの要点は、「神の畏れだけ」という表現がモーセの言葉であることを強調している点にあります。ゲマラーの答えはゲマラーなりの見方を表しています。神への畏れはモーセの権能のなかにあるというのです。モーセ、それは「われらが師モーセ」であり「人間のなかでももっとも遜った者」ではないでしょうか。神への畏れの値は実際には測り知れないものなのですが、モーセにとっては、モーセとその弟子たちにとっては、トーラーの師にとっては、トーラーの民にとってはほとんど取るに足らない値しかもたないのです。このようにして、一方の神への畏れと、他方のトーラーの承認――その認識と学習――とのあいだに絆が確立されることになります。(16) ここで再び、このテクストが演じる根本的な役割に、言い換えるなら、言語のなかでの意味の誕生に戻ることにしましょう。有意味なものは、たとえそれが服従の有意味性であれ、このような意味の誕生と切り離すことはできません。超越への関係は言論と不可分なのです。超越の聴取と読解を導く解釈学において、きわめて広い意味での詩的能力の存在を引き合いにだすことが不可能なわけではもちろんありません。が、それでもやはり、師の徳と権威、言い換えるなら伝承と共同体の「暴力」が、意味にとって本質的なものとみなされたこのような「詩」の自発性にとっての他律的な限界を画するものであること、この点に変わりはありません。

## 8　神への畏れと教育

神を畏れる人間性はこのように、トーラーによって人間として教育されます。ですから、神の言葉の学習が神とのもっとも直接的な関係を確立し、形づくるのです。おそらくは典礼の儀式よりも直接的な関係を、です。その結果、ユダヤ教では、宗教的言論の宗教性を保証するものとして教育が中核的な位置を占めることになります。とはいえ、神への畏れによる教育が忘れられることはありません。終わりに先立って、私たちのテクストも、「私たちはあなたに感謝します」という表現を二度くり返すことに対する最初の「禁止」に立ち戻っています。なぜ、このような二度のくり返しのケースと、シェマアの祈りでの反復(ラヴ・ゼラによって粗野なものとみなされはしたが、この種の反復は容認されている)とを同一視してはならないのでしょうか。この機会にはっきりと申し上げておきますが、禁止は(シェマアの祈りの場合のような)語の単なる反復や、言語的な身振りの単なる反復に向けられているのではありません。最初は命題のなかで意味を有していた語や言語的な身振りがくり返しにおいてその意味を失ってしまうこと、それが問題なのではないのです。禁止が係わっているのは、あくまで意味を維持した命題のくり返しだけなのです。[17]「くり返しの禁止」に立ち戻ること、それは、結論を下すにあたって、規律という観念、ひいては共同体による権威ある教育的介入を力説する機会でもあったのです。初めてかもしれないので単に機械的な朗誦になってしまったのだろう。だから、もっと思考を集中してもう一度朗誦してみなさい。そのような口実を設けて、祈りの言葉の言い直しを許容すること、それは悪しき口実を与えることです。単に機械的な朗誦、それはなげやりの所産でありましょう。神への畏れと神への愛は、このような「馴れ合い」の関係を排するのです。教育が必要ですが、教育は拘束になりかねません。ただしそれは、すべてがそこにかかっているような最初の言葉を有した、いやもっと正確に言うと、そのような最初の言葉でありうる共同体もしくは伝承による拘束なのです。

(1)　『啓示』(*La révélation*, publication des Facultés universitaires Saint-Louis, Bruxelles)、四〇頁。

(2)　このテクストの最初の一文に関する註解は——私のアドヴァイスを踏まえて、とはいえ私自身はそこに参加しなかったのだが——、フランス放送協会の第二チャンネルで一九七八年八月一四日に放映された番組「読むこと、それは生きること」のなかで取り上げられた。

(3)　タルムードの諸篇は、ラビ博士たちの口頭の教えと彼らのあいだで交わされた論議を、紀元二世紀から六世紀にかけて書き留めたものである。ユダヤの宗教的伝統にとっては、これらの教えと論議はシナイ山に淵源を有する教えであり、書かれたトーラー(聖書のことだが、特に『モーセ五書』を指すこともある)の教えを補完し、解明すると共に、口伝のトーラーとして、書かれたトーラーと同等の権威をもって神の〈言葉〉と〈意志〉を神学的に表現している。

(4)　どのタルムードのテクストもそうであるように、このテクストも、ミシュナーとゲマラーという二つの異なる部分を有している。ミシュナーは「教示」もしくは「くり返すべき教え」の意である。ゲマラーは「伝承」の謂であり、ミシュナーをめぐる註解ないし論議として現れる。ゲマラーはまた「学習」に近い意味を有する語でもあって、タルムードの総体（ミシュナーとゲマラー）を示す場合もある。タルムード（ないしゲマラー）は口伝のトーラーを表していて、伝統的なユダヤ教では、それを介して、書かれたトーラー――『モーセ五書』と旧約の全体――が読解されていたのだった。ミシュナーは実践的な、あるいは行為に係わる教え（ハラハー）を言明している。このうえもなく大きな権威を有したラビ博士たち――タンナ――の手になるもので、紀元二世紀の終わり頃に書き留められた。ゲマラーのほうは大抵の場合、ミシュナーの言明に係わっているが、三世紀以降、聖地とバビロニアのラビ学院でアモラと呼ばれる博士たちのあいだでくりひろげられた論議からなっている。これらの論議は七世紀末に書き留められた。

（5） 聖地の謂であるが、現存するゲマラーが生成したバビロニアに比して、聖地が西欧と呼ばれるのである。三世紀以降、バビロニアの共同体はユダヤの世界にあって支配的な地位を占めるに至り、スーラやプンペディタのラビ学院も名声を博した。

（6） 「一八の祝福」と呼ばれる古の祈りはシェマアの祈りと共に、イスラエルびとの日々の典礼の基礎をなしている。シェマアの祈りのほうは「聞け、イスラエルよ。永遠なる主はわれらが神であり、永遠なる主は唯一の主である」という有名な聖句で始まる（シェマアの祈りは『申命記』6・4‐9の聖句に『申命記』11・13‐21の聖句が続き、『民数記』15・37‐41の聖句で終わる）。見られるように、「私たちは感謝します」を二度くり返すことの禁止は一八の祝福と係わっており、一方、授けられた善行ゆえに神に呼びかけることの禁止については、ゲマラーはシェマアの祈りを参照しようとしている。形式的な仕方でながら、数々の禁止を列挙する際の順序がすでに示されている。ラヴ・ゼラの発言をもって始まる私たちのテクストの最後の部分も「私たちはあなたに感謝する」をシェマアの祈りに近づけている。この註解のなかで、私たちはこれらの禁止の内的なまとまりを示す所存である。

（7） 「二つの傾向」を抱きつつ思考することの根拠は、ルヴァヴハ *levavkha*（「あなたの心」）というヘブライ語によって与えられる。リベッカ *libekka* という語を用いることが可能であったにもかかわらず、ルヴァヴハのほうが好まれたのだが、この語はヴァヴ（*v*）という文字の反復を含んでいる。

（8） 奇妙ではあるが深遠な位階である。あたかも「～に与えること」のほうが「～のために死ぬこと」よりも困難であるかのようである……。

(9) ここには、ムオデハ *m'odekha* という不可解なヘブライ語をめぐる翻訳不能な言葉遊びがある。ムオデハは「余剰」と訳されているが、——ラビの破格な考え(*licentia rabbinica*)では——この語はミドット *midoth*、すなわち「属性」、「処置」に近づけられている。ここでの私たちの翻訳もそれを踏まえている。

(10) 合理主義者たちや「他ならぬサタン」の嘲弄を引き起こす、正当化不能な戒律としてのホク〔ヘブライ語で法律の意〕の宗教的価値という主題は、ラビの思考にはなじみ深い主題である(ラシによる『創世記』15・26の註解を参照)。ラビの思考にとっては、砂漠で〈契約〉の書が示されたときに、「われわれは実行するだろう、われわれは聞くだろう」という言葉を「われわれは聞くだろう」という言葉の前に置いて「われわれは実行するだろう」(『出エジプト記』26・71)と言ったこともイスラエルの民の長所であった。イスラエルの民は律法の言明を聞くに先立って従う構えを有していたのであるから(『シャバト』〔安息日〕88a-88b)。『四つのタルムード読解』、九一—九八頁参照。

(11) 「偉大にして強く畏るべき神」——『申命記』10・17でのモーセの言葉であるが、この言葉は「一八の祝福」の祈りの最初の祝福の言葉にも含まれている。「一八の祝福」という制度は「大シナゴーグ」の人々に帰されるが、彼らはおそらくバビロニア捕囚からの帰還の頃に生きた者たちであろう。これら三つの属性のうち、エレミヤは「畏るべき」を落とし(『エレミヤ記』32・18)、ダニエルは「強き」を落としている(『ダニエル書』9・4)。この点については、タルムードの『ヨマー』69aを参照。

(12) 天の金庫という比喩は「千の千倍もの銀貨をもつ生身の王」の寓話によっても示唆されている。

(13) 「あなたたち、あなたたちはわたしの証人」、と永遠なる主は言っている(『イザヤ書』43・10)。この聖句については、『申命記』33・5の聖句をめぐる古の註解(シフリ)を参照。「あなたたちがわたしの証人であるとき、わたしは神である。あなたたちがわたしの証人ではないとき、わたしは神ではない。」

(14) ゲマラーの註解に、ゲマラーとはまったく無縁な語彙を交えることが許されるなら、私たちとしてはこう言いたい。天の高さは絶対的最上級を思考する私たちの権能にもとづいて空間的ならざる意味を受け取るのであり、このような思考の権能は私たちのうちなる〈無限者〉の観念を証示している、と。私たちのうちにあるものとしての〈無限者〉に固有な様相は、他律でありつづけるような〈律法〉への服従に他ならず、人間の服従という形のもとに、〈無限者〉が私たちのうちにあるこの仕方は、〈無限者〉が有限者を超越する仕方、言い換えるなら、〈無限者〉がその内密性そのものを成就する仕方でもある。

(15) 「おののきつつ、喜び踊れ」という『詩篇』2・11の聖句を参照。『ベラホット』30bで註解されている。

(16) 意味深長な仕方で、「神を畏れること」という表現は『モーセ五書』のなかでは、特に隣人への気遣いと尊重を命じる一連の聖句のなかに登場する。「耳の聞こえぬ者を罵ってはならない」、「眼の見える者の通る場所に障害物を置いてはならない」(『レヴィ記』19・14)、「互いに損害を与えてはならない」(『レヴィ記』25・17)、「その者が寄留者であったり新参者であったとしても、失脚した同胞」からは利子も利息も取ってはならない(『レヴィ記』25・36)等々の命令を強化するためにのみ、「神を畏れること」が付加されているかのようである。神への畏れがこれらの倫理的禁止によって定義されるかのようである。「神への畏れ」が他者に対する畏れであるかのようである。

(17) シェマアの祈り――ユダヤ教の典礼でのその重要性については先に強調したとおりである――へのこの言及がいかに結論に相応しいものであるかを指摘しておくのも興味深い。シェマアの祈りに含まれた聖句の集合の構造のうちに、私たちはここで引き出された数々の観念の順序を再認することができる。神の統一性が肯定された後、没利害の愛が肯定されるのだが、この愛は神への畏れ、服従、トーラーの学習、教育とこの順序で連結されていくのである。

# 神学

## 7 聖典のユダヤ的読解について

聖書のユダヤ的読解のさまざまな型について一覧表を作成することがここでの課題ではない。そのためには、時代や趨勢の多様性を勘案した実に広範な研究が要求されるだろう。また、解釈者たちそれぞれの信憑性も測らなければならなくなるだろう。因みにそれは、なんらかの合意よりもむしろ、解釈者ひとりひとりの知性と伝承への精通の度合いを尺度としているのだが。よく引用される、ラビ・イシュマエルの「トーラー解釈一三の型」や有名な四つの読解の水準――プシャト（自明の意味）、レメズ（暗示的意味）、ドラッシュ（要請される意味）、ソッド（秘められた意味）の四つで、この頭文字を合わせるとパルデス（果樹園）という語になる――といえども、それ自体がまた釈義を加えられるべきもので、テクストへの関係としてのラビの思想のいくつかの側面を成しているにすぎない。いまだ果たされざる課題であるが、そうしたラビの思想が現代的に定式化されない限り、数々の誤った教えに終止符が打たれることはないだろう。これらの教えでは、伝統のさまざまな源泉は、それらを覆うヘブライ文字の下にあって、いずれも同じ深度から発しているかのように扱われてしまうのだ。

私たちの狙いはもっとささやかである。論議の形をとりながら聖句の釈義をおこなうタルムードの抜粋を紹介しながら、そうした例をつうじていくつかの読解の様式を示してみたい。ただし、そのことをつうじて私たちはより一般的な性格のいくつかの命題へと導かれることになる。というのも、ここで選ばれた抜粋はまさにその最後の部分で釈義の射程に触れているからだ。釈義の釈義という意味で格別なテクストなのだが、だからといって、このテクストは同じ主題についての他の異なる見方を排しているわけではない。これはラビ的思考に特徴的な多元主義と合致した事態であろうが、逆説的にもこの多元主義は〈啓示〉の統一性と相容れるものたらんとする。博士たちの多様な立場が〈啓示〉の生そのものなのだ。こちらもあちらも、いずれもが「生きた神の言葉」なのである。

私たちが註解しようとしているタルムードの一節はまた、超越への道としての註釈がユダヤの宗教的意識のなかでまというる意味へと特に私たちを導き入れるものでもある。おそらく、この意味は超越という観念の形成そのものにとって本質的なものなのだろう。

ただし、聖句を註釈するタルムードのテクストそれ自体もまた解釈を要する。その意図は最初から言表のなかで明示されているわけではない。新参の読者の眼には、この種の言表は突飛なものとうつるかもしれないし、事実、それは複数の水準での読解を許容する。これが、私たちの註解の最後の部分で論じられる第三の段階である。つまり、釈義についてのタルムードの釈義をさらに解釈しなければならないのだ。私たちにとっては、タルムードのこのような読解は、近代の言語の助けなしには可能ではない。言い換えるなら、今日的な諸問題に触れることなしには可能ではない。もちろん、ここでもまた、そうした読解のみが唯一可能なものであるわけではないが、それが証しとしての価値を有していることに変わりはない。そうした読解は少なくとも、現代のユダヤ人たちが伝統的なユダヤ解釈学を理解する際の数々の仕方のひとつを証示している。伝統的なユダヤの解釈学に根底についての思想と教えを求めるとき、どのような仕方で現代のユダヤ人たちはこの解釈学を理解しているのか、その点を証示しているのだ。

## 1　予備的注意

私たちが註解に着手しようとしている文書は、バビロニア・タルムードの『マコット』篇の最後の部分から抜き出されたものである。『マコット』は五〇ページほどの短いもので司法的な制裁を論じている。そこで、『申命記』25・2-4に依拠して、鞭打ち（マコット即ち殴打）の名がついたのである。『マコット』23bでの釈義は神学-司法的な論議をその直接的な文脈として展開されている。タルムードによると、いわゆる「自民族からの切除」の罪は「天の法廷」が定めたものであるのだが、では、人間の法廷によって課せられた鞭打ちの刑によってこの罪を贖うことはできるのか。「自民族からの切除」は神学的制裁のなかでももっとも重い制裁で、「来たるべき世界」からの排除を意味する。この「来たるべき世界」が最終段階に至った終末論的秩序の謂であるのに対して、「メシアの治世」は依然として〈歴史〉に属していて、「時の終末」の最後から二番目の段階をなしている。鞭打ちが「切除」を贖うとして、いかにして人間の決定は人間を超えた領域に介入しうるというのだろうか。いかにして人間の決定は神の意志との一致を保証されるのだろうか。これらの問いは超越を、そしてまた、この絶対的な間を介してのある関係を想定している。そうした関係は可能かどうかという問題が問われているのだが、神の思考を探る釈義に対して提起されるのも、この問題なのである。

テクストと取り組む前に、一般的ないくつかの注意をしておくべきであろう。外部からやってきた読者にとっては、ここにいう鞭打ちや切除は、特異な、あるいは時代錯誤的な性格を呈するであろうから。「殴打」やそれが前提としている侵犯や罪障性への言及はいずれも、私たちのリベラルな精神に背くものであるかもしれない。同様に、「天の法廷」への準拠も、時代後れで疑わしい「世界観」を含意しているがゆえに、私たちの近代的な頭脳と抵触するものであるかもしれない。

けれども、一見すると古びたものとうつる言葉が使われているにもかかわらず、ある意味が保存されているのであり、この意味に赴くためには、なによりもまず――寓話や演出の諸規約が承認されるのと同様に――テクストのデータをそれに固有な世界において忍耐強く承認しなければならない。これらのデータが動き出すのを待たなければならない。幕が上がって、これらのデータが時代錯誤と地域色から解き放たれるのを待たなければならない。この「奇矯」で「廃物となった」言語が、そこにはらまれた地域色豊かな光景によって、それが名ざす事象や人間たちの直接的意味によって思考を停止させるようなことがあっては決してならない。今にもそれらは動き始める。それも往々にして、一見すると非常識で無意味なものと見える問いを起点として。具体的に指し示された事象は、概念化されて消失することなく、逆にそれらがまとう具体的な相貌の多様性によってより豊かな意味を得ていくことになろう。それこそ、私たちがタルムードの範例的様相と名づけるものなのだ。一般化へと上昇するための単なる跳躍板としてのみ、具体的な例を利用すべきであったのに、諸々の観念はこれらの例とたえず交流をつづけ、そこに立ち戻る。隠された世界あるいは他と隔絶した世界に侵入しつつ、秘密の光によってかかる世界を探査しようとする思考が、そうした観念によって照明される。と同時に、徴しのなかに埋め込まれそこに埋没したこの世界も、そこに規範の外部あるいはその端から到来した思考によって照明される。文字のなかでいわば不動化しつつ、釈義を待望するかかる世界の可能事がこうして明らかにされるのだ。

## 2　法廷と隣人愛

では、鞭打ちと「自民族からの切除」、人間の法廷と天の法廷の制裁の主要なポイントに戻ることにしよう。こうした語り方を、そしてまた話題の司法的な形式性をまず承認していただきたい。

　ラビ・ハニナ・ベン・ガムリエルによると、『モーセ五書』の〈律法〉が切除によって罰するいくつかの違反を犯した者たちは、地上の法廷によって課せられる鞭打ちを受けるならこの責め苦から放免される。したがって、人間の法廷は、人類から人間たちを追放するような過ちを識別しなければならず（過ちの重大さは神の法廷での決定によって測られる）、かくして償いえないものを償うのでなければならないことになる。では、法廷には天上の憐憫や恩寵と同等のことが可能なのだろうか。恩寵が法廷に現れるのだろうか。ラビ・ハニナは『申命記』25・3を参照している。「四〇回までは打ってもよいが、それ以上はいけない。それを超えるなら、過度に罰することになり、あなたの同胞（frère）はあなたの眼前で卑しめられることになろう。」ここでは、「同胞」という語が鍵を握っていると言えよう。辱めることなく罰しなければならないのだ。法廷と正義は、微分としてあるような差異の極限の尺度の秘密を手にしているのだろうか。いずれにしてもラヴ・ハニナは闇に閉ざされた神話的宿命とは縁を切っている。そうした宿命の可能性は宗教的暴政の存在を示しているのだが、それと絶縁することでラヴ・ハニナは、〈天〉に対する過ちのうちには、人間たちのあいだで、光のなかで贖いえないものなどないという点を公言しているのだ。それゆえ、法廷は生まれ変わらせようとする神的な意志が現出する場でもあることになろう。とはいえ、それが暴力であることは言うまでもない。が、それは復讐の精神も、侮蔑や憎悪の精神もなき行為なのだ。偏見のない、友愛的な行為なのだ。それは他者への責任から生じる。世界についてのカイン的な見方とは逆に、他者の守護者としてあることが友愛を定義しているのだ。推論し、計量する法廷において、隣人愛は可能となろう。義人たちによって下された正義は憐憫と化すのだが、野放図な寛大さによってではなく、裁きをとおしてそうなるのだ。神は、法廷の厳格さのなかで生まれる憐憫をとおして語る。その厳格さが過度に陥ることはないだろうか。もちろんあるだろう。けれども、純然たる寛大さや無償の赦しはつねに、それを知ることなき無辜な者を犠牲にしているのだ。そうした寛大さや赦しが裁判官に許容されるのは、その代償を裁判官が個人的に引き受ける場合を措いて他にない。[1] しかし、地上の裁判官に、人間に、罪人の兄弟に相応しいのは、排斥された者たちを人間の友愛に再び帰属させることであろう。他人の自由にも責任を負うほどに有責であること。人間の友愛のなかには、自律の諸条件に囲まれて他律が存している。ユダヤ教にあっては、人間の友愛は神の父性[2]という範疇を起点として痛切に思考されているのだが、ただ、神の正義は人間の法廷に現出することで、友愛を身にまとうのである。

ラビ・ハニナ・ベン・ガムリエルの第二の論法は、「ア・フォルシオリ」、すなわち「なおのことその場合には」〔より強い根拠〕である。いくつかの禁止を侵すことで「一人の人間がその民族から切除される」のだから、なおのこと〈律法〉を果たした場合には、彼はその民族に復帰させられるのでなければならない。ところで、法廷によって定められた鞭打ちを受けること、それは〈律法〉を遵守することであり、罪人はそれに服従している。では、なぜ「なおのことその場合には」が必要なのだろうか。それは、神の憐憫が神の厳格さよりもはるかに確実なものだからである。至る所に記されたラビの思想であり、ラビ・ハニナも暗黙のうちにそれに準拠している。こう書かれてはいないだろうか（『出エジプト記』34・7）。「永遠なる主は幾代にもおよぶ慈しみを守り、罪と背きと過ちに耐える。しかし、放免するわけでは決してない。永遠なる主は父祖の罪を、子、孫と三代、四代までも訴追するのだ……」そこにラビたちは「何千の世代にもわたる慈しみ」と註解を加えている。少なくとも二千の世代！　というのである。少なくとも二千の世代が続くあいだは、功績に対して認められた寵愛は伝達されていくのだが、一方、悪行に対して正義が求められるのは四世代にわたることでしかない。だから、憐憫は神の厳正さよりも五百倍も強力なのだ。

恩寵をめぐるこの算術の背後には、道徳的な楽観主義が控えている。悪の勝利は一時しか続かないが、悪に対して勝ち取られた勝利ないし善に関しては、何ひとつ決して失われることはないのだ。

禁令を遵守した場合に認められる功績についての、ラビ・シモンの先の発言がなされたのもそのためである。この発言は、語られたことのその神学的な意味を超えて、人間の生に関するある考え方を定義している。つまり、「禁令を犯すことのないだけの者も、肯定的な命令を成就する者と同様に償われる」のである。『レヴィ記』18に記された数々の否定的な命令（そこでは、性的な禁止が否定的な命令の特権的な例として現れる）のなかで予見されたような、生の自発性に課せられた拘束は、「補償」を確実ならしめるものとしてラビ・シモンによって確証されていることになる。否定的な命令は拘束の最たるものであって、それは、「不羈の力」のように生がその自発性において生きられるような諸傾向を、そしてなによりも、性的欲望の盲目的な奔出を抑制する。ラビ・シモンの言葉を信じるなら、そうした否定的な命令が補償を約束するのだ。もちろん、無思慮で素朴な信仰がこの種の約束から期待するのと同じこと――長寿や永生や現世の幸福――を期待することもできないわけではないし、その場合には、素朴な信仰者を弄ぶ禁圧の精神を糾弾することもできるだろう。けれども、数々の制限を受け入れた生に与えられる補償を、この生そのものと解することもまた可能なのだ。生の粗野な活力に課せられた制限によって、生は夢遊病者のごとき自発性から目覚め、その本性から覚醒し、その遠心的な運動を中断し、自己とは他なるものへと開かれていくのだ。そうした生のなかにユダヤ教は自分の姿を認める。野獣の生命力を〈律法〉によって制限すると共に、この制約を最良の取り分として、言い換えるなら「補償」[3]として受け入れることで。みずからの本質に酔い痴れた生や、欲望の抑えがたい貪欲による侵略の障害となるものは何もない。他者でさえその障害とはならないのだが、そのような生や侵略よりも、責任感と正義感の充溢のほうが好まれるのだ。

ラビ・シモン・バール・ラミは、禁令を犯すことなき者たちに特に与えられる補償を、血を食べることを控える者に対して『申命記』11・23-25でなされた約束から演繹している。自然な嫌悪に叶った禁欲が補償されるのであれば、ましてや欲望をそそるものに対する抵抗についてはなおさらであろう！　と。ここにいう血への恐怖はおそらく、単に食事の次元に係わるだけではないようなある意味を有している。それならばなおのこと、性的放縦や強奪への嗜好に対する抵抗は称賛に値するものであろう。ところが、大都市での数々の文学の言うところを信じるなら、性的放縦や強奪への嗜好こそが「真の生」であるというのだ！　以上に述べてきたような功績と補償との帳簿の全体はさらに広い意味を有している。生き生きとした生、自然な生はおそらく無思慮のなかで始まる。いまだ倫理にもとることなき数々の性向や嗜好のなかで始まる。が、自由放任の状態に置くなら、それらは愛なき放蕩のなかで、社会的条件に祭り上げられた強奪や搾取のなかで終わるのだ。一見すると無辜なものと見えるが潜在的には殺意を秘めたこの生命力が数々の禁令によって制御されるときに、人間性は始まる。本来的な文明は、それがいかなる生物学的な挫折や政治的敗北をきたすとしても、素朴な生の息を殺し、そのようにして「後世に向けて、すべての世代の果てまで[4]」覚醒しつづけることを本義としているのではなかろうか。

かくして私たちは、『ミシュナー』を締め括るラビ・ハナニア・ベン・アカシアの思想を理解することになる。「命令を増やすことで、永遠なる主はイスラエルに数々の功績を付与しようとした……」、そして「栄光にみちたその偉大な教義をもたらしたのだった」（『イザヤ書』42・21）。もちろん、わざとらしい功績を捏造するためではないし、数々の障害と競争するためでもない。「不羈の力」のように生きられる生に抗する数々の命令が必要なのは、正義の偉大さとその栄光にとってなのだ。血を食べたり血を流したりする際におぼえる恐怖におけるように、本性が悪を防いでいるように見える場合でさえも、である！　倒錯に陥ることを不可能にするほど健全な、自然な性向なるものはまったくない。聖人の健康のためには聖潔が必要なのだ(5)。

ラビ・ハナニア・ベン・アカシアが言及していた正義の偉大さ、さまざまな命令に従う生をその存立条件とした正義のこの偉大さはまた、法廷と裁判官たちの栄光でもある。栄光にみちた教義をもたらすこと！　みずから多様な命令を実践する裁判官たちだけが、神の意志がそこで発動するような栄えある集会を形成することができる。裁判官は法律に精通した専門家であるだけではない。彼は、自分が適用する〈律法〉を遵守し、この遵守によって育成されるのだが、〈律法〉の学習そのものがかかる遵守の本質的形態なのである(6)。地上での懲罰が天上での懲罰を軽減するためには、そしてまた、詩篇作者と共に「神は神の会議のなかに立ち」「裁判官たちのなかで裁かれる」と考える権利を手にするためには、こうした情況がなければならないのだ。人間に対して下される人間の裁きや、ある人間によって他の人間に課せられる懲罰が正当化されるだけのためにも、言い換えるなら、一方から他方への責任が正当化されるだけのためにもこの種の情況は必要であるのだが、それにしてもこの責任は奇妙な存在論的構造を有してはいないか。それは他方の《実存すること》の運命を引き受ける一方を、自分が造ったものではないにもかかわらず他方の責任を負う一方を前提としているからだ。自由に先立つ責任であるが、それこそがまさに神への帰属の意味であろう。自由に先行しつつも自由を破壊することなく、こう言ってよければ、そうすることで神という例外的な語の意義を定義するような唯一の帰属の意味であろう。義人たちの会議によって神は現れ、この会議それ自体が神的な会議と呼ばれる。神は、このような会議の可能性に他ならないのだ。翻って言うなら、義人たちの会議はその裁きの究極の源泉であるだけではない。そこで意欲しているのはある他なる意志なのであって、裁判官の裁きは霊感を吹き込まれて、人間の自発性を超過し凌駕するのである。私たちが論じているテクストのさらに先の部分で語られるのもこのことである。正義は、それが創設し再建する秩序のなかに解消されることもないし、人々と神々に無差別的に命じるような合理性を伴った体系のなかに解消されることもない。ここにいう体系の合理性は、幾何学者たちの公理における空間構造のごときものとして人間の法制のなかに現れるものであって、その種の正義をモンテスキューは「ユピテルのロゴス」と名づけたのだった。なるほど、この表現では比喩的に宗教性が回復されているのかもしれないが、まさに超越は抹消されてしまっているのだ。ラビたちの正義では、〔人々と神々との〕差異が意味を堅持している。倫理は単に宗教的なものの当然の帰結ではなく、それ自体ですでに、宗教的超越がその根源的な意味を受け取るような場なのである。

### 3　超越と釈義

私たちが註解を試みているタルムードのテクストで、超越について論議がなされている箇所は、〈天〉の決定をある意味では変更しつつも絶対的〈法廷〉と意見を同じくしているとの確信を得る権限を人間の法廷は有しているのかどうか、この点をめぐる論議のすぐあとに位置している。問題はつぎのような言葉でたてられている。「ラヴ・ヨセフは言う――誰が天に昇り、そこから戻って天について話をしたのか。」答えは、タンナの師ラビ・イェホシュア・ベン・レヴィの名において、いまひとりのラビ、アバイエによってもたらされる。「下界の法廷で裁定されたもののうち、天上の〈法廷〉が同意を与えるものが三つある。『誰が天に行き、そこから戻って天について話したのか。』（とあなたは言った。）が、これら三つのものは解釈される聖句である。だから、聖句を解釈しようではないか。」このようにラビ・イェホシュア・

ベン・レヴィは、聖句の解釈に、ラビたちがミドラッシュ（意味への要請）と呼ぶものに、超越の秘密をこじ開ける力能を委ねたと言えるだろう。

地上の法廷で制定されたとされる三つの「もの」はつぎのとおりであるが、それらと天の意志との一致は釈義によって証明されることになろう。第一は、モルデカイとエステルの執政のもと、プリムの祭りの典礼での『エステルの巻物』の朗誦が制度化されたこと。この制度化は、「ユダヤ人たちは承認し、受諾した」（『エステル記』9・27）の聖句によって正当化されるだろう。それにしてもなぜ、この聖句では「承認する」（reconnaître）、「受諾する」（accepter）というほとんど同義の動詞が二つ用いられているのだろうか。それは、受諾とは異なる承認があったからだ。下界での受諾があり、天上での承認があったからである。

次に、一人の人間的人格を祝福する際には、神の名を発してもよいという認可である。『ルツ記』2・4で、ボアズ（ラビたちは彼を裁判官のひとりに数え入れている）は刈り入れをする農夫たちを祝福している。「主があなたたちと共におられますように」、と。『士師記』（6・12）では、主の使いたる天使がギデオンに向かって、「勇者よ、永遠なる主はあなたと共におられます」と言っている。

最後は、『ネヘミヤ記』（10・40）に言うように、エズラによって建てられた神殿の収納庫の祭司室に（レヴィびとのための）十分の一税の捧げ物をもっていけという定めである。この定めは予言者マラキによって確証されている。「万軍の主は言われる。十分の一税の捧げ物をすべて蔵に運び、わたしの家に食物があるようにせよ。そうして、わたしを試してみよ、と。（いずれ分かるだろうが、）わたしはあなたたちのために天の窓を開き、祝福を限りなく注ぐであろう。」（『マラキ書』3・10）タルムードはこうそこにつけ加えている。「『限りなく』（au-delà de toute mesure）とはいかなる意味か。ラミ・バール・ラバは言う、あなたたちの唇が『もう沢山』と言いつづけてすり減ってしまうまで、である、と。」

以上のような「証明」は、聖書の法規全体の霊感的な起源を想定しているのだろうか。むしろこれらの「証明」は、高さと超越の概念を既得のものとして前提としているのではなかろうか。神の観念をも明晰かつ判明な観念として前提としているのではなかろうか。

この問いに否と答えうるのは、一見すると素朴なものと見えるラヴ・ヨセフの問いが実は極度の大胆さを有していて、超越や、それが打ち明けているかに思える啓示の神話学的な意味を審問に付す場合だけであろう。誰かが「天」に「昇る」ことに対する彼の異議が、『出エジプト記』24・12のつぎのような聖句で呼びかけられた偉大な人物〔モーセ〕にもあてはまる場合だけであろう。曰く、「わたしのもとに登ってきなさい。山に来て、そこにとどまりなさい。わたしは、教えと戒めを記した石の板のあなたに授けましょう」。実を言うと、この召喚の現実性は結局のところテクストによってしか立証されないのだが、このテクストそれ自体、それによって確立されうるはずの真理の言明にすでにして帰属している。まさに今日の歴史的批判を予見させるような論点の先取りである。けれども、ラヴ・ヨセフに答えるアバイエはすでにしてこの高度なレヴェルで相手の問いを理解していたのではなかろうか。しかも、彼の答えは、伝統的形而上学のなんらかの独断主義によって釈義を基礎づける代わりに、超越ならびに古き語彙のある新たな意味を、釈義を許容する限りでの書物のなかの〈書物〉に立脚させることを本義としているのではなかろうか。内包しえるより以上に内包しうるというこの書物のなかの〈書物〉の特権に、言い換えるなら、まさにこの意味において霊感を吹き込まれたものであるという特権に、この新たな意味を立脚させることがその本義なのではなかろうか。

その機能の仕方を以上に見てきたような読解の手続きはまず、註解される言明のほうが、その出自たる

《語らんとすること》(vouloir-dire) を凌駕しているという点を示唆している。註解される言明の《語りうること》(pouvoir-dire) のほうがその《語らんとすること》を超過しているのだ。言明はそれが内包しえるより以上に内包しており、そうした意味の剰余、おそらくは汲み尽くすことのできない剰余は、文の統辞的構造のうちに、文における単語の集まりのうちに、その語詞、音素、文字のうちに、語ることのこうした物質性全体のうちに依然として閉じ込められたまま、いつでも意味しうるものと化しうる状態にとどまっているのである。釈義は、活字の下で密かな胎動をつづけ、文字の文学全体のなかで眠る、この封印された意味性を記号のなかから解き放つのだ。(7)

ラビの解釈学は精神の忘却として軽々に理解されている。しかるに、シニフィアンによるシニフィエの狙いが意味性の唯一の仕方であるわけではない。意味性のその他の諸様式によると、シニフィアンの意味性はそれを要請する精神にしか属しておらず、それゆえ精神もまた意味作用の過程に属している。解釈は本質的にこのような要請を伴っており、かかる要請なしには、言明の織物に内属する《語られざること》(non-dit) はテクストの重みに圧殺されて消失し、文字のなかに埋没してしまうであろう。こうした要請は数々の人格から発する。眼をみはり耳をそばだて、抜粋の出所たる筆記の総体に留意し、さらには生にも——町や通りや他の人々にも——同様に開かれた人格たちから発する。かけがえのない唯一者として、そのひとりひとりが記号から意味を、それもそのつど比類ない意味を引き剝がしうるような人格たちから発する要請であり、また、有意味なものの意味作用の過程に彼ら自身も属しているような人格たちから発する要請なのだ。とはいえそれは、聴取され理解された言葉が残す主観的な印象や反映と釈義を同一視することではないし、これらの印象や反映を意味という「外部」に訳もなく組み込むことでもない。そうではなく、問題は人格の多様性そのものを、意味の意味作用の回避不能な審級として、霊感を吹き込まれた言葉の運命によっていわば正当化された審級として理解することであり、それは、この言葉における《語られざること》の無限の豊穣さが、その《語ること》の意味が、ラビたちの専門的表現を用いるなら「刷新される」(se renouveler) ことを目指しているのだ。イスラエル、この〈書物〉の民にあっては、聖典の気難しい読解がもっとも高度な典礼に属しているのだが、そのような民は連続的啓示の民なのではなかろうか。

しかし、とすると、内包しえるより以上に内包しうる言語は、思考と情報の用具への言語の還元(たとえそこに還元し尽くされることが決してないとしても)に反して、また、それに先立って、霊感の自然な媒体であるのではなかろうか。言葉を授けられた動物たる人間はなによりも霊感を容れうる動物、予言的動物なのではないか、と考えることもできるだろう。書物である限りでの書物とは、記録と化すに先立って、《語られたこと》が釈義へと曝され、釈義を要請する際の様態であり、するとただちに、それまで活字のなかで不動化していた意味がその意味を担う織物を引き裂くことになるのではないか、こう考えることもできるだろう。いまだ聖句ならざる命題――あるいは逆に、もはや聖句たることをやめた命題をとおして、時に詩句であったり単なる美辞麗句であったりするこれらの命題をとおして、いまひとつの声がわれわれのあいだに響き、第二の音響が第一の音響をあるいはかき消し、あるいは引き裂く。テクストを聴取し理解する人間たちの生によって生きる数々のテクストの無数の命。それはまた、かつて国民文学と呼ばれていたテクスト群の始原的釈義でもあるが、さまざまな大学や学派での解釈学はそこに接ぎ木されることになるのだ。それらのテクストの《語ること》は、その《語られたこと》の直接的意味を超えて、霊感を吹き込まれている。意味が書物によって到来するという事態は、この意味の聖書的本質を証示している。聖書に付与された霊感と、数々の文学テクストの解釈がめざす霊感とを比較したわけだが、だからといって、聖書の威信を損なおうとしたわけではない。この比較は逆に「国民文学」の威信を確証しているのだ。しかし、では何がある一冊の書物を書物のなかの〈書物〉たらしめるというのか。なぜ、一冊の書物が聖書と化すのか。〈御言葉〉の神的起源はいかにして告知されるというのか。それはいかにして聖典のなかに刻印され署名されるというのか。そうした疑問を発する近代人にとっては、この署名の実在のほうがシナイの「雷鳴」以上に重要なものなのだが、しかし、かかる署名は無思慮で素朴な信仰を露呈するものではなかろうか。

霊感――《語らんとすること》の直接的意味のさらに下へと突き破るいまひとつの意味である。聴取され理解されたものを超えて聞き取るような聴取に向けて、極度の意識、覚醒した意識に向けて徴しを送る意味である。いまひとつの声は第一の声のなかで反響するのだが、第一の声の背後から訪れるこの反響ゆえに、いまひとつの声はメッセージの様相をまとう。純粋なメッセージなのだが、しかし、このメッセージは《語ること》のひとつの形式であるだけではなく、その内容を定めるものでもある。メッセージとしてのメッセージは、忌避しえない知解可能なもの、意味のなかの意味、他なる人間の顔の聴取を目覚めさせる。[8] 覚醒とはまさに他者のかかる近さなのだ。[9] このように目覚めさせる仕方がメッセージとしてのメッセージなのだが、それは、存在としての進行を頑に推進するような存在の確たる秩序を擾乱する倫理の様態であり、その「いかにして」そのものなのである。[10] ここには、読解や書物に準拠したものとして、――とはいえ決してその驚異が減ずるわけではないのだが――、背後世界という神話学から解放された彼方の根源的な姿があるのではなかろうか。[11]

倫理の高揚は、星を鏤めた空の単なる高さによって規定されるものではないということ。〈書物〉の最たるものの織物を――解釈学的に――たえず断ち切るような倫理とメッセージによって、どんな高さも初めてその超越的意味を得るということ。おそらくこれこそ、私たちが註解している一節から引き出すべき教え――数ある教えのなかのひとつ――なのだろう。

人間の法廷と天上の法廷との一致に賛同するものとしてまず最初にラビ・イェホシュア・ベン・レヴィによって引用された言葉は、奇妙なことに『エステル記』から引かれている。なぜ奇妙かというと、神は『エステル記』からみずからの名まで、神を指し示す語まで取り去っているからだ。しかるに、同書では、「自然な」動機に即して、運命の必然と偶然に即して物語られる数々の出来事のあいだからメッセージが湧き出てくるのだ。モルデカイとエステルによってプリムの祭りの典礼が制定されることで、これらの出来事が〈聖史〉に属するものとみなされえたということ、それは神の構想のなかに場を占めるこれらの出来事にとっての「奇跡的な」剰余であろう。エステルが王の定めを破って、他の人々を救うためにみずからの破滅を覚悟するという倫理の絶頂において、事実の歴史的秩序、そのすでに確立された秩序は高められ、数々の意識が覚醒する。王の不眠〔『エステル記』6・1〕と対をなすこの覚醒によって、秩序が転覆されるのだ。『メギラー』〔巻物、プリム祭のエステル記朗読〕と題されたミドラッシュは、神の不眠そのものをアハシュエロス〔ペルシャ王クセルクセス一世〕の不眠と同一視していなかっただろうか。さながら、眠ることの不可能性のなかで、存在の存在論的休息が断たれ、絶対的な覚醒が生じるかのようではないか。超越への関係はこうした極度の意識ではなかろうか。

神の公現は人間の顔のなかで要請されるとする第二のテクストも、これと同様に重要である。他者の顔、この還元不能な差異が、私に与えられるすべてのもの、私によって理解されるすべてのもの、私の世界に属するすべてのもののなかに侵入してくる。世界へのこの現出は世界を解体し、無秩序化すると共に私を動揺させ、私を目覚めさせる。これこそ、『ルツ記』2・4と『士師記』6・12との比較によって垣間見られることであろう。《書かれたこと》が語るより以上のことを、釈義がそこに見いだすようなテクストのなかと同時に、そうして現出する倫理的内容、メッセージのなかにも、超越は存している のである。

第三の契機――神殿への奉納による十分の一税の捧げ物の変容――は、贈与することそれ自体が絶対的に無償な寛大さへと転じることを表しているのだろうが、絶対的に無償な寛大さにあっては、贈与者は受益者を知ることがなく、それゆえ受益者の個人的な感謝の表現を聞くことがないのだ[12]。これは、礼拝それ自体がもつ意味のひとつであり、それをいわば象徴するものではなかろうか。それは「空虚な天」への責務にすぎないと言って、「剛毅な精神の持ち主たち」は嘲笑したくなるかもしれない。が、謎めいたことに、それが魂の絶対的な開けであるのだ。没‐利害の、見返りなき犠牲の、答えも谺もなき言論の開けであるが、「神への信頼」や祈りはそこに到達する力を有しているはずなのである。自己の限りない開け――いかなる確証もそれに匹敵することはできないし、他でもないその法外さによってしかそれは証明されることがない。『マラキ書』3・10をめぐる奇妙な解釈をつうじて、ラミ・バール・ラバは、「もうたくさん」とくり返すことで乾ききった唇をもってしても足りない豊穣さを語っていたが、自己の限りない開けとはまさにこのような豊穣さなのだろう。言論の彼方である。贈与するという没‐利害の寛大さのなかに認められる、受け取ることの無限である。無限への開けとは、おそらく〔贈与から受け取ることへの〕このような反転なのだろう。

## 4 曖昧さ

タルムードの一節を読解することで、私たちは霊感ならびにそれを発見する釈義を、精神の精神性ならびに超越の形姿そのものを垣間見たのだが、それは正しかったのだろうか。義人たちの会議と解された法廷のレヴェルでの倫理のうちに、私たちは、精神が息づき、〈他〉が〈同〉へと侵入するような場所そのものを認めたのだったが、それは正しかったのだろうか。近代人は、霊感や釈義や道徳的メッセージの超越を人間の内面性やその創造性やその無意識に還元することで、この点に難色を示すのではなかろうか。倫理とは根本的に自律的なものなのではなかろうか。近代人のこうした抵抗に異議を唱えるためにはどうすればよいのだろうか。そのためには、他なるものによっては決してかき乱されることも、導かれることもなき〈同一性〉の治世を、哲学がその論理学のうちに見いだすような推論的理性の根拠を、霊感として解釈しなければならなかったのではなかろうか。

ところで、これこそ、私たちが取り上げたタルムードの抜粋の最後の部分が示唆しようとしていたことなのだ。地上の裁判と天上の正義とのあいだのありうべき一致をめぐる『マコット』23bの箇所の全体的主張を彼なりの仕方で確証するために、ラヴ・エラザルが介入する。彼が引き合いに出すのは『創世記』38・26であるが、そこで、ヤコブの息子ユダは、自分がその嫁タマルに下した糾弾の非を認めている（私たちのテクストでは、ノアの息子セム、いまだ存命のセムの法廷では「そうなるだろう」とある）。ラヴ・エラザルはまた『サムエル記上』12・3－5にも準拠しているが、それは、全イスラエルがサムエルの法廷で裁き手サムエルの無私無欲を立証する箇所である。彼はさらに『列王記上』3・27をも引いているが、そこでは、みずからの法廷に立つソロモン王が一人の子供を奪い合う二人の女のなかから、母である女を見つけ出す。罪人の告白、民衆の証言、王の判決——引用された聖句のなかでは疑いの余地なく人間の言葉であるようなこれらの言葉のひとつひとつから、ラヴ・エラザルは、このうえもなく大胆な釈義の名において、と同時におそらくは果敢な思考の名において、さまざまな理由をもうけつつ、天上の声の谺に由来するような聖句の小片を引き剝がしていく。かくして、聖霊が人間たちの法廷に現存することになるのである。

一人の対話者ラバがこの行き過ぎに異を唱える。理性だけで事足りるような言論のなかに天上の声を介入させる必要などまったくない、と。ところが、タルムードのテクストが採用するのはラヴ・エラザルの教えのほうである。それも、伝承の名において、なんの論議もなく採用するのだ。とすると、理性そのものの行使のうちに霊感があることになろう！ ロゴスはそれ自体ですでに予言的なものとなろう！ 理性的に推論する思考に伴う数々の不確実性や憶測を貫いて、明証の光がいわば〈啓示〉の外傷を潜って到来する。どんな明証のうちにも、あるメッセージが告知されているのである。

なるほどそうである。しかし、強調しておかなければならないのは、タルムードの作成者たちが、棄却された意見、つまりラバの懐疑主義をも記載していることである。それも決して消去されることはない。以上の話題に関して、一見すると起伏も抜け道もないかのように、タルムードの様式に則って展開されてきた高度な論議のなかで、「そうは見えないにもかかわらず」、ある曖昧さが存続しているかのようではないか。

今日の人間はこのような曖昧さのなかに、みずからの思考の振幅運動を認めるのではなかろうか。超越についての観念ならびに超越の観念そのものは筆記の解釈から私たちにもたらされる、こう述べたとしても、それは破壊的な意見を唱えることではもちろんない。ただ、近代人たちにとっては、疑問の余地はより大きなものとなるだろうが。まず、この意見が示唆しているのはつぎの点である。それが倫理的な真実を、言い換えるなら、十全な意味性を得る時には、言語は霊感を吹き込まれたものであり、したがって、自分が語るより以上のことを語ることができるということ。それゆえ、予言なるものは天才的な閃きではなく、自己表出する精神の霊性であり、言葉を担う最初の意図を凌駕してしまうという人間の語りの力能であるということ。おそらく、これは神による憑依であって、それを介して神の観念が私たちに到来するのだ。とはいえ、超越へと捧げられたこの言語はまた文献考証の対象でもあって、その場合には、この言語によって語られる超越は錯覚にすぎなくなってしまう。〈歴史〉によって脱神秘化すべきさまざまな感化力の幻影にすぎなくなってしまう。だから、テクストの釈義よりもテクストの生成のほうを好もう。不可思議なメッセージの揺らぎよりも、与えられた記号の確実性のほうを、外部からの不確かな呼びかけよりも〈洞窟〉の影の結合のほうを好もう、ということになるのだ！　ただし、これもまた数々の偽の予言を破壊するための一個の学問、それも時には称えられるべき学問ではあるのだが。

二者択一、というか交替。聖典の文字を前にしては、数々の交替のそのまた交替さえ生じる。聖典の文字を嘲弄する者たちにとってと同様、それを尊重する者たちにとっても、文字はやはり、たとえば怪物じみた力量や英雄的な人格のように他の諸力よりも強く、それゆえ自然の必然性を打ち砕く、そのような神についての独断論を維持しうるものであろう。その一方でこれらの文字は、その痕跡の現前によって一個の学を培いつつ、文字を嘲弄する読者にも文字を尊重する読者にも強い感銘を与え、それが肯定されるにせよ否定されるにせよ神話学の水準から彼らを引き剝がす。けれども、この離脱のなかで、またしても二つの運動の新たな交替が生じる。読者たちは疎遠で未知の意味から文法へと向かう。もっとも、文法は先の段階でもすでに秩序と整合性と時間系列を建て直していたのだが。それにつづいて、今度は逆方向の運動が生じる。歴史学ならびに文献学から、文字の文学とアナクロニズムの背後から到来する意味の聴取・理解への運動が生じるのであり、この運動が、庇護し安心させる既成のものと慣習的な考えの床から引き剝がすことで、またしても触発し目覚めさせるのである。

もちろん、交替は私たちの希薄な信の躊躇いを証示している。けれども、超越もまたかかる交替に由来する。到来したとしても否認されることのない超越であるが、そうした超越は、霊感を吹き込まれた聖典のなかで解釈学を待望しているのだ。つまり、それはみずからを隠すことでしか姿を現さないのだ。

(1) 「裁き手はその裁きを宣告した。彼は無罪の者を釈放し、罪人を断罪した。が、裁き手は、貧しい男のほうが支払わなければならないことに気づいた。そこで彼は、罪人が身銭を切った分だけ払い戻してやった。これぞまさに正義と慈愛である……。」(『サンヘドリン』6b、大ラビ・サルゼール訳、二七頁)

(2) たとえば、「あなたは、ひとが自分を息子を罰するのと同様に、あなたの神、永遠なる主があなたを罰するということを心に留めておきなさい」という『申命記』8・5の聖句などは外見的には単に教訓的なものと思えるかもしれないが、そうした聖句について考える際には、「エディプス・コンプレックス」という概念の異教性に抗して、それらの聖句を力強く考えなければならない。ここでは、父性は有意味なものを構成する範疇であって、その疎外を構成する範疇ではない。少なくともこの点については、精神分析は現代の感受性における一神教の深い危機を証示している。教義上のいくつかの命題の拒否には尽きることのないような深い危機を、である。精神分析は反ユダヤ主義の究極的な秘密を秘めている。アマド・レヴィ゠ヴァレンシ女史はその仕事の全体をつうじて、エディプスの神話の本質的に異教的な性格を強調している。

(3) 私たちが検討している『マコット』の箇所の最後の部分では、奇妙なことに、抑圧されることなく勝ち誇ったような物音が、ローマの物音が聞かれる。「ある日、ラバン・ガムリエルとラビ・エリエゼルとラビ・イェホシュアとラビ・アキバが道で出会った。彼らは、一二〇里彼方の首都ローマの町の物音を耳にした。三人は泣き始めたが、ラビ・アキバは笑い始めた。どうして笑うのか、と彼らはラビ・アキバに尋ねた。なぜ泣くのか、とラビ・アキバは彼らに尋ねた。彼らは言った。偽の神々を崇め、偶像に香を捧げる者たちが平和に暮らし平安を味わっているのに、われわれは、われらが主の祭壇は焼かれている。どうして泣かずにおれようか、と。ラビ・アキバは彼らに言った。だからこそ私は笑っているのだ。神の意志に逆らう者たちがあのように幸福な運命を得ている。それなら、われわれはなおさらだろう、と。」それならなおさらのこと、われわれはいつか報われるというのだろうか。それとも、それならなおさらのこと、義人としてのわれわれの運命はその不幸にもかかわらずすでに最良のものであるというのだろうか。道を歩みつつ疲れたときには、たとえラバン・ガムリエルやラビ・エリエゼルやラビ・イェホシュアのような人物、偉人のなかの偉人であったとしても、ローマの物音によって一瞬、正しい生活の正しさを、われわれの精神や神経のうちで疑問にふすことがあるかもしれない。ラビ・アキバだけがそれを笑うことができた。数々の失敗にもかかわらず、彼は自分の最良の持ち分を確信していたのだ。とはいえ、彼がそれを確信したのは、苦しみにみちた格別の経験によってではなく、「ましてやこの場合には」というより強い根拠にもとづく推論によってであって、この推論はここでは約束によってではなく価値によって保証されているのである。

（4）　私たちが註解しているテクストにおいて、ラビ・シモン・バール・ラミの発言はつぎのような言葉で締め括られている。「自制する者は自分とその子孫のための功績を世代の果ての果てまで得るであろう。」

（5）　数々の禁令については、私たちが取り上げている箇所に続く『マコット』の23aと23bに現れるつぎのような言葉を引用しておくのもおもしろいだろう。「ラビ・シムライはこう教えた。六一三の戒律がモーセに教えられた。三六五の否定的な戒律は太陽暦の日の数に対応しており、二四八の肯定的な戒律は、人間の身体のなかの部分の数に相当する、と。ラビ・ハニナは言う、われわれにそれを教えている聖句はどれか、と。――『主はわれらのためにトーラーをモーセに語り、トーラーはイスラエルの共同体が受け継ぐべき遺産でありつづけるだろう』（『申命記』33・4）、がそれである。トーラーは、それを形づくるヘブライ文字の数価からいうと、その総和は六一一に等しい。シナイ山で語られ、われわれが永遠なる主の口から直に耳にした十戒の最初の二つの戒律をそこに付加すると、六一三になる。」滑稽な帳簿ではないか！　しかし実は、この帳簿は少なくとも二つの教えを発している。

a　太陽のもとで過ごした毎日は潜在的な堕落である。それは、昨日の禁令によっては請け合うことのできない新たな禁令、あらたな警戒を要求している。

b　人間の身体のひとつひとつの器官、ひとつひとつの傾向の性向（二四八の部分を数え上げる解剖学ないし生理学が正しいか恣意的なものかはどうでもよい。というのも、「肯定的な」戒律の数がわれわれにこの数字の秘密を明かしてくれるのだから）はありうべき生の源泉である。この力はそれ自身によっては正当化されることがない。

それはもっとも高きものに、ある奉仕に捧げられなければならないのだ。

c　トーラーという語を形づくる文字の数価の総和では、六一三の戒律を含む法規には足りない。だからトーラーは、その整合性によってのみ正当化されるような体系ではない。この体系が生の秩序を創設するのは、生の超越的源泉が言葉として人格的にそこで確証されるからでしかない。真の生は霊感を吹き込まれたものなのだ。

(6)　『四つのタルムード読解』参照。

(7)　「ラビ博士たち」の言葉、トーラーを言明し註解するこの言葉は、バビロニア・タルムードの『原理論』たる『ピルケー・アヴォット』のある箇所で言われているところでは、あの「赤くおこった燠」にも比される。ヴィルナのガオン（彼は、一八世紀、この「啓蒙」のユダヤ人の世紀の前夜を生きたラビのユダヤ教の最後の偉大な師のひとりである）の弟子、ヴォロズィンのラビ・ハイームはこの話をほぼつぎのように解釈している。燠は息を吹き込まれることでおこる。こうして賦活された炎の激しさは、解釈する者の息の長さにかかっているのだ、と。

(8)　有意味性の最たるものの書物であるのだ。とはいえこの時点では、この書物に捧げられた、数千年間にわたる民族の証言を強調するつもりも、この民族の歴史とその書物の解釈を強調するつもりもない。たとえ歴史と書物とのこのような交流が真の筆記には欠かせないものであるとしても、である。

(9)　拙論「意識と覚醒」(Conscience et éveil, in *Bijdragen*, 35, 1974, pp. 235-249)。

(10)　倫理——予言的なものとして現れる倫理——は存在のひとつの「領域」、その層ないし装飾ではない。倫理とはそれ自体が《内存在性の利害からの超脱》であって、それは、現前としての揺るぎない安定を保つ「現前」が「他なるもの」によって攪乱されるような外傷のもとでのみ可能なのである。

(11)　ここで言及したテクストでは実際、規定された数々の状況や存在——みずからと同等のものとして、それらを一個の秩序に統合し、世界に休らわせるような定義や境界のうちに身を置いた状況や存在——は、存在あるいは事物としてのそれらの麻痺状態ないし同一性を刺激し動揺させる息吹によって貫かれる。この息吹は規定された状況や存在を疎外することなく、それらの状況や存在が属する秩序からそれらを引き剝がす。デュフィの絵画に描かれた人物たちのように、状況や存在をその輪郭から引き剝がすのだ。みずからの存在のうちに現前していた諸存在に起こる奇跡であり、これらの存在は、より深く、より覚醒した新たな目覚めへと目覚めていく。秩序の擾乱である限りにおいて、〈他〉による〈同〉の引き裂きである限りにおいて、これが霊感ならびにその超越の奇跡、その構造というよりも脱‐構造（dé-structure）であること、この点は疑いない。単なる魔術による奇跡がわれわれにとっては胡散臭いもので、〈公現〉の単なる表徴としてのみ容認できるものでしかないとしても、それは、こうした奇跡が秩序を変容するからではなく、十分には秩序を変容しないからである。そうした奇跡が十分には奇跡ならざるものであり、〈同〉を目覚めさせる〈他〉がいまだそれ自体では十分に他なるものではないからなのである。

(12) 贈与のこの様態に課せられた重要性については、『バーバー・バトゥラ』〔後の門、不動産取引〕10bを参照。

# 8　タルムードの諸節による神の名

## 1　講演の射程

エンリコ・カステッリ教授は、「タルムードにおける神の名」について話すよう私に求められました。『四つのタルムード読解』という題でミニュイ社から本を出したせいでしょうか。この本の冒頭で、私はちゃんと自分はタルムード読解の専門家ではないと断っておいたのですが。これは画家アングルにとってのヴァイオリンのように余技の産物であり、ささやかな試論にすぎません。ただ、私の場合はヴァイオリンはオーケストラ、それも複数のオーケストラであります。ヴァイオリンの弓を操るのと同じ仕方で指揮棒を振れば、必ずや演奏すべき作品を裏切ることになりましょう。タルムードはイスラエルの口伝を代表するもので、紀元二世紀から五世紀末にかけて書き留められました。六八篇から成り、二つ折り判《フォリオ》で三千ページを越す巨大な仕事で、数々の註解が、註解の註解がそのページを覆っています。一五世紀近くの歳月をかけて、この註解の書き込みは世界に離散したユダヤ人コミュニティーでなされたのでした。イスラエルの博士たちの論議を賦活する生きた弁証法がそこにしるされているのです。一見すると、信者たちの宗教的、法律的、道徳的な営みの規制という関心に導かれているように見えますし、実際にそうなのですが、タルムードはむしろ数々の問題を討議するものです。それは、いかなる点においても民話ではありません。タルムードのテクストはその配列さえもが、ある秘められた学知、秘められているとはいえまさに極度の要請に見合ったある学知に支えられています。すぐに御理解いただけるものと思いますが、この学知は哲学的言説とは異なる特別なスタイルを有しています。その題材や真理とは無関係にたまたま選ばれたスタイルでは決してありません。いずれにしましても、それは私たちの論議の仕方とはまるで異なるものなのです。

この学知をマスターするには全生涯が必要でしょう。私が今日タルムードについてお話しできることは――と申しますのも、私は自分の人生をそれとは別の修練に捧げてまいりましたし、すばらしい先生の鞭撻を受けたとはいえ、少し歳をとりすぎてからこの困難な読解を知り、なんとも残念なことに、余暇だけをそれに充ててきたからなのですが、そのような「日曜タルムード研究家」としての私がタルムードについてお話しできるのは部分的で大雑把なことにすぎません。

ただ、民俗学的な、あるいは考古学的な骨董品を語るかのようにタルムードを語る、という誘惑にだけは屈しないつもりでおります。私はまた、説教や護教の目的でタルムードを利用するつもりもありません（もちろん、なにものかの擁護をまったく含まない言説など存在しないのだが）。実を申しますと、今日私たちの関心を占めている個別的な問題につきましては、タルムードの数々の立場のうちにひとつの哲学的な選択を見分けることができるのではないか、と私は考えております。多様な次元を歩む思考から、この選択を引き出すべく努めるつもりです。幸いにもそんな力は私にはありませんから、そうしろと言われてもできないのですが、今日はそれ以上先に踏み込む必要はないでしょうし、いわんや、これらの多様な次元が表している形而上学的空間を描き出す必要もないでしょう。この哲学的選択を探し出すためには、二つ折り判の三千ページの上空を飛翔するよりも、いくつかの決まった箇所に的をしぼって探索をつづけたほうがよい、とも思っています。

## 2　知ることと従うこと

顕現した神の数々の名（nom）については、聖典をつうじてそれらを知ることができます。あたりまえのことです。そのあたりまえのことを突き詰めて考えてみなければならないのですが、この事態は、神の数々の名が羊皮紙にしるされた文字であり、その読み方を学ぶためには生きた口伝が不可欠であることを示しています。祈りのなかで聖書を朗誦する際に、神かけた宣誓のときやユダヤ教の典礼の営みのさまざまな局面で、それらの名は発音されるのです。それらの名は聖なる名と言われています。あとでもう一度この言い方に触れることにします。これは私の話全体にとって本質的なポイントですから。ですが、伝統的なユダヤ教、つまりタルムードのユダヤ教によると、これらの名との関係がそれだけで神とのこのうえもない親密さを形づくるのではありません。万が一、認識（connaissance）がこれらの名の背後に本質を探すようなことがあるとしても、そのような認識がこの親密さを形づくるのでもありません。親密さはまったく別の秩序に属しています。まず、この点を申し上げておかなければなりません。

顕現した神へ向けての信者の一切の係わりが信者と聖典との係わりのなかで始まることは言うまでもありません。読解が、そしてまた、筆耕による転記が、一切の損傷から聖典を庇護し、聖典を永続化するのです。ところで、書くことと読むこと、刻むことと発音すること、庇護することと学習すること、それらは実行です。聖典が顕現せしめる神そのものの〈名〉において、聖典は祈りや倫理や典礼の数々の行いを命じ、規制するのですが、そこにこれらの実行が場を占めることになるのです。〈名〉を書き記し、読む際の神との関係が、読者や筆記者の指向と熱意にもとづくものであるのはもちろんです。特にこの関係は、読者や釈義者が他ならぬテクストから引き出すであろう戒律（ミツヴァ）と彼の行為との一致に由来します。これこそがユダヤ教に特徴的な様式なのです。〈名〉へと向かうまっすぐな指向に、名づけられた〈お方〉との、それとはまったく異質な関係が重ね合わされることになります。つまり、その〈お方〉の戒律に従わなければならないのです。命じられた典礼の行為をつうじての神との関係が他のどんな関係をも支配しているのです。この関係は認識の直行性を尺度として測られるものではありません。さながら、この尺度では近似値しか得られないかのようです。ユダヤ教では、ここにいうまったく異質な関係はこのうえもない近さ（proximité）として、全面的な密着として、それも、こう言ってよければいかなる密着の行為にも先立つような密着として、しかしながら、同一化では決してないものとして思考され、生きられるのです。タムないしタミームという形容詞は「全面的な」という意味を表しているのですが、犠牲のための子羊についても同じことが言われています。[1]タルムードはこう宣言することもできたでしょう。授けられた戒律に従って実行する者は、戒律を授かることなく実行する者よりも偉大である、と。

神についてのラビの考察は、実行についての考察とつねに不可分な関係にあります。神の戒律をめぐる考察をつうじて神について考察すること、それはたしかに、神の哲学的主題化とはまったく異質な知的行為でありましょう。ですが、そのような知的行為を単に哲学に至る前提的段階として、哲学の幼年期として考えるのも誤りでしょう。この点を銘記していただいたうえで申しますと、タルムードの思考の様式は哲学との接触を前提としています。どうしても図式的になってしまいますが、あえて言いますと、タルムードの考察に固有な真理が哲学という鏡に映し出されることもありうるのです。[2]

## 3　消してもならない、発音してもならない――名と彼方

では、神の数々の名に直接係わるものとして、『シェヴオット』〔誓い〕（35a）からある箇所を取り出してみましょう。実行に関することばかりが出てきても、もう驚くことはないでしょう。それがまず教えているのは、神の数々の名を転記する際には、理由がどうあれ、それを消してはならない、ということです。(3) いくつか神の名が挙げられていますが、それらは固有名（noms propres）です。私たちが取り上げている箇所ではつごう九つの名が記されていますが、(4) そのなかには、エル、エロヒームといった名も含まれています。固有名と申しましたが、それらはふつう「神」（Dieu）と訳されるものです。タルムードのテクストは、私たちが抹消する権利を有している名を列挙しています。それらは実体化・実詞化された諸属性（attributs substantifiés）からなる名で、〈大いなるお方〉、〈勇壮なお方〉、〈畏怖すべきお方〉、〈恐るべきお方〉、〈強きお方〉、〈力強きお方〉、〈優しきお方〉、〈慈悲深きお方〉、〈忍耐強きお方〉、〈寛大なお方〉がこの部類に入ります。大地や天空もその〈創造者〉と係わってはいるのですが、大地や天空への呼びかけには、このテクストは名としての資格を認めてはいません。私たちが取り上げている抜粋の最後の部分では、聖典に登場する神のすべての名が今述べたような規則にかなうのかどうか、例外はいかなるものなのか、という問いが提起されています。

「われわれが消す権利を有している名はいかなるものか」という実行に係わる問題の背後で、多様な名の威信が、ひいては神への関係の意味そのものが問題となっていることは明らかです。タルムードの抜粋の構成に言及いたしましたが、一見すると何の意味もないかに見えるこの構成は、私たちが引き出したいと願っている問題群に対応しているのです。

第一の点は、私たちがどうしても神（Dieu, Deus, Théos）と訳してしまう、旧約のヘブライ語の単語のことですが、タルムードはそれが固有名であると主張しています。聖典のなかでは、神の名はつねに固有名なのです。神という語はなんとヘブライ語には欠けているのです！　一神教の見事な首尾一貫性と言うべきでしょうか、そこには、神という種（espèce）もそれを指し示すための総称（mot générique）も存在しないのです。事実、一二世紀にマイモニデスがタルムードを要約し体系化した有名な書物〔『トーラー再説』〕の第一書はこう書き始められています。「叡知の基礎の基礎にしてその支柱なるもの、それは、〈名〉が存在し、それが第一の存在であるのを知ることである」、と。神性を指し示す語は〈名〉という語に他ならず、神のさまざまな名はこの総称に対する個別例なのです。フランス語でDieuと言ったり、ドイツ語でGottと言ったり、ロシア語でBogと言ったりすること、それはタルムードでは、「聖として称えられよ彼は」（le Saint béni-soit-il）と言うことなのです（これは聖潔という属性に定冠詞を付した名称である）。ラビの思考においては、聖潔（sainteté）はなによりもまず、分離（私たちの言葉では絶対absolu）を喚起するものです。この点がひじょうに興味深いのですが、そうしますとこの語は「何であるか」（quiddité）よりもむしろ存在様相（mode d'être）を、存在の彼方（un au-delà de l'être）を名ざしていることになります。やはり神について用いられるシェキナーという語も同様です。シェキナーは世界への神の居住を、より正確に言いますと、イスラエルのなかでの神の居住を意味する語ですから、それも様態、存在の仕方を示すものなのです。タルムードではしばしば、「世界の主」、「世界の王」、「天にいますわれらが父」といった表現が神のために用いられています。それらの語もまた、本質（essence）ではなく関係（relation）を表現するものでしょう。

〈固有名〉による啓示は、ある存在の唯一性（unicité）の必然的帰結であるだけではありません。それは私たちをさらに遠くへと連れていきます。おそらくは存在の彼方へ。私たちが取り上げているテクストはある序列を私たちに教えるものでした。一方には消してはならない名があり、他方には消してもよい実体化・実詞化された諸属性があるのです。後者はただちに、それらを担う〈お方〉に送り返されます。それらはこの〈お方〉に意味を与えるのですが、実は実体化・実詞化された〈名〉(Noms-substantifiés)はかかる意味を受け取ることはできても、逆に授けることはできないのです。そうした〈名〉はただこの〈お方〉を主題化するだけなのです。これらの〈名〉を本質とみなされた神に近づけるもの、それはまた、表象不能で聖潔なる神、言い換えるなら絶対的な神、いかなる主題化をもいかなる本質〔有性〕をも超えた神からそれらの〈名〉を遠ざけるものでもあるのです。しかし、われわれが取り上げたテクストは、すでに申しましたように、〈大地〉や〈空〉への言及に名としての威信を付与することに異議を唱えています。〈大地〉や〈空〉は、それらが喚起する〈創造主〉と同様に比類ないものなのですが、しかし、「それらはあくまで創造主に属している」からです。ですから、〈大地〉や〈空〉によって誰かに懇願したりしてはならないのです！　それらは聖なる呼称からは排除されています。その〈名〉によって顕現する神はもともとは宇宙論的な原理ではありません。たとえそれが比類ない実体で、結局は神的統一を喚起するものだとしても、実体には〈名〉としての威信を拒むこと、それは、神へと至る数々の道から〈無条件なもの〉への遡行を排除することです。それはまた、神と諸存在との一切の類比を拒むことでもある。なるほど、ひとつひとつの存在は比類ないものではありますが、それらは他の存在と共に世界を、構造を形成してしまうからです。固有名をつうじて接近すること、それは、主題化し定義し総合するような認識、それゆえ認識の相関者を存在、有限なもの、内在的なものと解してしまうような認識には還元不能なある関係を確証することなのです。それは、現出しつつもその超越を逆説的にも維持しているような様相として、要するに、直観や、さらには概念の容量を超過したものとして啓示を解することなのです。

抹消することの禁止は、〈名〉を形づくる文字が、「天にも、天の天にも納めることのできない」(『列王記上』8・27)神を容れうるものであることを意味しているのでしょうか。この禁止はいまひとつ別の宗教を素描しているのではないでしょうか。文字に対する私たちの不信感や私たちの〈精神〉の渇きがいかなるものであれ、一神教的な人間は〈書物〉の人間であります。筆記の伝承がこの伝承それ自体の彼方の痕跡をもたらすのです。一神教的な人間は、その自我ならびに非‐自我の起源に身を置きうるという哲学的野心を抱いているにもかかわらず、記憶可能で歴史的な一切の過去に先立つ過去の痕跡を〈書かれたもの〉のなかに認めるのです。ですから、私が註解しているタルムードのテクストが、書かれた〈名〉全体の抹消のみならず、その第一音節の抹消をも禁じているとしても驚くには値しないでしょう。しかし、それゆえにまた、こうした現出の曖昧さ――謎――が姿を現すことにもなる。そしてこの曖昧さゆえに、〈名〉による現出は、知覚されたものや歴史的なものの客観性、ひいては、この種の客観性が〈名〉による現出をそこに閉じ込めるところの世界とも際立った対比をなすのです。かくして、〈名〉による現出は超越のひとつの様相として描かれることになります。他方では、ヘブライ文字は、啓示された〈名〉がすでにそこから退去してしまっているような脆い住処であって、それは写し、書き取る人間の意のままに消去可能です。その場合、聖典は、歴史やテクスト校訂に従属した書き物と同一視されてもまったくおかしくないものと化します。みずからの起源を探究しようとする筆記、したがって、記憶可能な歴史と時間を共有するような筆記と化すのであって、そこでは、超越は廃棄され、公現は無神論の境にまで追いやられてしまうのです。

ですが、消滅一歩手前の状態にあるこの不確かな公現、それはひとり人間だけが銘記することのできる公現に他なりません。だからこそ、人間は超越とその現出にとっての本質的な契機なのです。だからこそ、消去不能な啓示によって、人間は比類ない廉直さで召喚されるのです。

けれども、ここにいう啓示は真に不安定なものでしょうか。〈名〉は、それが住まっている文脈から真に乖離しているのでしょうか。書かれたもののなかで、〈名〉は存在と文化によるどんな感染からも庇護されているのでしょうか。なるほど〈名〉を銘記する使命を有してはいるが、ありとあらゆる濫用をなしうる、そのような人間から〈名〉は護られているのでしょうか。

ユダヤ教では、消してはならないという責務に、「無益に口に出しては」ならないという責務が加わります。『テムラー』（供え物の代用）（4 a）の一節は、「あなたの神、永遠なる主をあなたは称えなければならない」という『申命記』6・13の聖句をそのような意味に解しています。あたかも、話題と時を構わず、聖典における〈名〉が語りとして現勢化されてはならないかのようではありませんか。常時存在するものとの分離（そしておそらくは、ただ存在するだけのものとの分離）は、聖潔の概念をこのうえもなく巧みに言い表しているのではないでしょうか。

新しい階層がここで築かれます。今度は、消去してはならない複数の名のあいだに、です。テトラグラム——「明晰な」〈名〉、シェム・ハメフォラッシュ——は特権を有しています。それは、決して口に出してはならないという、名にとっては奇妙な条件をその本義としているのです（偉大な祭司が聖のなかの聖に入り込むその時、大贖罪日だけは例外であるのだが、言い換えるなら、離散以降のユダヤ教にとっては一度もそのような時はなかったということだ）。アドナイという名——それもまた無益に口に出してはならないのですが[5]——それはテトラグラムに付された名です。名が名を有しているのです！　名は現出すると共に隠蔽される。意味の文脈のなかへの到来はまたつねに隠遁であり聖潔でもあらねばならないのです。

語ることで響く声はまた音を失って押し黙る声でもあらねばならないのです。固有名はこのような様態をもちうるものなのです。固有名は、一般名（nom commun）とはまったく別の仕方でそれが名づけるものに「張り付いた」（collant）名である。一般名は、言語体系によって照明されつつ一個の類を指示し、個体に張り付くことなく、いわば無差別性のなかで個体を包摂してしまいます。それに対して固有名のほうは、名づけられたものと近接してはいるが、名づけられたものとのあいだにいかなる論理的関係も有してはいません。それゆえ固有名は、この至近性（proximité）にもかかわらず空虚な貝殻のごときものなのです。固有名は、固有名によって喚起されるものが永続的に廃棄され、固有名によって受肉するものが脱肉化（désincarnation）することでもあるのです。口に出されることの禁止によって、固有名はこのような合間（entre-deux）に位置づけられる。つまり、テトラグラムがその綴りどおりに発音されることは決してないのです。

さて、現前と同時的なこの退去（retrait）は、祈りにおける近さでも維持されているのではないでしょうか。この発表では、カバラから借用された数々の考え方を回避してまいりましたが、(6) ここでは例外を設けることにしましょう──事をはっきりさせてくれる考え方だからです。

カバラ学者たちによると、数々の祝福の儀式を制定したイスラエルの古の博士たちの意図はつぎのようなものでした。ユダヤ教の典礼でこの祝福の表現が果たす役割は重大です。祝福は、神に〈あなた〉（Tu）と呼びかけることで始まります。ですが、二人称の人称代名詞に続くのはテトラグラムです。テトラグラムに主よと呼びかけることのない、そのような祝福は存在しません（『ベラホット』〔祝禱〕12a）。〈名〉に至るまでは二人称であった祝福の表現は、〈名〉のあとに位置する言葉のなかでは三人称と化します。〈名〉のなかで、〈あなた〉が〈彼〉（Il）となる。あたかも、〈名〉が親しい二人称の対話の廉直と同時に聖潔の絶対性にも属しているかのようです。タルムードのなかで神を指し示すために通常用いられている表現、「聖として称えられよ彼は」(Le Saint béni-soit-il) のなかにもおそらく、超越のこのような本質的な曖昧さ――謎――が維持されているのでしょう。

## 4 〈名〉とその複数の意味

現前と退去のこの謎、この曖昧さ、それはある意味では形式的な様態なのですが、そうした形式的様態はいかなる意味も、いかなる内容も受け取らないのでしょうか。現出しつつ隠遁する神――そこでは響き (*Klingen*) はすでにして消音 (*Abklingen*) であるのですが――これは否定神学にすぎないのでしょうか。そうした隠遁は肯定的にはいかなるものなのでしょうか。

私が註解しているテクストは、そのもっとも長い最後の部分でこう問うています。聖書を形づくるさまざまな書物やさまざまな逸話のなかに姿を現す数々の〈名〉はすべて聖なる〈名〉なのか、と。この問いに対する答えの部分では、「〈名〉が聖なる〈名〉である」ことを伝える逸話のいくつかが列挙されていますが、この答えをつうじて私たちが理解すること、それは、数々の〈名〉をつうじて啓示される神はさまざまな人間的情況にもとづいて意味を得るということです。神に向けて祈る者の悲惨や幸福にもとづいて、神は意味を得るのです。「永遠なる主は、主を呼ぶすべての人々の近くにいまし。」(『詩篇』145・18[7]) 祭礼、呼びかけ、――隠遁と消滅の意味を探究しながらすぐあとで見るように、そこに他の人間に対する責任が加わるのですが――、タルムードのラビたちによると、これこそが主題化における近さよりも近き近さなのです。ただ、こうした近さは、哲学者たちあるいはスピノザ主義の言うところを信じるなら、内密さ (intimité) に他ならないものとみなされてしまうでしょうが。

それにしても、その名と命令しか語らない神の退去の肯定的な意味とはいかなるものでしょうか。ここにいう退去は現出を無効ならしめるものではありません。それは単なる非-認識（non-connaissance）ではないのです。予言者の言葉（『エレミア記』22・16）によると、貧しき者や不幸な者に正しく対処すること、「それこそがわたしは知ることではないか、と永遠なる主は言われる」のです。認識不能なものの認識、超越が倫理と化すのです。私たちが註解したテクストに記された論議の最後で、セバオットという〈名〉の聖潔に異を唱える者の反論が斥けられたのもそのためです。多数性（multitudes）を意味するこの名はイスラエルの多数性を示しているのではないでしょうか。それは、人間たちと係わるものとして〈絶対者〉を名づけているのではないでしょうか。もっとも、〈律法〉は実はこのような異論とは一致していません。が、博士たちはこの点をわざと無視して論議しようとしたのでしょう。註解しておきますと、イスラエルとの係わりが〈名〉には本質的なのです。〈名〉の聖潔ならびに〈名〉によって暗示される聖潔は、「どんな客体化やどんな主題化をも超えたものとして」、責務を担った状態での人間の社会の構成をまさに意味しているのです。私の師が教えていたことですが、タルムードにおけるイスラエルの概念は、選びの特殊主義以外のどんな特殊恩寵主義とも切り離されねばなりません。ただし、ここにいう選びは義務の過剰を意味しているのであって、この点は『アモス書』（3・2）に言われているとおりです。「地上の全部族のなかからわたしが選んだのはおまえたちだけだ。それゆえ、わたしはおまえたちをすべての罪ゆえに罰する」、と。

名づけられた神の超越が主題として開陳されることはありえません。〈名〉の現出の極度の脆さもそこから帰結するのですが、そこになにがしかの救いをもたらすのが、消去することの禁止です。この点は『ソター』〔姦淫の嫌疑ある妻〕（53 a）で長々と問題になっています。証拠はないのだが夫から姦通の嫌疑をかけられた妻は、『民数記』5章によると、嫉妬にかられた夫によって神殿の祭司のもとに連れていかれ、審査を受けなければなりません（社会学者たちはそこに一種の神明裁判を認めるであろうが、よくよく考えてみると、これは祭司の姿をまとったまさに第三者（tiers）の出現によって抗争を鎮静する良いやり方である）。聖書に記された儀式によると、ある時点で祭司は女の悪を祓おうとします。「夫以外の誰かがおまえと関係をもったのであれば、永遠なる主（テトラグラムで書かれている）はおまえを呪うであろう。（……）すると女は『アーメン、アーメン』と答える。」祭司はこの呪いの言葉（そこにはテトラグラムが含まれている）を紙片に書く。そして、それを苦い水のなかで洗い消す。テトラグラムもまたこの消去のなかで消えてしまう。それはかかる消去のために書かれたものだったのですから。実に由緒ある典礼のデータを超えて、タルムードのテクストはある新しい考えを確証しています。つまり、〈名〉の消去が人間たちを和解させるのです。このような定式は今挙げた特殊な事例には尽きない価値を有しています。ここに挙げた事例は純粋に範例的なものなのです。それに呼応するようないまひとつの寓話がここにあります（『ソター』53b）。ダヴィデ王は土地を掘って、いつか自分の息子が神殿を築くことになる場所に、こんこんと湧き出る泉を見つけようとしている。祭壇への未来の献酒には欠かすことのできない泉の水を、です。水が湧き出てきたのですが、それはあまりにも激しく湧き出したので、宇宙を浸水させかねません。どうやってこの災害を食い止めればよいのでしょうか。そのとき、ダヴィデはある忠告を授かります。「夫と妻の和解を得るために、トーラーは、聖潔なものとして書かれた私の〈名〉が水のなかで消えてしまうことを教えている。〈宇宙〉の平和を得るためにはなおさらのこと、そうされるべきであろう。」

一切の主題化に対する神の〈名〉の超越は消去と化す。そしてこの消去は、他の人間に関して私を強いる命令そのものなのではないでしょうか。冒頭から私たちが省察を加えているテクストに記された数々の教訓的寓話のひとつに込められた意味もここにあるのではないかと思われます。この寓話は『創世記』のある聖句と接ぎ木されていて、タルムードでは当然そうであるように、ある実践的な問いをめぐって呈示されます。聖書に姿を現す数々の神の名はすべて聖なる名として扱われなければならないのか、それがここにいう実践的な問いです。アブラハムの話を物語るすべての聖句については、答えは特に肯定的です。アブラハムに端を発する人類は真の〈名〉を物語る、それがこの答えの明確な最初の意味です。ですが、『創世記』18・3の聖句では、アブラハムが口にする「アドナイ」という名は、彼を訪れた三人の天使のひとりに宛てられているのではないでしょうか。「アドナイ（主）よ、わたしはあなたの眼に御慈悲を見いだしました。よろしければ、どうかあなたの僕《しもべ》のもとを通りすぎないでください。」人間の姿をしているためアブラハムにとっては見知らぬ通りすがりの者とうつった天使に対してアドナイと呼びかけること、それは真に神の〈名〉を発することでしょうか。この難題から脱出するために、教訓的寓話が記されます。三人の通りすがりの者たちと同時に神がアブラハムに現れた、というのです。そしてその神に対して、アブラハムは「アドナイよ、あなたの僕《しもべ》のもとを通りすぎないでください」と言ったのです。神に対して、アブラハムは「わたしが三人の旅人を迎えるまで」と言ったのです。と申しますのも、三人の旅人は暑さと渇きに憔悴していて、そちらのほうがわれらが神たる永遠なる主よりも優先されるべきだからです。神の超越、それはその消去に他なりませんが、それは他の人々に対して私に責務を負わせる、そのような消去なのです。偉大さよりも高尚なのは謙譲です。それがアブラハム的一神教の意味なのです。さきほど私は、タルムードは聖句に接ぎ木されると申しました。が、果してそれは接ぎ木なのでしょうか。示唆された意味は、砂漠のなかで迷った匿名の通過者（un passant anonyme）に「主よ、アドナイよ」と呼びかけるという事態そのもののなかにすでに存していたのではないでしょうか。教訓的寓話は、テクストの文字に向けられる極度の留意以外の何なのでしょうか。

ただし、倫理と化した〈啓示〉は人間についてのある新たなヴィジョンを意味しています。ここでは人間の魂は、自己と宇宙を解明する主体として自己の起源であるのではないし、みずからの実存について当の実存それ自体のなかで気遣うような実存でもありません。それはどんな拘束や約束にも先立って責務を負うているのです。とはいえ、それは他者に対する数々の責務の源泉たる実践理性であるのみならず、自己忘却のなかでの責任でもあります。〈名〉を口にする資格のある者たち、言い換えますと、ただひとり〈名〉と接することのできる者たちについて私たちに語ってくれるテクスト[8]がここにあります。ここにいう名はテトラグラム以外の名、一二の文字から成る名と四二の文字から成る名のことで、これはカバラの主題なのですが、カバラについては語らないことにいたします。われらが博士たちはこう教えています。「かつて、一二文字の名がすべての司祭たちに委ねられた。けれども、良心の躊躇なき人間たちが増えるに従って、この名はもっとも慎み深くもっとも控えめな者たちに委譲されていき、この者たちは、祝福の祈りに際して、その仲間たちの荘厳な歌のなかにこの名を消滅させてしまった。」続きはこうです。「ラビ・イェフダはラヴの名において言う。四二の文字から成る名は控えめで慎み深い者たち、侮辱されてもそれを赦す者たちにしか委ねられない。」謙譲、控えめ、侮辱に対する赦し、これらは単に美徳として捉えられてはなりません。それらは存在論的な主体の観念を転覆して、放棄のなかに、消滅のなかに、全面的受動性のなかに主体性を認めるものなのです。

## 5 哲学

私にはまだ課題が残されています。啓示によって関係をもつに至りながらも絶対的なものにとどまる、そうした超越の可能性――この可能性はこれまで分析してきたような神の〈名〉をめぐる数々のテクストによって私たちに示唆されたのでしたが――、哲学的に、言い換えるなら、聖典とその釈義の権威から離れてこのような可能性を思考することができるという点を示さなければならないのです。ただ、この点についてはは大急ぎで進まざるをえません。

プラトンの『パルメニデス』の第一仮説は、〈存在〉から切り離された〈一者〉の不可能性に行き着きました。〈一者〉は「名づけられても、指し示されても、意見を述べられても、認識されても」(142a)ならない。にもかかわらず〈一者〉は、それに絶対的超越を保証する話と思考のなかで名づけられ、指し示され、認識されてしまいます。

この矛盾は西洋哲学を支配しているある公準、哲学の定義としてさえ通っているある公準に依拠しているのではないでしょうか。それは、〈絶対者〉と魂との関係を知識として、意識として、言論としてたてる公準です。知識、意識、言論はある対象やある語られたことを主題化します。ただし、自由とひとつのものでしかないような運動をつうじて、です。これは、「指向性」(intentionnalité)という古い(新しい、と言ってもよいだろうが)措辞が見事に表現していることで、それによると、ノエシス的狙いの観念は指向、言い換えるなら自由な自発性の観念を無効ならしめるには至らないのです。

潜在的なものにせよ現勢的なものにせよ、主題化によって意識は記述されるのですが、事実そうした主題化は、意識とは切り離された〈他なるもの〉との――〈絶対者〉との――関係が自由として成就される際の様態なのです。主題化、それは、受苦することのないような仕方で魂が触発されることの謂です。魂を触発するものが魂に対して現出し、「現前」〔自己紹介〕するのです。名乗ることなく潜りで魂のなかに侵入するものは何ひとつありません。魂に係わるもので真理から逃れるものは何ひとつありません。どんな非合法の侵入も自白し、記憶や〈歴史〉のなかに回収されてしまう。現在ならざるものであるような過去を思い描くことはまったくできません。存在、現出するという事態は現在のなかに起源を有しており、言い換えるなら、奇跡でもおこったかのように過去の厚みから切り離されて私の自由と共に始まるのです。この過去こそ現在を担っているかに見えるにもかかわらず、です。存在は一個の起源を有している。それはアルケーなのです。西洋哲学のなかでは、合理性は起源の探究と渾然一体をなしています。合理性は本質的に考古学（archéologie）なのです。

〈超越者〉――〈絶対者〉あるいは〈一者〉と言ってもよいでしょうが――は、魂のなかで始まることなしには魂と関係をもつことができないという点もこうして納得できるものと化します。しかし、こうして〈超越者〉はその超越を正当に根拠づけることをやめてしまいます。〈一者〉は知識に抵抗することしかできない。それも、ただ単に感性的直観に抵抗するのではなく、概念や観念や象徴など主題化のありとあらゆる形式に抵抗するのです。

もちろん、〈絶対者〉の諸様態を思考することはできません。思考がそれに適用されるときには、これらの様態は退却や隠遁にすぎないものとならざるをえません。主題化可能などんな過去をも超えた通過（un passer）であり、全面的な隔時性（diachronie）なのですが、言い換えるなら、それが意識と共に構造を形づくることはもはやないのです。それにしても、魂のなかには起源に先立つもの（pré-originaire）は何ひとつないのでしょうか。主題として自由に対して呈示されることも、現在として開花して想起に委ねられることもなく、秘密裡に魂のなかに入るものは何ひとつないのでしょうか。

起源に先立つものという抽象物を捏造しているように見えるかもしれませんが、それは、どんな拘束や約束にも先立つ責任によって具体的に私たちに与えられるものなのです。他の人々に対して私たちに責務を負わせる責任、私の自由ならざる他の数々の自由に発する行為、その幸福と不幸に対する責任によって、です。もっと簡単に申しますと、人間の友愛（fraternité humaine）によって、です。単に存在論的な諸観念の布置はここで倫理的な諸関係に一転します。タルムードにおいてそうだったように。つまり、〈絶対者〉（Absolu）の分離・絶対化（absolution）、神の消滅、それは世界の平和をもたらす責務という肯定的な事態なのです。

なんと自由に先立つ責任、指向性に先立つ責任なのです！ 魂がある結果のように受動的なものと化し、その自己性までも喪失してしまうような決定論に、私たちは行き着いたのではないでしょうか。しかし、彼らもまた主体であり自我であるような他の人々に対する責任にあっては、私は現れるというよりもむしろ「共に現れる」のですが、その際私は、まさに交換不能な同一性において私を捉え、この私に訴えかける、そうした回避不能な指名（assignation）に応えることになるのです。

いかにして、このような指名は私に達するのでしょうか。無起源的な仕方で、です。現在のなかで始まることなしに、いや、そもそも始まることなしに、です。非‐始まりのこうした情況を存在の弱さのごときもの、その未開性のごときものとして理解してはなりません。さもなければ、自我は依然として未知の諸力に隷属してはいるが、いつの日かその正体を見破り、それらの力を引き受けて思いのままに転換したり、あるいはまたそれらの力を破壊することになってしまうでしょう。自由に対する責任のこうした先行性は、〈絶対者〉の権威そのものとして理解されなければなりません。それは現前や現出や秩序や存在の尺度、その有限性には「大きすぎる」権威であって、結局のところこの権威は、存在でも非‐存在でもない、存在と非‐存在にとっての「排除された第三項」であることになります。私たちはこの第三人称を「彼性」(9)（illéité）と呼んだのでしたが、おそらく神という語もこのような第三人称を語っているのでしょう。主題化と起源に刃向かう存在の彼方であり――起源に先立つもの、それは非‐存在の彼方でもあって――、隣人を顔として私に差し向けてそれを私に課す権威なのです。

排除された第三項としての彼性は、主題化や因果関係の直行性を歪め、斜視を強いるような得体の知れない斜行性の潜在力ではありません。極度に厳密な仕方で彼性は存在から排除されているのですが、しかし彼性は、責任との関係において、責任の純粋な受動性、その純粋な「可感性」(susceptibilité) との関係において存在を任命し整序 (ordonner) します。先立つ拘束ないし約束を顧みるようなどんな問いかけにも先立ち、どんな問いや問題をもはみ出す、そうした応答の責務。そこでは、服従は命令 (ordre) に先立っているのですが、逆に、命令は服従する魂のなかにすでにこっそりと浸透していると言ってもよいでしょう。待望されることも迎えられることもない命令です。そうでないとすれば、やはり能動性に準ずるものが、引き受けがあることになりましょう。決して現在であったことのない過去から到来して「外傷を与える」命令。それというのも、私の責任は他の人々の自由に責任を負うているのですから。

語られたこと (le dit) と係わる言論に先立つ、このような責任がおそらくは言語の本質なのでしょう。もちろん、反論が提起されることでしょう。たとえ魂と〈絶対者〉とのあいだに主題化とは異質な関係がありうるとしても、まさにこのとき (en ce moment même) その関係について語り、それを思考しているという事態は、思考、言語、弁証法がこの〈関係〉を支配していることを意味しているのではないか、と。

ですが、まさにこのとき私たちが援用している言語と主題化はおそらく、主題化とは異質なこの〈関係〉によって初めて可能となったのであり、その下女のごときものでしかないのです。

（1）フランス・ラビ協会の聖書は、タミームというこの措辞が登場する聖句のひとつ（『申命記』18・13）を「あなたの神、永遠なる者と共に全面的にありつづけよ」(Reste entièrement avec l'Eternel, ton Dieu) と翻訳している。この聖句の力は、――完全性 (intégrité) の観念にきわめて近いタミームの観念の独自性に加えて――、この措辞と「共に」（イム）という前置詞との連結のうちに存している。つまり、～と共に完全であれ (sois en intégrité avec～)、という意味になるのだ。タルムード（『ペサヒーム』〔過越の祭〕113ｂ）はこの聖句を、天文学に依拠することの禁止と結びつけている。その範例的な語りに即して、おそらくタルムードはこうして、「永遠者との関係」を自分の運命の完全な、全面的な所有として捉えているのだろう。絶対的に至高な〈意志〉への服従のなかでの自由である。

（2）タルムードの言語はその思考の様相とその真理によって正当化される。その思弁的可能性は実践と結びついているのだが、そのデータの多くが神殿、祭壇、司祭などといった、思い出にすぎない観念――いや、ここでも微妙な差異を勘案すべきだろうが、思い出もしくは希望にすぎない観念を中心としてまとまっているだけに、この可能性はより顕著なものとなる。他方では寓話（アガダー）はつねに戒律をめぐる論議と連動している。それらの寓話は主題化するロゴスほど直接的にではないが、祭儀をめぐる論議（ハラハー）よりは直接的に思弁的なものを目指している。いずれにしても、哲学的思考のほうが優れているのではなかろうか。哲学的思考のうちに、端的に思考の成就を見るべきではなかろうか。そこでは、数ある思考の様態すべてが部分的な眺めのごときものとして現れるのではなかろうか。ヘーゲルの企ては成功であるのか。それとも、この企てには同化することのできない諸前提に立脚しているのか。ここでは、答えは択一でしかありえない。問いが依然としてはらんでいる良識のゆえに。

（3）〈名〉の削除ないし消去を引き起こす、その動機となるようなミスが記された紙片の全体は死体のように地面に置かれなければならない。神の〈名〉を消去し削除することの禁止は『サンヘドリン』〔法廷〕（56ａ）によって『申命記』12・3－4と結びつけられているが、その聖句は祭壇を壊し、石柱を砕き、異教の偽りの神々の思い出を消去するよう命じている。そしてこの聖句は、「あなたの神たる永遠なる者に対しては同じようにしてはならない」とつけ加えている。もちろんこれは、未来の神殿での崇拝の比類なき唯一性を勧告した聖書のテクストの後続部分と連動したつけ足しである。が、タルムードはこのうえもない自由をもって、このつけ足しをそれに先立つ部分と連動している。おそらくタルムードでは、神殿の唯一性が博物館や民話とはうまく調和しないと考えられているからであろう。また、たとえ比類ない神殿であれ、神殿がもはや〈文字〉によって住まわれていないときには、神殿はありとあらゆる風に、ありとあらゆる精神に、ありとあらゆる〈精神〉の倒錯に曝されていると考えられているからであろう。

(4) 他の意見や他のテクストによると、七つもしくは九つである。ここでは、こうした異本は勘案することはしない。ただし、ひとつどうしても指摘しておかなければならないことがある。つまりタルムードでは、異なる意見はつねに視点の相違ないし存在における様相の相違を秘めているのだ。厳密なタルムードの学習がこうした相違を無視しえないのもそのためである。様相の多様性は還元不能でかつ開かれたものであって、思考は永遠に論議である。論争(polémique)という語のもっとも高尚な意味において、言い換えるなら、真理への愛と本質的に結びついたものという意味で、思考は論争なのである。人類それ自体が多様なものであるのもそのためであるが、トーラーによって接近可能な現実の様相のひとつひとつが顕現するためには、他の運命には還元不能な一個の精神的で人格的な運命の介入が要請されるのである。だから真理は永遠のものであると同時に歴史的なものでもあるのだ。

(5) 『キドゥシン』〔婚約、結婚〕71aを参照。

(6) カバラという一個の手法の痕跡や源泉も当然のことながらタルムードのうちに見いだされるのだが、しかしタルムードはカバラから明確に区別される。カバラでは、名は、接近不能でかつ主題化不能な神の現出の客観的界域のごときもの——とは言わないまでも、主観的ならざる界域のごときものを形づくっている。他とは切り離された思弁を規定するような、いわば名の世界が実在するのだ。かかる名の世界にあっては、数々の名と文字は固有の次元と秩序を思考に呈示する。私にはそこにあなたがたを導いていく能力はない。それに対してタルムードでは、神の名は、祈りに際してそれを口にする者たちの情況から意味を受け取る。後論を参照されたい。

(7) 数々の聖なる〈名〉が登場するテクストのなかには『雅歌』(Cantique des cantiques)も含まれている。雅歌をソロモン王の作とした最初の聖句〔ソロモンの雅歌。／どうかあの方が、その口のくちづけをもって／わたしにくちづけしてくださるように。〕はヘブライ語では、これほど卑近な意味を有したものとしてではなく読むことのできる聖句である。つまり、そこには「歌のなかの歌(Cantique des cantiques)が、平和の源であるそのようなお方に向けて歌われる」と書かれているのだ。とすると、歌のなかの歌は神に対して歌われたことになる。このエロス的な歌の神秘的解釈を「正当化」する読解であろう。ソロモンの名は平和の〈君〉を喚起するものだから、それゆえソロモンの名を消去することは禁じられるのだ。けれども、正当なものとは認められない聖句もある。「わたしのものたる葡萄畑はそこにある。ソロモン様には銀一千枚。果実を護る番人たちには銀二百枚」、これがその聖句である。ソロモンに属する銀一千枚は聖典を学ぶ一千の人々を象徴しており、「果実を護る番人たちのための銀二百枚」は二百人の戦士を示している。ひとりの兵士につき五人の知識人がいるのだ！ 比率は悪しきもので、聖句は世俗的である。この場合は、ソロモンの名は必要とあれば削除し消去してもよいものなのである！

(8) 『キドゥシン』71 a。

(9) 拙著『フッサール、ハイデガーと共に実存を発見しつつ』(*En découvrant l'existence avec Husserl et Heidegger*, Vrin, 1967)、一九九頁。

# 9　ユダヤ教の伝承における啓示

## 一　内容とその構造

### 1　問　題

私が思いますに、ここでの一連の講演で私たちの関心を引いているのは、啓示に付与された内容であるよりもむしろ、〈啓示〉と呼ばれる――形而上学的な――事態のほうであり、この形而上学的な事態はまた、一切の啓示において最初に啓示される主要な内容でもあります。まずもって突飛で異‐常なものと称される関係でありましょう。私たちが住んでいる世界を、もはやこの世界には属していないものに結びつける関係なのですから。いかにしてこのような関係は思考可能なものとなるのでしょうか。いかなるモデルに即して、でしょうか。整合性と恒常性を有したものとして知覚や享受や思考に開かれた肯定的な世界、反映や比喩や徴しをつうじて読解や学問に与えられるこの世界のうちに、いくつかの書物の開けによって突如として、余所から――余所からと言いましたがどこからでしょう――訪れる真理が侵入するのです。ここにいう真理はいわゆる〈聖史〉の「年代」に即した日付を有する真理でもあります。ただし、ユダヤ人たちが問題である場合には、ここにいう〈聖史〉は、「歴史家にとっての〈歴史〉」、世俗的な〈歴史〉が切れ目なく準拠している、そのような〈聖史〉のことなのです！　キリスト教的西洋の〈聖史〉はその大部分が、今日のある民族の古き歴史であり、この民族は、諸国民のうちに離散しているにもかかわらず——あるいは諸国民に統合されたにもかかわらず、いまだに謎にみちた統一性を堅持しているのですが、これこそがおそらくはイスラエルならびに〈啓示〉に対するイスラエルの関係の独自性なのでしょう。イスラエルによる聖書の読解の、あるいはまたその忘却の独自性であり、忘却にもかかわらずイスラエルに残された数々の思い出の、悔恨の独自性なのでしょう。それが堕落であるか昇華であるかはともかく、〈啓示〉のこのような「遥かな昔」(profond jadis) を脅かす、神話への変貌に対抗しているのは、ユダヤ教、この人間の共同体の驚くべきアクチュアリティーです。たとえいかに少数であるとしても、恒常的に迫害に蝕まれているとしても、居心地よさや数々の誘惑や背教によって弱体化されたとしても、この共同体は、その非宗教性においてさえ、その政治を、聖書から引き出された真理と権利によって基礎づけることができるのです。実際、〈聖史〉の数章は、ある〈受難〉を、イスラエルの〈受難〉を形づくる数々の試練によって世俗的〈歴史〉のなかで再生産されたのでした。長きにわたって、聖典の物語とメッセージを忘れ、もはやそれを学ぶこともない多くのユダヤ人たちにとっては、授けられた〈啓示〉の徴し——そしてまた胸躍る〈啓示〉の微かな呼びかけ——は、聖書の正典の完成や、タルムード（タルムードは、キリスト教徒にもユダヤ教徒にも共通な旧約とは区別されたいまひとつの〈啓示〉である）の編纂の遥か後に経験された数々の出来事の外傷に還元されています。多くのユダヤ人にとっては、〈聖史〉とそれがもたらす〈啓示〉は薪の山やガス室の思い出に、そしてまた、国際的会議で公然とつきつけられた侮辱、移住の禁止令のなかで耳にされた侮辱に還元されているのです。迫害が、身をもって生きられた〈啓示〉の形をまとっているのです！

「定礎的な出来事」（événements fondateurs）でありましょう。この言葉については、ポール・リクールがエミール・ファッケンハイムの表現を借りて語っていましたが、これらの出来事は、ユダヤ人にとっての生命空間でありつづけている聖書とは係わりのないものでしょうか。準拠は読解として具体化され、読解は住むためのひとつの仕方なのではないでしょうか。書物の厚みがなんと生命空間としてあるのです！この意味においてもまた、イスラエルは〈書物〉の民であり、イスラエルと〈啓示〉との関係は類を見ないものなのです。イスラエルの土地さえが〈啓示〉に依拠しているのですから。土地に対してイスラエルが覚える郷愁は数々のテクストによって培われる。超越の逆説がそれほど突飛なものではないような、世界への現存がここにはまちがいなくあるのです。

共同体にしろ個人にしろ、今日の多くのユダヤ人にとっても、〈啓示〉は、聖書の物語の自明の意味が言わんとしているような〈天〉と〈地〉とのある交流の図式に即したものでありつづけています。この図式は数々の卓越した精神の持ち主たちによって承認されています。彼らは、シナイ山での〈公現〉や予言者たちに呼びかける神の〈言葉〉の文字どおりの表現のうちに、そしてまた、先の図式を証示するある驚異的な〈歴史〉の途絶えることなき伝承への信頼のうちに、こんこんと湧き出る水を見いだすことで、今日の宗教的危機の砂漠を乗り切ったのでした。個人にしろ共同体にしろ正統派は、時に産業社会の熱病に職業上参画するとはいえ、近代性の懐疑には耳を貸そうとせず、その点で単純な形而上学を有しているのですが、しかし彼らは神の近さのこのうえもなく高度な美徳とこのうえもなく不可思議な秘密に精神的には開かれたままです。このようにして、人々と共同体は、文字どおりの意味で〈歴史〉の外に生きているのであり、彼らにとっては、出来事が生じることも過ぎ去ることもないのです。とはいえ、数々の勝利と危機をはらんだ西洋の知的運命をもはや借り着とはみなすことのない近代のユダヤ人たち――彼らは多数派なのですが――にとっては、〈啓示〉の問題は執拗に提起されるもので、それは新たな図式を要求しています。「内面性」を有しているにもかかわらず世界と釣り合った、理性と称される人間の精神、そのような精神に打撃を加える、啓示された真理と徴しに固有な「外部性」をどのように理解すればよいのでしょうか。世界に属してはいないにもかかわらず、これらの真理と徴しはいかにして理性に打撃を加えるのでしょうか。

実際、痛切な仕方で私たちにつきつけられる問いでありましょう。私たち、と言いましたが、それは、今日の人間たちのうちにあって、啓示された真理と徴しを依然として感受しつづける一方で、近代人たるがゆえに、形而上学の終焉によって、精神分析や社会学や経済学の勝利によって多少なりとも混乱させられた、そのような任意の者の謂ですが、言語学からシニフィエなき諸記号の意味を学んだこの者は、これらの知的な繁栄――もしくは暗部――を前にして、しばしば自分は死んだ神の壮麗な葬儀に参列しているのではないかと考えてしまうのです。このように、〈啓示〉の存在論的位格ないし体制は第一義的にユダヤ思想を動揺させるものであり、その問題はこの〈啓示〉の内容のいかなる提示にも先立っているのです。

## 2　ある啓示の構造――釈義への呼びかけ

そうなのですが、私たちとしては、〈啓示〉の内容がユダヤ教のなかで呈する構造についての論述にこの第一部をあてるつもりです。ただ、この構造のいくつかの曲線は、メッセージの超越がそこで聴取されうるような意味をあらかじめ示唆するものでありましょう。この種の論述もやはり有用なものではないかと私は思うのですが、それというのも、ユダヤ人たちに対して現れるような〈啓示〉の諸形態は大方の人にはあまりよく知られてはいないからです。リクール氏は、ユダヤ教とキリスト教に共通な旧約の組成を見事に論じました。ですから、予言の書、歴史的事件の叙述、法規的テクスト、教訓の書、頌歌、神への感謝など聖書に含まれた多様な文学的ジャンルに立ち戻る必要はもうないでしょう。これらひとつひとつのジャンルが啓示的な機能と力能を有しているのです。

しかしながら、聖書のユダヤ教的読解にとってはおそらく、このような区別は、先に私たちに提示された輝かしい分類においてほどはっきりとは確立されるものではありません。法規的な教え――それは特に『モーセ五書』、すなわちトーラー、「モーセのトーラー」ですね、そこに記されているのですが、神との関係に関しては、これらの教えがユダヤ意識にとっては特権を有しているのです。法規的な教えはすべてのテクストに要求されます。詩篇は人物や出来事を暗示的に描いていますが、法規をも暗示的に描いています。なかでも『詩篇』119・19は、「地の異邦人であるわたし、わたしにあなたの戒めを隠さないでください」と言っています。教訓の書も予言的であると共に法規的です。つまり、さまざまな「ジャンル」のあいだを、数々の暗示と一目瞭然の指示とが多様な方向で循環しているのです。

もうひとつ指摘しておきましょう。至るところで、自明の意味の彼方へ赴こうとする探究が課せられるのです。言うまでもないでしょうが、自明の意味は自明のものとして、その水準では全面的に有効なものとして認知され承認されています。ですが、この種の意味はおそらく、旧約の数々の翻訳がそう思わせるほど簡単には確立されるものではありません。いかにそれらが敬うべき翻訳であれ、翻訳からヘブライ語のテクストへと回帰するなら、ヘブライ語の構文によって許容されるような不可思議な曖昧さや多義性が明かされることになります。ただちに相互に連繫したり位階をなしたりする代わりに、そこでは語は併存しているのですが、これは進化した機能的言語において顕著な事態とは正反対の事態です。ヘブライ語のテクストへの回帰は、聖句の究極の意図についての決定を、確実に、しかも正当な仕方でより困難なものたらしめます。ましてや、旧約という書物の究極の意図については言わずもがなでしょう。事実、自明の意味と解読すべき意味との区別、逃れ去ったこの意味ならびにそれが内包するよりも深遠なある意味の探究、そうしたことすべてが聖典についてのユダヤ教特有の読解の節目をなしているのです。宗教的読解によって読解された場合、〈啓示〉の相のもとに読解された場合、当初は思いもかけなかった読解可能なものを内包した一個の世界全体へと開かれていないような聖句や旧約の語はひとつとしてありません。「ラビ・アキバは聖なるテクストの文字の装飾まで解釈した」、とタルムードは言っています。こうした筆耕たち、文字の奴隷と呼ばれるこうした博士たちは、あたかも文字が〈精神〉の折り畳まれた羽であるかのように、〈精神〉の飛翔が一望しうるありとあらゆる領野を文字から引き剝がす。文字が担っていた意味の全体がこうして文字から引き剝がされ、文字はこの意味へと目覚めていくのです。「一度神はそう言ったが、二度わたしは聞いた」――『詩篇』62・12の聖句のこの一片は、無数の意味が神の〈言葉〉に宿っていることを公言しているのです。少なくとも、すでにこの多様性の名において聖句を発掘するラビの言うことを信じるならそうなのですが、このラビに発掘の権利を教えてくれたのも当の聖句なのです！　旧約のこのような釈義はミドラッシュと呼ばれています。探究であり、問いかけなのです。ミドラッシュという探究は、文法的探究が謎の判読に加担するよりも遥か以前から機能しています。いかに歓待されようとも、文法的探究は遅れてやってくるのであり、しかも、これらの謎は文法的様相とはまったく異質な様相で聖典の印字のなかに幽閉されているのです。

　旧約のテクストにおける文体の多様性やそこにはらまれた矛盾も、この覚醒した留意の眼を逃れることはありませんでした。そうした多様性や矛盾も、読解の鋭さの尺度となるような意味の新たな深化、その刷新のための口実となるのです。これが聖典の厚みです。〈啓示〉はまた神秘（mystère）と言ってもよいものです。ただし、明晰さを一掃する神秘ではなく、明晰さをより大きな強度へと導くような神秘なのですが。(1)

ところで、探究と判読への、ミドラッシュへのこのような誘い、それはすでにして〈啓示〉への、聖典への読者の参画であります。読者もまたそれなりの仕方で筆耕なのです。このことは、〈啓示〉の「位格」とでも呼びうるものについての最初の指示を私たちに与えてくれます。〈啓示〉とは余所から、外部から到来した言葉であると共に、それを迎える者のなかに宿った言葉なのです。人間という存在は、聴取者であるより以上に、外部性がそこで現出するに至るような比類ない「場」なのではないでしょうか。人格的なもの、つまり比類ない「みずから」（de soi）は、外部から作用する穿孔と現出には不可欠なものではないでしょうか。実体的同一性の破産としての人間的なものは「それ自体で」（de soi）、外部から到来するメッセージが「自由な理性」と抵触することなく、「主観的印象」の偶然性には還元不能な相貌をそこでまとうための可能性であるのではないでしょうか。自我のうちなる唯一なものへと呼びかける限りでの〈啓示〉、これこそが〈啓示〉における意味することに固有な意味性です。まったく、人格の多様性——それが人格的なものの意味ではないでしょうか——が「絶対的真理」の充溢の条件であるかのようです。ひとりひとりの人格がその唯一性によって真理のある唯一な様相を啓示に保証するかのようです。いくたりかの人格が人類のなかに欠けていると、真理の相貌のいくつかが決して啓示されないかのようです。真理は〈歴史〉のなかで匿名のものとして形成され、そこに自分を「支える者たち」を見いだす、と言いたいのではまったくありません！　それとは逆に、真実の全体は多様な人格の寄与から形づくられるという点を示唆しておきたいのです。どんな聴取も唯一無二のものであって、それがテクストの秘密を支えている。

〈啓示〉の声、まさにひとりひとりの耳によって屈折したこの声が真理の〈全体〉にとっては不可欠なのです。神の声が多様な仕方で聴取されうるものであるということ、それは、〈啓示〉がそれを聴取する者たちの尺度に自分を合わせるということを意味しているだけではありません。それはまた、聴取する者たちの尺度のほうが〈啓示〉を測るという意味でもあるのです。除去不能な人格の多様性が意味のさまざまな次元には必要です。多様な意味、それは多様な人格なのです。こうして余すところなく明かされるのは、釈義、それも釈義の自由と〈啓示〉との係わりの射程、聴取される〈言葉〉への聴取する者の参画だけではありません。〈言葉〉がいくつもの時を貫いて、多様な時間に即して同じ真理を聴取させる、その可能性もまたこうして明かされるのです。

幕屋の聖櫃の製造を規定した『出エジプト記』(25・15)の一節は、棒が聖櫃の運搬に役立つものであることを予見しています。「棒は聖櫃の環に通したままにし、抜いてはならない。」聖櫃が担う〈律法〉はつねに動く準備ができている。空間と時間の一点に結びついているのではなく、いついかなる瞬間にも移動の準備ができているのですが、有名なタルムードの譬え話もまたこの点を伝えています。ラビ・アキバの時代にモーセがこの世に戻ってきたというのです。モーセはこのタルムード博士の学校にもぐり込みましたが、先生の教えをまったく理解できませんでした。ところが、天の声がモーセに教えたところによると、これほど理解できない教えもやはりモーセ自身に由来する教え、「シナイ山でモーセに」授けられた教えだったのです。読者や聴衆や生徒たちが〈啓示〉の開かれた業に貢献すること、このような貢献は〈啓示〉にとってあまりにも本質的な事態ですから、最近読みました、一八世紀末のラビ博士の実に見事な本ではこう語られているほどです。初学者が学校の先生にするどんなに些細な質問も、シナイ山で聴取された〈啓示〉の欠くべからざる節目をなしているのだ、と。

しかしながら、歴史的に唯一な人格へのこのような呼びかけ、ひいては〈啓示〉による〈歴史〉へのこの要請そのものの本義はいかなるものでしょうか（一切の神智的な「叡知」の埒外で、〈啓示〉は一個の人格としての神を意味している。他の複数の人格に訴える限りにおいて、神は他のいかなる特徴にも先立って人格的であるのではなかろうか）。人格の多様性へのこのような呼びかけはいかなる点で、主観主義の恣意性に抗して確証されるのでしょうか。ただおそらく、若干の本質的な理由ゆえに、真理は侮蔑的な意味での主観主義のリスクをなんらかの仕方で犯さねばならないのでしょうが……。

以上のことは、ユダヤの精神性では〈啓示〉は主観的幻想の主観性に委ねられるという意味ではまったくありません。〈啓示〉は権威なきものであろうとしているのではないし、しっかりとした特徴を有していないわけでもありません。そもそも幻想は主観的なものの本質ではありません。たとえそれが主観的なものの副産物であるとしても、です。教会の教導権に頼ることなしに、〈啓示〉の「主観的」解釈は、その地理的離散にもかかわらず民族の統一性の意識を維持することができたのでした。しかし、それだけではありません。〈書物〉の読解にもたらされた人格的独自性と、愛好家たち（あるいは、いかさま師たち）の幻想の単なる戯れとの弁別を可能にするもの、それは、主観的なものが読解の歴史的連続性に必然的に準拠していることであり、また数々の註解の伝承なのです。霊感はテクストから直接到来するという口実を設けて、こうした註解の伝承を無視することはできないのです。その名に値する「刷新」は準拠すべき数々の典拠を回避することができません。いわゆる口伝の〈律法〉を回避することができないのと同様に。

## 3　口伝律法と成文律法

口伝〈律法〉に言及しましたが、ここから私たちは、ユダヤ教による〈啓示〉のいまひとつの本質的特徴へと導かれます。すなわち、タルムードに書き留められた口伝の伝承の役割です。タルムードは、ラビ博士たちの論議の形式をとっています。これらの論議は、紀元前一世紀から紀元六世紀までのあいだに交わされたのでした。歴史家たちの見方では、これらの論議はより古い伝承を継続したもので、そこには、ユダヤの精神性の中心が〈神殿〉から学びの館へと、崇拝から学習へと移行したその過程の全体が反映されているのです。これらの論議や教えは主に、〈啓示〉の法規的側面と係わっています。つまり、典礼やモラルや権利と係わっているのですが、それはまた、譬え話の形をまとって、宗教や哲学といった、人間たちの精神的世界の全体とそれなりの仕方で係わってもいます。全体は法規に関するものを中心に織り成されています。ユダヤ教の外で、あるいはまた脱ユダヤ教化されたユダヤ性のなかで法規的なものについて抱かれているイメージ――そこでは法規的なものは遵守すべき規則の狭量さや「律法の軛」に還元されている――は、正しいイメージではありません。

それに、しばしばそう考えられているのとは逆に、口伝〈律法〉は聖典の註解に還元されるものではありません。この次元で口伝〈律法〉に卓越した役割が帰されるとしても、です。宗教的には口伝〈律法〉はシナイ〈啓示〉という固有の源泉に遡上するものとして考えられます。だからこそ、成文〈律法〉とは別個に、少なくともそれと同等の権威を有する口伝〈律法〉が存在するのです。(2) この権威は他ならぬタルムードが自分のものと主張する権威であって、その点は宗教的伝承の認めるところであると共に、マイモニデスをも含む中世の哲学者たちによって確証されました。ユダヤ人たちにとっては、タルムードは旧約を補完するひとつの〈啓示〉なのです。この〈啓示〉は、書かれたテクストには欠如している、あるいはそこでは黙殺されている諸原理を言明し、そのような数々の情報を提供することができます。タンナと呼ばれるタルムードのもっとも初期の博士たち――その世代は紀元二世紀末まで続いたのですが――は、絶対的な威厳をもって語ったのでした。

もちろん、タルムードの教えはあくまで旧約と不可分です。タルムードは旧約の解釈を方向づけるものです。字義に即してテクストを探査する読解については先に語りましたが、聖書の原本のヘブライ語と驚くほど適合するこの読解、それこそがタルムード的な手法なのです。トーラーの法規的部分の全体がラビ博士たちによって「練り直され」、一方、叙述的な部分全体もある独特な仕方で増幅され光をあてられます。その結果、タルムードは、聖書のユダヤ的読解と、そのキリスト教的読解や、あるいはまた歴史家たちや哲学者たちによる「科学的」読解との区別を可能にするものとなります。ユダヤ教、それはなるほど旧約ではありますが、タルムードを介した旧約なのです。

深く考えもしないで「字義どおりの」などと呼ばれているこの種の読解、それを導いている精神はおそらく、実際にはひとつひとつの特殊なテクストを〈全体〉の文脈のなかに維持することを本義としています。言葉だけのもの、文字に係わるものと見える数々の類比は実は、ある聖句を他の数々の聖句との「和音」のなかで響かせようとする努力なのです。それはまた、精神化や内面化という私たちの嗜好に合わせてしか語らない諸説と、もっと手ごわいテクストとの接触を維持し、このテクストからその真実なる真理を引き剝がそうとすることでもある。が、それはまた、峻厳なものと見えかねない話を敷衍することで、過酷な現実と高潔な跳躍とを接近させることでもあるのです。旧約の語りは、吃音なきレトリックに大変な不信感を抱いていますから、その主たる予言者にしてからが「不器用な口と重い舌」をもつほどです。この欠陥のうちにはおそらく、能力の限界とは別の何かが存しているのでしょう。世界の重量、人間たちの惰性、難聴に陥った聴取を失念することなきケリュグマ〔音信の宣布〕の意識が存在するのです。

釈義の自由は必ずやタルムードのこの学派と結びついています。伝承は歴史を介して伝承の帰結を課すのではなく、伝承が運んでいるものとの接触を命じます。これは教導権でしょうか。伝承とはおそらく、数々のテクストに統一性を付与する数千年にわたるある営みの表現なのでしょう。歴史家たちの言うように、これらのテクストの源泉（origine）がいかにばらばらであったとしても、です。合流（confluence）の奇跡、この種の奇跡はこれらのテクストに授けられる共通の源泉という奇跡にも匹敵するもので、それがいま申し上げた営みの奇跡なのです。テクストは伝承の増幅の上に張られている。弦がバイオリンの木の上に張られているように、です。このように聖典は、文法学者たちにとっての教材、全面的に文献学に従属したこの教材とはまったく異なる存在様相を有しています。ひとつひとつの文書の物語がそこに内包された教訓ほどには重要性をもたず、しかも、その文書の霊感がそれによって霊感を吹き込まれるであろうものによって測られる、そのような存在様相です。以上が聖典の「存在論」の若干の特徴であります。

タルムードに文書として書き留められた口伝〈律法〉、と私は申し上げました。つまり、口伝〈律法〉それ自体が筆記されたのです。ですが、この成文化はかなり後になって生じました。ユダヤ教の本性やその音信固有の様態とは無関係な、ユダヤの〈歴史〉の偶発的で悲劇的な情勢が、そうした遅れの原因でありましょう。しかしながら、たとえ筆記されたとしても、口伝〈律法〉はその様式・文体のなかに口頭の教えとの係わりを堅持しています。師は弟子たちに向けて語ることで先導し、弟子たちは問いを発しつつ聴講するのです。筆記されつつも、口伝〈律法〉は、表明された数々の意見を多様なものとして再生するのですが、その際、それらの意見をもたらしたり註解したりしたひとの名を挙げることに極度の注意が払われます。それは、見解の多様性と博士同士の齟齬を書き留めるのです。タルムードの全体を貫いている、ヒレル学派とシャンマイ学派との大いなる齟齬（紀元前一世紀に生じた齟齬）は、「天の栄光のための」論議ないし齟齬と呼ばれています。一致を見いだしたいと大いに心を砕いているにもかかわらず、タルムードは、ヒレル‐シャンマイの齟齬ならびに、そこから派生して博士たちの後の諸世代を貫いた思想の潮流の不一致に、周知の表現、つまり「一方も他方も生きた神の言葉である」をたえず与えつづけました。読者たちに開かれた論議ないし弁証法でありますが、読者が読者の名に値するのは、読者がその身をかけてこの論議に、弁証法に参画する場合だけなのです。その結果、タルムードのテクストはその植字術に至るまで、数々の註解を、さらにはこの註解についての註解と論議を伴っているのです。頁に永続的に段が積み重ねられていくのですが、あくまで「口頭のもの」でありつづけるこのテクストの生命が、あるいは弱められ、あるいは強化されてそこで継続されていくのです。啓示された言葉を聴取するという宗教的行為はこうして、実に大胆な仕方で問題をたてつつ、開かれたものであることを求められた論議と一体化することになる。それも、しばしば、メシアの時代が結論の時代と称されるほどなのです。だからといって、論議が阻止されるわけではない。なんとこの結論の時代に至ってもそうなのです！『ベラホット』のある箇所（64ａ）ではこう言われています。「ラヴ・ヒヤ・バール・アシはラヴの名において言う。博士たちはこの世界でも別の世界でも平安を得ることがない。なぜなら、（『詩篇』84・8には）『彼らはいよいよ力を増して進み／ついに、シオンで神にまみえるでしょう』と書かれているからだ。」漸増しつづける力を伴ったこの動きはラヴ・ヒヤによって、有無を言わさぬ権威をもって〈律法〉博士たちのものとされます。一二世紀はフランスのラビ、ラシの解説は、近代的な読者をも含めて、タルムードの海を渡る一切の読者の導きとなるものなのですが、ラシは註解を加えつつこう付け足しています。「彼らは学びの家から学びの家へと、問いから問いへと進んでいるのだ」、と。〈言葉〉――書かれたものにせよ口頭のものにせよ――の永続的な解釈学です。それは数々の新たな光景を、相互に嵌入し合った問題や真理を発見していくのですが、〈啓示〉は単に叡知の源泉、解放と高揚の道として現れるのみならず、こうした営みの糧として、認識することに固有な享楽の対象としても現れます。マイモニデスは一二世紀にあって、アリストテレスが『ニコマコス倫理学』第一〇書で純粋な諸本質の観照に与えたのと同じ快楽と幸福を〈啓示〉の解釈学に結びつけることができたほどなのです。

二つ折り判と巻物を延長するものとしてみずからの大地を捉えるこの「書物の民」、イスラエルはまた別の意味でも〈書物〉の民であります。書物によって、イスラエルはほとんど肉体的な意味で養われているのです。『エゼキエル書』3章で、巻物を呑み込む予言書のように、です。天の食物の奇妙な消化でありましょう！　すでに申しましたように、このことは教導権という考えを排除します。〈啓示〉が聖典に残した多様な、そして時にはばらばらの痕跡を統一性へと帰着させる、そのような教義の形をまとった閉鎖的な定式は、ユダヤ教には存在しないのです。読解ならびに聖句に付与された意味の刷新をも、依然として古い形式や、さらにはかつての香りを維持した古き革袋に注がれる新たな葡萄酒のごときものとみなす方法に即して、信仰がテクストの読解を集約し、それを方向づけることなどまったくないのです。信仰箇条の定式化はユダヤ教にあっては、遅まきな哲学的、神学的ジャンルです。それが現れたのは中世に至ってからのことでしかありません。言い換えるなら、すでに秩序づけられた宗教の営みが二千年にわたって続けられてきた後のことでしかないのです（二千年にわたって、と言ったが、これは歴史的批判の見解である。歴史的批判は、神秘のなかに根ざしたテクストの系譜を遥かに探究する一方で、テクストの精神化をつねに一新していく）。ユダヤ教の信仰の最初の定式化——その本質をなす点の数については異同があるが——と、紀元前八世紀に位置づけられる予言的音信の開花（モーセ五書に見られるモーセの思想の多くの要素が起草された時期である）とのあいだには、すでに二千年の時が介在しています。が、聖書の規範のいわば結語がこのように定式化されてから、タルムードの教えが数世紀かけて書き留められるまでには、二千年以上の時が流れているのです。

## 4　ハラハーとアガダー

信仰をめぐるいかなる教条主義も〈啓示〉を要約するものではないのですが、ユダヤ人にとっては、啓示の統一性はそれとは別の形式のうちに具体的に表現されます。事実、ユダヤ教に特徴的な書かれた〈啓示〉と口頭の〈啓示〉との区別は、すでに示唆しておいたことですが、いまひとつの区別と重なり合っています。一方には、素行に係わると共に実践的法律を定式化したテクストと教え――ハラハーがある。それは真の意味でのトーラーであって、そこには、リクール氏が法規的（prescriptif）と形容したものが認められます。その一方には、譬え話や寓話や聖書の物語の敷衍の形をまとった、説諭を起源としたテクストと教えがあって、伝承の神学‐哲学的部分を表したこれらのテクストと教えはアガダーという概念のもとに統合されています。前者は、書かれたものにせよ口頭のものにせよ、ユダヤ教の〈啓示〉にそれ固有の相貌を与えると共に、正統的実践（orthopraxie）として、離散と〈歴史〉を貫くユダヤ民族の総体の統一性を維持してきました。ユダヤ教の啓示はまずもって戒律であり、憐れみはそこでは服従なのです。けれども、ここにいう服従は、実践的裁定を受け入れつつも、そうした裁定を固定すべく定められた弁証法を停止させることはありません。この弁証法は継続され、開かれた論議という様式のなかでそれ自体で有効性を維持するのです。

口伝〈律法〉と成文〈律法〉との区別が一方にはあり、他方にはアガダーとハラハーの区別がある。それが、ユダヤ教の〈啓示〉の四方点のごときものを成しているのです。くり返しておきますが、ハラハーの動因はあくまで論議の状態でありつづけます。ハラハーは論議の状態で維持されるのですが、と申しますのも、そこでの思考の秩序全体が現前し、生命を得るのは、行動の規則をめぐる論議をとおしてのことだからです。服従と服従が伴う決疑論にもとづいて、知性的なものへの接近がなされるのです。実に意義深い事態ではないでしょうか。法規的なものから帰結した思考が、一方では、どんな行動をなすべきか、ハラハーとはいかなるものなのかをまったき弁証法をつうじて言明しつつも、他方では、果たすべき具体的な所作をめぐる問題の彼方に赴くのですから。したがって、決定はここでは厳密な意味では結論ではありません。この種の思考はいかなる仕方でも論議を廃棄することはできず、論議なしには不可能であったのですが、その一方では、あたかもこの種の思考がそれ固有の伝承に依拠していたかのようではありませんか。「タルムードの海」のまさに波瀾に他ならない弁証法の二律背反は、数々の「決定」と「裁定」を伴っています。タルムードの終結後すぐさま、具体的なハラハーを定めようとする「判定者」(décision-naire)が登場することになります。数世紀に及ぶ仕事で、それは『シュルハン・アルーフ』(『整えられた食卓』)〔一六世紀初頭にヨセフ・カロによってまとめられた法規集〕と題された規範の決定版に行き着くのですが、そこでは、微に入り細をうがった仕方で信者の生活が規定されています。

ユダヤ教の啓示は法規(ミツヴァ)に依拠しているのですが、その厳密な成就は聖パウロの眼には〈律法〉の軛とうつったのでした。いずれにしましても、ユダヤ教の統一性が生じるのは〈律法〉によってです。ただし、ここにいう〈律法〉は奴隷に押された焼き印のごときものとして感じ取られるものではまったくありませんし、ユダヤ教の統一性にしても、宗教的次元ではそれはなんらかの教義の統一性とは明確に区別されています。とは言わないまでも、ユダヤ教の統一性が教義の一切の定式化の根であることは明らかです。ラシによるラビ的註解は『モーセ五書』の「ユダヤ版」の端緒をなすものですが、この註解の最初の部分には〈創造〉の物語によって引き起こされた驚きが記されています。なぜ〈創造〉の物語が最初にあるのだろうか。法規的規定は『出エジプト記』12・2の聖句、「この月をあなたがたの正月としなさい」をもって始まるというのに。そこでこの註解者は、〈創造〉の物語の宗教的価値を説明しようと努めたのでした。ユダヤ民族の統一性をなしているのは実践です。現代のユダヤ教でも、この意味での統一性は、ユダヤ民族の古さの意識ゆえに依然として活発な状態にあり、敬うべきものでありつづけています。厳密な意味での〈律法〉がほとんど遵守されていないとしても、です。ですから、つぎのように言ったとしても、まったく誤りというわけではないでしょう。実践から切り離されたユダヤ人たちがそれでもなお自分はユダヤの命運と連帯していると感じるとき、彼らは知らず知らずのうちに、かつては全員が遵守していた〈律法〉に由来するこの統一性によって培われているのだ、と。最後に、宗教的価値の面では、戒律の学習、トーラーの学習、言い換えるならラビ的弁証法の学習が戒律の実行に匹敵するものであることも、ここで指摘しておくべきでしょう。さながら、このような学習をつうじて、人間が神の意志そのものと神秘的な仕方で接触するかのようなのです。法規的規定の実践のなかでももっとも高尚な行為、すべての法規的規定に値するような法規的規定のそのまた法規的規定、それは（書かれたものにせよ口頭のものにせよ）〈律法〉の学習に他ならないのです。

以上にお話ししてきたようなハラハー的なテクストは〈律法〉の数々の法規的規定を集めたものでした。そこでは、厳密な意味で倫理的な諸法が典礼に関する諸規定と併置されていて、それゆえ、ユダヤ教はただちに倫理的一神教として位置づけられることになるのですが、そうしたハラハー的なテクストとは別に、アガダーと呼ばれる譬え話や寓話がユダヤ教の形而上学と哲学的人間学を形づくっています。タルムードのなかでは、アガダーはハラハーと交互に登場します。アガダーにはまた、さまざまな年代に書かれたさまざまな性格の文書の特別な集成が収められてもいます。年代や性格の散らばりにもかかわらず、それらは同じ秩序に属する叡知のごときものをなしていて、ハラハーによって統合されたユダヤ教は、歴史的展望をまったく意に介することなく、これらの集成にもとづいて営まれてきたのでした。幾世紀にもわたってユダヤ教はその宗教的完全性を維持しつつ統一的なものとして営まれたのでしたが、その基となるような思考の体系を認識するためには（ユダヤ教の歴史的形成を認識するためではない）、さまざまな時代に書かれたこれらのテクストを同時的なものとみなさなければなりません。ユダヤ人であるか否かはともかく、歴史家たちや批評家たちの明晰な仕事は、ユダヤ的な〈啓示〉あるいは民族的精髄の奇跡を、及ぼされた影響の多様性に帰着させることができたのでしたが、しかしそれは、追放以後の二千年にわたってユダヤ教に対して頻繁に警鐘を鳴らしてきた危機的な時期にあってはその精神的意味を失ってしまいます。先に私たちが合流の奇跡と呼んだものは、ただちにそれと見分けられるような声を得て、さながらその声を待望していたかのようにそれを聴取する感受性と思考のなかにこだましていくのです。

## 5　内容と〈啓示〉

しかしながら、これまで私たちはユダヤ教に即した〈啓示〉の形式と構造について語るだけで、その内容についてはまったく触れませんでした。とはいえ、中世のユダヤ人哲学者たちを苦心惨憺させたような一個の教義神学の構築を企てようというのではありません。一方には、聖書がその音信をもたらしてくれるような〈お方〉が、他方には読者がいて、この読者が問題となっている聖句の文脈として聖書の全体を捉えることに同意するとき、言い換えるなら、口伝を起点として読者が聖書を読むとき、両者のあいだにはどのような関係が確立されるのか。そうした関係のいくつかを経験的な仕方で列挙してみたいのです。

ある聖句の文脈を聖書の全体とみなすこと、それはおそらく、もっとも高尚な道程を隅々まで辿れという誘いでありましょう。〈唯一のお方〉にだけ忠誠を尽くし、できあがった事実、慣習や地域の制約、マキアヴェッリ的国家とそうした国家の大義を押しつける契機となるような神話には不信の眼を向けよという誘いでありましょう。ところで、〈至高者〉につき従うこと、それはまた、隣人への接近、「寡婦と孤児と異邦人と貧者」の運命に対する気遣いに勝るものは何ひとつなく、手ぶらでの接近はいずれも接近ならざるものであるという点を知ることでもあります。〈精神〉の冒険が展開されるのは現世においてであり、人間たちの只中においてなのです。エジプトで私たちが奴隷であったというこの外傷が私たちの人間性そのものなのであり、このことはただちに、地に呪われた者たちをめぐるすべての問題へと、すべての迫害された者たちへと私を近づけることになります。奴隷として苦しむなかで、さながら私が礼拝に先立つ祈りを祈っているかのようです。異邦人へのこの愛がすでにして、私の生身の心を通じて私に与えられた応答であるかのようです。他の人間に対する責任のうちには、私の唯一性そのものが宿っています。私はこの責任を他の誰にも転嫁することができない。誰も私に代わって死ぬことができないのと同様です。〈至高者〉への服従はまさに、私は逃げ隠れできないという不可能性を意味している。この不可能性ゆえに、私の「自己」は唯一のものなのです。自由であること、それは誰も私の代わりには行えないことを行うことです。〈至高者〉に服従すること、それが自由であることなのです。

ところで、人間はまた、存在のなかへの神の侵入、あるいは神へ向けての存在の炸裂でもあります。人間は存在の断絶であって、そこにおいて、闘争や略奪の代わりに与えること（donner）が、贈り物で一杯の手が生じるのです。そこから選び（élection）という観念が生まれるのですが、傲慢へと頽落しかねないとはいえ、元来はこの観念は忌避不能な指名を表していたのであり、倫理の糧たるこの指名によって、指名における忌避不能な要素が責任ある者を他から孤立させるのです。「地上の全部族のなかからわたしが選んだのはおまえたちだけだ。それゆえ、わたしはおまえたちをすべての罪ゆえに罰する。」（『アモス書』3・2）人間は、その責任を見極めるような正義の裁きに呼び出されます。慈悲——ラハミーム——は〈同〉のうちに〈他〉を胚胎させるような子宮の戦き[3]であり、こう言ってよければ、神における母性なのであって、それが〈律法〉の厳格さを緩和するのです（〈律法〉を原理的に失効させるわけではない。ただし、神における母性は〈律法〉を実際に失効させるところまで至りうるのだが）。人間は行わなければならないことを行いうる。人間は〈歴史〉の敵対的な諸力を制御して、予言者たちによって予告されたメシア的治世を実現することができるのですが、メシアへの待望は時間の持続そのものなのです。そうしますと、メシアへの待望は決して到来することのない不在のゴドーを待つことではもはやないでしょう。それは現在には組み込まれえないものとの関係を証示しているのであり、現在は〈無限者〉には小さすぎるのです。

とは言いましても、ユダヤの厄介な自由（difficile liberté）のもっとも特徴的な側面が宿っているのはおそらく、日常生活のありとあらゆる所作を規制する典礼至上主義、あの「〈律法〉の軛」のなかにでありましょう。典礼に関するもののうちには、ヌミノーゼ〔聖なるもの〕を思わせるものは何ひとつなく、いかなる偶像崇拝もありません。それは自然のなかで自然に対してとられた距離であり、それゆえおそらくは、〈至高者〉への待望に他ならない。ここにいう待望は〈至高者〉への一個の関係——というよりもむしろ〈至高者〉への逸脱的上昇としての畏怖（déférence）であって、彼方へのこうした畏怖がここでは彼方あるいは《神へ》という考えそのものを生み出すのです。

## 二　啓示という事態と人間の聴取

私は主要な問いに到達しました。つまり、異常なものとしての〈啓示〉という事態そのものを、いかにしてユダヤ人は「納得する」ことができたのか。字義どおりに解された聖典によると、伝承は世界の秩序の外部から到来したものとして〈啓示〉という事態をユダヤ人に呈示しているのですが、いかにしてユダヤ人はそのような〈啓示〉という事態を「納得する」ことができるのでしょうか。お気づきのことと思いますが、以上に紹介した〈啓示〉の内容や特にその構造についての考察は、この問いに数歩近づくことを可能ならしめるものだったのです。

### 1　若干のデータ

さしあたりは字義どおりの意味に留まることにしましょう。銘記しておくべきいくつかの意味深い点がここにあります。聖書それ自体がその起源の超自然性を私たちに物語っています。天の声を聴取した人間たちがいたのです。聖書はまた、偽予言者たちに気をつけるよう私たちに警告してもいます。ですから、予言は予言に不信の念を抱いているわけで、〈啓示〉と結びつく者はある危険を冒すことになります。そこに警戒への呼びかけが存しているのですが、この呼びかけもおそらくは〈啓示〉の本質に属しているのでしょう。〈啓示〉の本質は動揺と不可分なものなのです。もうひとつの重要なポイントはこうです。『申命記』4・15でシナイ啓示を想起しながら、モーセは「あなたたちはみずからよく注意しなさい！　主がホレブの火のなかから語られた日、あなたたちは何の形も見なかった」と言っています。〈啓示〉、それは神と人間との関係の直行性を媒介なしに描くような語りなのです。『申命記』5・4にはこう書かれています。「顔と顔を合わせて、神はあなたと語られた」、と。このような表現を論拠として、ラビ博士たちは、シナイ山の麓にいたすべてのイスラエルびとに予言的威信を付与すると共に、原則として人間の精神はそれ自体が霊感へと開かれていて、人間そのものがおそらくは予言者なのだ！という点を示唆することができたのでした。『アモス書』3・8も見てみましょう。「永遠なる神が語られた。誰が予言せずにおれよう」とあります。人間の魂のなかにはすでにして予言的受容性がはらまれているのです。主体性は、聴取するというその可能性ゆえに、言い換えるなら、従うというその可能性ゆえに、内在性の断絶そのものなのではないでしょうか。ところで、〈啓示〉の〈師〉〔モーセ〕は、先に引いた『申命記』の箇所で、〈啓示〉が言葉であって、眼に供される像では決してないという点を強調していました。たとえ聖典のなかで〈啓示〉を指し示す数々の語が視覚的な語であるとしても、神の現れることは言語的音信（ドゥバル・エロヒーム）に尽きるのであって、しかも大抵は、それは命令なのです。説話というよりもむしろ戒律が人間的聴取に向かう第一の運動をなしているのであり、それ自体で、この戒律は言語の始まりなのです。

旧約は、予言者たちのなかでももっとも偉大な予言者としての威厳をモーセに授けています。モーセは神とのあいだに、「対面」（『出エジプト記』33・11）というもっとも直接的な連関をもつのですが、しかし神の顔を見ることは彼には禁じられており、『出エジプト記』32・23によると、神の「背面」しかモーセには示されないのです。〈公現〉をめぐるこの箇所をラビ博士たちはどのように解釈しているのか、その仕方を語っておくことも、ユダヤ教の精神そのものを理解するためにはおそらく無駄ではないでしょう。神の〈栄光〉が通り過ぎるのをモーセは岩の裂け目から追っている。そのモーセが見た「背面」はなんと、神のうなじにかけられた経札の複数の紐の結び目だというのです！　戒めに係わる教えではありませんか！〈啓示〉の全体が日々の典礼の行為を核として織り成されているというのは、かくも真実な事態であるのです。このような典礼至上主義が〈自然〉の所与との諸連関の直接性を中断しつつ、数々の〈欲望〉の盲目的な自発性に抗して、他の人間との倫理的関係を条件づけているその限りにおいて、神は他者との対面ならびに他者に対する責務をつうじて迎えられるとする考え方も確証されることになりましょう。

タルムードは〈啓示〉の予言的で言語的な起源を堅持しています。が、それにとどまることなく、タルムードはすでに聴取する者の声に力点を置いてもいます。〈啓示〉が聴取者によって解釈されるべき記号の体系であり、すでに聴取者に委ねられているかのようです。トーラーはもはや天にはない。トーラーは与えられており、それを取り扱うのは今後は人間たちなのです。この点については、『バーバー・メツィア』（59 b）の有名な譬え話が示唆に富んでいます。ハラハーをめぐるいくつかの問題に関して、ラビ・エリエゼルはその同僚たちと意見が食い違っていたのですが、彼の意見は数々の奇跡によって、最後には天からの声の響きによって支持されます。ところが、彼の同僚たちはこれらの徴しや天からの声の響きをことごとく拒否します。シナイ以降、天のトーラーは〈地〉にあって人間による釈義を求めており、それに対しては、天からの声の響きといえどもまったく無力であるという、反駁不能な理由を持ち出して拒否するのです。つまり、人間は数ある「存在者」のなかのひとつ、至上の情報の単なる受容器ではないのです。人間は言葉が向けられる宛て先であると同時に、〈啓示〉をあらしめるところの者でもあるのです。人間は超越が過ぎ越していく「場所」であることになりましょう。たとえ人間は「現存在」（être-là, *Dasein*）であると語ることができるとしても、です。このような情況を起点として、おそらくは主体性や理性のあり方の全体が修正されざるをえなくなるでしょう。〈啓示〉という出来事にあっては、予言者たちに続くのはハハームです。賢人とも学者とも理性の人とも言えるでしょうが、口頭の教えを運ぶ者であるという意味で、ハハームもそれなりの仕方で霊感を授けられています。しばしば実に示唆に富んだ仕方でタルミッド・ハハーム〔律法に精通した人を表す表現だが、タルミッドは生徒の意〕と呼ばれたりするのですが、ハハームは教えを受ける者であると同時に教えを垂れる者でもある。〈賢人〉の弟子、というか弟子としての賢人であり、受け取る者であると同時に、受け取った者を探索する者でもあるのです。周知のように、中世のユダヤ人哲学者たち、なかでもマイモニデスは〈啓示〉の淵源を予言の才に求めました。けれども、霊感の他律性をとおして予言の才を考える代わりに、マイモニデスはアリストテレスが見いだした知性的能力のさまざまな段階にそれを近づけました。アリストテレス的な人間と同様、マイモニデス的な人間は宇宙のなかで自分の場所に位置づけられた一個の「存在者」である。人間は存在の一部であって、存在の外に出ることがない。霊感の観念ならびに予言の外傷のすべてが聖書のなかで伴っているかに見える《同》の断絶も、根底的な超越も、そこでは生起しないのです。

## 2 〈啓示〉と服従

ようやく主要な問題に辿り着きました。しかしこれは、数々のいわゆる啓示宗教によって説かれた啓示のさまざまな内容の真正化を要請する護教的な問題では決してありません。問題は、全体性や世界の閉鎖的秩序ならびにその相関者たる理性の自己充足が断絶され、そこに突破口がうがたれる可能性のうちに存しています。ここにいう断絶は外部から到来する運動に帰されるものではありますが、逆説的にも、合理的なこの自己充足を疎外することはありません。理性の堅固な核のなかにこのような亀裂が生じる可能性を思考することができるとするなら、問題のもっとも重要な部分は解決されたことになりましょう。ただし困難は、理性を世界の可能性の相関者とみなす私たちの習慣に由来するのではないでしょうか。思考が世界の安定性や自同性と等価なものとみなされているのです。しかし、これ以外のあり方が考えられるでしょうか。知性がその容量を凌駕するものによって断たれ、傷つけられるような経験のある種の外傷のなかに、知性の原型が探し求められるなどということがあるのでしょうか。もちろん、ありません。ただ、「あなたはできる」をいささかも斟酌することなき「あなたはしなければならない」が問題である場合は別でしょうが。その場合には、横溢は理不尽な事態ではありません。言い換えますと、断絶の合理性は実践理性なのではないでしょうか。啓示の原型は倫理的なものではないでしょうか。

ここで、つぎのような問いが浮かんでまいります。ユダヤ教のなかでは、〈啓示〉の全体が（説話的なものさえが）、書かれた教えによっても口頭の教えによっても、法規的なものを核として織り成されています。啓示されたものを迎える様相は服従であり、『出エジプト記』24・7では、「永遠なる主が語られたことを、わたしたちは行い、聞くであろう」と言われていますが、服従を喚起する措辞のほうが聴取を表現する措辞に先立っているわけで、タルムード博士たちにとっては、これはイスラエルの至上の長所、「天使の叡知」とうつったのでした。さて、以上に述べたことはすべて、哲学的伝統にいう理性ほどには自己に凝り固まってはいない、そのような理性の「合理性」を示しているのではないでしょうか。とはいえ、この種の合理性は「欠損した」理性の合理性として現れるものではない。服従の還元不能な「筋立て」にもとづいて、それはまさに充溢したものとして理解されるのです。服従、と申しましたが、ここにいう服従は定言命法に還元されたりはしません。定言命法にあっては、普遍性が突如としてある意欲を指揮しうるものと化すのですが、ここにいう服従は隣人愛に淵源を有するものなのです。エロスなき愛、自己満足なき愛ですが、服従せる愛あるいは隣人への責任、他人の運命をみずから引き受けることあるいは友愛が、ここにいう服従の源泉なのです。他の人間との関係が始まりに位置しているのです！　定言命法の第二の定式を言明する際には、カント自身、それが正規の演繹であるか否かはともかく、格律の普遍性を起点としてこのような関係へと足早に向かったのでした。他者との関係のなかで具体化される服従は、ギリシャ的理性ほどには自己に凝り固まらざる理性を指し示しています。ギリシャ的理性はまずもって安定したもの、《同》の法則と相関的なものなのです。

ギリシャ思想から私たちは合理的主体性を遺贈されました。念のために申し添えておきますが、ギリシャ哲学の遺産から始めないとしても、それはギリシャ哲学の遺産を拒否するという意味ではありません。後になってもギリシャ哲学の遺産に頼ることはないという意味でも、「神秘的なもののうちに埋没する」という意味でもありません。そのうえで申しますと、この合理的主体性は、別のいくつかの哲学論考のなかで私が他者への責任と同一視しえた、そのような受動性を伴っているのではないでしょうか。他者への責任と申しましたが、それは能動的に結ばれた約束の射程によって限定されるような債務の謂ではありません。なぜなら、そのような債務は完済することができるのに対して、妥協することなくつきつめて考えるなら、私たちが他者から放免されることはないからです。無限の責任であり、私の意に反した責任であり、選び取られることなき責任です。人質としての責任なのです。[4]

そのような責任にもとづいて、聖書の具体的な内容、すなわちモーセと予言者たちを演繹しようというのではもちろんありません。問題は隷属を排するような他律の可能性を表明することにあります。聴取する者を疎外することなき理性的な耳、そのような服従の可能性を表明し、聴取の超越を聖書の倫理的モデルのなかに認めたいのです。還元不能な超越へのこのような開けが、私たちの哲学的機能を支配している理性の堅固さと肯定性のなかで生起することはありえません。この種の理性は一切の意味の始まりとみなされていて、どんな意味もそこに還元されて《同》に同化されざるをえません。外見的には、どれほど意味が外部から到来したかに見えるとしても、です。そうした理性にあっては、世界の肯定性と相関的ものとして思考するような思考、宇宙の大いなる休息を起点として思考するような思考の堅固な核に亀裂を生ぜしめるものは何ひとつとしてありません。その対象を不動化させる思考であり、つねに自分の尺度に合わせて思考する思考であり、知識を得ることで思考する、そのような思考なのです。私はこう思うのですが、超越の法外さに門戸を閉ざした理性は、存在のなかへの人間の侵入、人間による存在の中断を表現することができるのでしょうか。もっと正確に言いますと、《同》の形がそこにおいて現出するような、存在する[5]ことのなかでの人間と存在とのいわゆる相関関係の中断、それを表現することができるのでしょうか。《他》による《同》の動揺は理性の意味であり、理性の合理性そのものではないでしょうか。神の〈無限〉による人間の動揺です。人間には内包できない神の〈無限〉が人間に霊感を吹き込むのであり――動揺の根源的様相たる霊感、神による人間への霊感の吹き込みが人間の人間性なのです。――「有限のなかの法外さ」における「なかの」は、隣人を迎える人間の「われここに」としてしか可能ではないからです。霊感は、歌を口述する詩神の言葉の聴取のうちにではなく、他者との倫理的関係としての〈至高者〉への服従のうちにその根源的な様相を有しているのです。

　最初に私たちはこう述べました。私たちの探究は〈啓示〉という事態、外部性との関係と係わっている、と。ただし、ここにいう外部性は、知識において人間を取り囲む外部性とは逆に、内面性の単なる内容と化することなくあくまで「内包不能なもの」、無限なものにとどまる外部性なのですが、そのような外部性がなんと関係を結ぶのです。一見すると逆説的なものと見えるかもしれませんが、他者に対して《無関心-ならざること》のうちに、他者に対する責任のうちにその原型を見いだすことができるのであって、まさにこのような関係のうちで人間は「私」と化すのです。逃げ隠れする余地なく指名され、選ばれた唯一の、交換不能な者、そしてその意味において自由な者と化すのです。〈啓示〉の逆説を解消するために、私が歩もうとしたのは以上のような道です。倫理とは超越に見合ったモデルであり、倫理的ケリュグマである限りで聖書は〈啓示〉なのです。(6)

### 3　超越の合理性

とは申しましても、倫理において姿を表すような超越への通路はやはりある合理性——意味の意味性——を表しています。これもまた、私たちが示唆しておきたい、と同時に、大急ぎでお話しすることしかできませんが、論証しておきたい点です。合理的神学とは、合理的なものがそこでは自己同一的な《同》と等価であるような存在の神学であり、ここにいう合理的なものは、太陽の下に広がる堅固な大地の堅固さと肯定性を連想させます。このような神学は、世界の肯定性にもとづいて聖書にいう神や人間を解し、その神や人間を神の「死」へと、ヒューマニズムの——あるいはまた人間性、人間の終焉へと導いていきました。《同》の同一性ならびにその合理性と合致するような主体性の概念は、世界の多様事をある秩序の統一性へと結びつけて外部には何ひとつ残さないことを意味していました。〈総合〉という至上の能作によってくり返し秩序が生み出されるのです。受動的で、かつ他者への責任の他律性においてあるような主体、他のどんな主体とも異なるような主体の観念に思い至るのは困難です。自己自身へと回帰することもなく、自己自身と合体して、天の蒼穹を頂いた大地の絶対的休息のなかに身を落ちつけることもない、そのような〈主体〉は、現実離れした主体主義として悪しざまに扱われています。非‐休息、動揺、問い、探究、〈欲望〉は失われた休息であり、回答の不在であり、欠乏であり——自己同一性の単なる不足であり、自己と同等ならざることだというのです。しかし、私たちはこの点について疑問を提起しました。

〈啓示〉はまさに同等ならざるもの、差異についての思考に帰着するのではないでしょうか。認知論的志向性には「内包不能な」還元しえない他者性についての思考に帰着するのではないでしょうか。知識ならざる思考、知識をはみ出しつつ〈無限〉ないし神と係わるような思考に帰着するのではないでしょうか。ノエシス‐ノエマ的相関関係を有したものとして「みずからの尺度に合わせて」思考する、そうした志向性のほうが逆に、不十分な心性であり、問いよりも貧困なものなのではないでしょうか。問いはその純粋さにおいては、他人へと宛てられた要請であって、それゆえ、包囲しえないものとの関係なのですから。また、探究や欲望や問いは、欲求の空虚を内にはらむどころか、デカルトが無限の観念と呼んだような「最小のなかの最大」の炸裂なのではないでしょうか。志向性の心性や、対象と適合した知識よりも覚醒した心性なのではないでしょうか。

倫理的関係においては、他者との関係が神との関係のひとつの様態なのですが、そのような倫理的関係にもとづいて描き出された〈啓示〉は、自分たちだけが意味の唯一の場所であると強弁する《同》や認識することの形姿を糾弾するのです。《同》のこのような形姿、このような認識することは、知性がまどろみ、みずからの場所に満足して現存することで小市民化してしまう、そのような知性のひとつの段階にすぎません。そこでは理性は、《同》の究極性ないし優越を含意した休息や平穏や和解の探究へとつねに連れ戻されてしまい、そのことだけでもすでに生きた理性とは疎遠なものと化してしまいます。とはいえ、充溢の欠如や自己との非‐合致のほうが一致よりも価値があるというのではありません。実体的なものとしての自己だけが問題であるなら、その場合には同等性のほうが欠如よりも価値があることになるでしょう。自己の十全なる所有よりも、不充足というロマン主義的理想のほうを好もうとしているのでもありません。ですが、自己の所有において〈精神〉は成就するのでしょうか。自己の所有よりも「より善い」価値を有するものとして《他》との関係を考えることにも正当な根拠があるのではないでしょうか。なんらかの仕方で「みずからの魂を失うこと」は、魂以上のもの、魂よりもより善きもの、魂よりも「高き」ものへの畏怖を表しているのではないでしょうか。「より善きもの」、「より高きもの」といった概念そのものが初めて接合されて意味を成すのも、おそらくはこのような畏怖においてでしょうし、探究や欲望や問いが所有や充足や回答よりも価値多きものと化すのもそこにおいてなのです。

自己との同等性、あるいはまた《他》の同化による自己との同等性の探究、そのようなものとしての意識を超えて、他者性としてある限りでの他人への畏怖を強調すべきではないでしょうか。ここにいう畏怖は、自己同一性のなかでまどろむ《同》の《他》による覚醒としてしか生じないのですが、すでに示唆しましたように、服従がこの種の覚醒の様態なのではないでしょうか。さらに、自己自身と一致したものとしての意識を、このような覚醒のひとつの様態ないし変容として考えることもできるのではないでしょうか。《同》とは異質なものとしての《他》による《同》の解消不能な擾乱のひとつの様態ないし変容として、です。〈啓示〉は授けられた知識としてよりもむしろ、このような覚醒として考えられるべきものではないでしょうか。

以上の問いは究極的なものと係わる問いで、理性の合理性や、さらには究極的なものの可能性そのものがそこで問いただされています。思考はさながら休息を求めるかのように《同》の同一性を希求するのですが、そうした同一性のうちには痴呆と硬直化があるのではないかと危惧すべきではないでしょうか。他人を誤った仕方で捉える場合にのみ、他人は《同》の敵とみなされます。他人の他者性は弁証法的な戯れへと導くものではなく、《同》の優位と平穏の不断の、終わることなき審問へと導くのです。消えることなき炎による尽きることなき火傷のように、です。ユダヤの啓示における法規的なものは換算不能な責務を命じるものですが、それこそがここにいう審問の様態に他ならないのではないでしょうか。換算不能な責務、火傷は灰を残すことさえありません。灰はなおもある意味では自己自身に休らう実体だからです。内包不能な「最大」を内包して「最小」はつねに炸裂しつづける。「他のためにある一者」として、炸裂しつづけるのです。「つねに」と申しましたが、ここでは「つねに」は大いなる忍耐、隔‐時性、時間的超越というその元来の意味を表しています。「つねに」より深いものと化していく目覚め、そのような意味で服従のなかには精神の精神性があるのです。語られたこととして現出するその下に、問いがあるのです。ところで、このような超越が回答へと転じつつも、回答へのかかる変容のうちに失われてしまわないなどということがありうるでしょうか。問い、問いはまた問いただすことでもあるのですが、そのような問いこそが彼方から命じる声の本義なのではないでしょうか。[7]

（1） 知性への誘いであると同時に、知性の出所たる神秘によって知性を真理の「危険」から庇護することであろう。『出エジプト記』33・21‐22（「主は言われた。『見よ、ひとつの場所がわたしのかたわらにある。あなたはその岩の上に立ちなさい。わが栄光が通り過ぎるとき、わたしはあなたを岩の裂け目に入れて、わたしが通り過ぎるまで、わたしの手であなたを覆う』」）を註解したタルムードのある譬え話がある。「庇護が、防御が必要だったのだ。なぜなら、どんな自由も、破壊をめざす破壊的な諸力に委ねられてしまうからだ。」真理の瞬間、それはあらゆる禁止が解除される瞬間であり、問いかける精神にすべてが許される瞬間であろう。この至高の瞬間にあっては、〈啓示〉の真理のみが悪に抗して庇護し防御しうるものなのだが、真理である限りにおいて、真理もまた自由をかかる悪に引き渡しかねないのである。

（2） 書かれたトーラーと呼ばれているものは二四篇の聖書の正典のことであり、より狭義にはモーセのトーラー、すなわち『モーセ五書』をさす。もっと広い意味では、トーラーは聖書とタルムードの総体を意味しており、そこには、タルムードでの論議や、さらにはアガダーと呼ばれる説話的なテクストの集成も含まれる。

（3）この点については、拙著『存在するとは別の仕方で　あるいは存在することの彼方へ』第三章ならびに、拙著『他なる人間のヒューマニズム』に収められた「同一性なし」を参照。

（4）『存在するとは別の仕方で　あるいは存在することの彼方へ』参照。

（5）私たちは essance と綴るが、これは「存在」という語の動詞的意味を示す抽象名詞である。

（6）したがって、自由はひとり私だけがそれに応えることのできるような使命への協調を意味していることになる。呼び出されたときに応答しうること、と言ってもよい。

（7）この最後の部分で提示された考えは「意識から覚醒へ」（De la conscience à la veille, in *Bijdragen*, 3-4, 1974）ですでに表明されたものである。

# 10 「神にかたどって」——ボロズィンのラビ・ハイームによる

ライデン大学神学教授、ヘルマン・ヘーリンクに

## 1 ボロズィンのラビ・ハイームとは誰か

ラビ・ハイーム・ボロズィネル——ボロズィンのラビ・ハイームという意味だが——はヴィルナの高名な学院長の弟子であり、その崇拝者であった。彼の名前にあるボロズィンという村はリトアニアにある。そこにラビ・ハイームは一八〇二年にイェシバを設立したのだが、このイェシバは必ずや、東ヨーロッパのユダヤ教の営みに、特にいわゆるリトアニア地方と呼ばれる地域に顕著な影響を及ぼすはずのものであった。このイェシバが定めるある特殊な学習の様式は、今日に至るまで全世界のイェシバのお手本となってきた。

ヴィルナの学院長ラビ・エリーヤーフー（一七二〇—一七九七）、ラビ・ハイーム・ボロズィネルのこの師は天才的な偉大なタルムード学者の最後のひとりであった。その強烈な個性によって、タルムードとカバラに関するその広範でかつ精確な知識によって、その解釈の深遠さによって、エリーヤーフーは当時のラビの学問ならびにユダヤ人たちの生活そのものにも影響を及ぼしたのだった。ある意味では、彼の及ぼした影響は今日でもなおその痕跡をとどめている。なによりも彼は、ハシディズムの拡張に対してユダヤ教

のある流派の全体がつきつけた抵抗に際して第一級の役割を果たした。ヴィルナのガオンの判定によると、ハシディズムという民衆運動は、知識よりも熱情を要求することで、学問やタルムードの弁証法には、ユダヤの宗教的生活での第一義的な地位を拒んだのである。しかもハシディズムは、カリスマ的な権力をもつ精神的人格――「奇跡のラビ」としてのツァディクであるが、ツァディクが信者たちの崇拝を拒むことはない――を中心として共同体を組織することで、師に対する弟子の真の関係を変質させ、ユダヤ一神教の本質的諸原理に打撃を与えてしまった、というのである。ガオンは、ハシディズムに対する反対者たち、ミトナグディームの魂であり長であったのだが、彼らとハシディズムとの敵対が鎮静化した今日もなお、彼らはミトナグディームと呼ばれつづけている。ミトナグディームはハシディズムという新しい教義に見られる情緒的神秘主義に不信の念を抱いていた。彼らはタルムードの学習の精神的優位を肯定したのだが、彼らにとってはタルムードの学習は単なる知識の獲得に還元されたりはしなかった。それはトーラーそれ自体の生であり、創造の原理であり、瞑想の営みの対象であり、このうえもなく高尚な生への参画なのだ。ラビ・ハイーム・ボロズィネルがボロズィンにイェシバを設立したこと、それはタルムードの学習のこのような優越を確証する事態だったのである。

ただしラビ・ハイームは、ハシディズム運動の行き過ぎに対しては闘いを挑みながらも、ハシディズムに対してはガオンほど頑な態度はとらなかった。ハシディズム運動に加わりながらもそこに入りたいと切望する者たちに対しては、イェシバの門戸は閉ざされてはいないのである。ラビ・ハイーム・ボロズィネルとそのタルムード高等研究学院はこのように、ハシディズムの渦中でのタルムード研究の復権に関与した。総じて言うなら、ハシディズムという宗教運動がその新奇さゆえに離教に至ることのないよう仕向けるのに貢献したのである。

ラビ・ハイーム・ボロズィネルならびに、ボロズィンのイェシバやそれを模範として設立された数々の学問の館で刷新されたタルムードの学習の影響はおそらく、「啓蒙の時代」、ハスカラー〔ユダヤ啓蒙運動〕の合理主義が東欧のユダヤ人層によって受け入れられていったその仕方のうちにも垣間見ることができる。事実、一九世紀初頭にはもう、東欧のユダヤ人層はタルムードの学習とは別の学習へと、いわゆる西欧の思考と生活様式へとしだいに引き寄せられていった。一八世紀以来、東欧のユダヤ教が決然と踏み込んだ過程である。近代的と称される生活に向けてのこの動きは実際、ロシア、ポーランド、リトアニアのユダヤ人にあっては、ボロズィンのイェシバに帰すことのできる影響とほとんど競合するようにして現れたのだった。ただし、西欧とその合理主義的文化に誘惑されながらも、東欧のユダヤ教の大部分は、周囲の世界への単なる同化の誘惑に対しては免疫を有していた。東欧のユダヤ教は、その源泉をなす精神世界を二次的なものとして扱うことを、伝統的なユダヤ教文化のほとんどすべてを疑うことを拒んだ。生活のなかでも知的な関心のなかでも、東欧のユダヤ教が伝統によって遺贈された厳格な規則から一歩一歩遠ざかっていくそのときでさえ、そうだったのだ。文化としての、トーラーへのこのような忠誠や、この文化と相関的な民族意識は、西欧様式の生活の只中でも、東欧ユダヤ人の弁別的特徴でありつづけた。その点については もちろん、人口統計的、社会的、政治的な多くの理由が作用していた。けれども、ボロズィンのイェシバに倣った数々のイェシバで、東欧ユダヤ人の選良たちが授けられた教育も、かかる頑固さを引き起こした数々の原因のひとつとして数え入れられなければならない。タルムードの学院で学ばれたユダヤ教——いや、家庭に受け継がれたこの種のユダヤ教の思い出と言うべきだろうか——がユダヤ人の大衆を同化から守ったである。ハシディズム運動を離教から守ったのと同様に。

ところで、教育活動をつうじてボロズィンのラビ・ハイームが確証したトーラーのこのような優越はまた、遺稿となった小著のかたちで彼が遺した理論的論考の主題でもある。この遺著は『生の魂』(『ネフェシュ・ハ・ハイーム』)という題で一八二四年にヴィルナで出版された。実に見事な本で、特に四部と最後の部(「第四の門」)で展開されたトーラー賛美は、ユダヤの精神性の広範な総合の本質的な契機として、その成就として提示されている。イェシバの学生たちのために最晩年の数年間で書き上げられた作品であるが、ユダヤ教の体系、体系としてのユダヤ教をめぐる学術的な論考となっている。これはいわゆるラビ文献では稀れなことであって、というのもラビ文献では、教義的な概説は、場合によってはハラハーと呼ばれる生活法規に関する研究のなかに散在し、場合によっては、暗黙のものとしてとどまるか、暗黙のうちに理解されるにとどまるからだ。良識を弁えた識者のあいだでは、そのようなことが改めて明示される必要などないかのようである。ユダヤ教について『ネフェシュ・ハ・ハイーム』のような書物を得ることは、近代の読者にとっては類稀れな特権である。同書は、一方では体系としてのユダヤの精神性の概観――ありうべき概観のひとつ――を提示しつつ、他方ではハラハーに通暁したタルムードの権威の作品ともなっていて、実践的諸問題をめぐる伝統的な「質疑応答」を書き留めることをその任務としている。

以下の考察で、私たちはこの作品のひとつの側面を示すつもりであるが、それは、〈創造〉の一般構造のなかで人間の人間性が有する意味を定めんとする試論としての側面である。しかし、この企てにはさまざまな困難がないわけではない。

数々の問題が『ネフェシュ・ハ・ハイーム』で提起され論じられる際の形式は、事情に通じていない近代の読者を狼狽させかねない。この種の読者は書物の教条的で宗教的な性格や、自分の発言を論証するその仕方に驚かされるだろう。しかも、語られているのは神秘主義とも捉えられかねない内容である。著者は神秘主義を拒んでいた、少なくともそれがハシディズムの行き過ぎと化した場合には、神秘主義を拒んでいたはずなのに。しかしながら、この形而上学的で教義的な試論、知性にとって有意味なものたらんとするこの試論は、数々のテクストに準拠することなしに論証したりはしない。それはもっぱら、聖書の筆記をめぐる釈義に依拠している。タルムード的な釈義（ハラハー的釈義とミドラッシュ的釈義）とカバラ的釈義（『ゾーハル』ならびに、サフェッドのカバラ、つまりルーリア、この著名なアリー〔獅子〕のカバラを転記したラビ・ヴィタール・ハイームの『エッツ・ハイーム』〔『生命の樹』〕）に依拠している。近代西欧からのいかなる直接的な影響もそこに浸透してはいない。アリストテレスと新プラトン主義に着想を得た中世のユダヤ哲学を明らかに踏まえている箇所さえない。グノーシス的な宇宙論が読者に差し出されているにもかかわらず、である。ヴィルナのガオンはマイモニデスに異議を唱えていたのだが、そのマイモニデスへの言及もほとんどない。新しい時代の哲学や科学については皆無、まったく皆無である。デカルトもライプニッツもスピノザもない。――ケーニヒスベルクやイエナやベルリンから数百キロのところで書かれながらも、カント、フィヒテ、ヘーゲルを思わせるいかなる徴候もないのだ。全編をつうじて論証は釈義をつうじての論証にとどまっており、しかも、ここにいう釈義はラビ的様式、ミドラッシュの様式に即して遂行される釈義なのである。ミドラッシュは、自明の意味を超えて隠れた暗示的意味を探究すべく、テクストの文字に要請する。聖書を例に挙げるなら、テクストの直接的意味を知らない、あるいは無視しているかのように見せかけるときでさえ、実は釈義は、総体の精神を単に「局所的」な意味に取り戻させ、それを深化し強化している最中なのであるが、この点を理解するためには、ミドラッシュという解釈学の習慣を身につけなければならない。聖句をその文脈から切り離し、語の短い繋がりを有意味な破片のごときものとして聖句から切り離すことで、この解釈学、諸規則と伝統を有したこの解釈学は「神の言葉」のありとあらゆる次元を探索するのだ。神の言葉、いや端的に言語――そもそも言語は宗教的なものではないだろうか――は、論理的構造がそう思わせるより以上の次元を有しているということ、今日の読者はおそらくこの点には驚きはしないだろう。ただ、ラビ的な意匠をまとって提示されたために、この超近代的な叡知が時代後れのものとみなされてしまうのだ。しかしながら、伝統に忠実でありつつ、しかも、敬うべき数々の引用の権威に依拠した、そのような作品に説得され教化されることがありえないわけではあるまい。そればかりか、少なくともその様式があなたがたに親しみやすいものである場合には、『ネフェシュ・ハ・ハイーム』がラビ的釈義の信頼できる手続きを見事に応用するその仕方を味わい、引用された言葉と「聖句の意味を刷新する」精妙な技法を、例のヒドゥシン〔刷新〕を称えることさえできるだろう。そのときには、この技法の一部分は自明の意味から遠ざけるが、その多くは自明の意味を初めて思考へと高めていくという思いすら抱くことになるかもしれない。とはいえ、門外漢の性急な読者は当然のことながら、テクストを歪曲するひとつの仕方としてこの妙技を捉えるであろうから、以上のことはやはりこの種の読者を驚かせ、さらには苛立たせさえするだろう。彼はせいぜい、これらの意見、錯乱、「児戯」を説明し、それらの分類の助けとなるようなさまざまな影響関係を引き出そうとする、なんらかの歴史的企図をそこから構想するにとどまるであろう。

私たちの試みの本義は、当時の言語からいわば解き放たれて、今日もなお有意味であるような、人間的なものについてのあるヴィジョンをそこに見いだすことにある。しかし、それこそがまさに困難なのだ。作品のただひとつの側面だけを論じるとしても、そうなのだ。もともとの語り口を排除すると、それと共にこの言語の唯一無二の響きも失われてしまうからだ。それに、結局のところ、これらの語り口を古臭いものと断定することもできはしない。古の宗教的表現にもとづくこの思考の実質的な誕生や、数々の概念といくつかの語との絆はやはり、思考された内容やその豊穣さにとってそれなりの仕方で本質的なものでありつづけるのだ。そうした表現や語を喚起すること——それは単に考古学的な作業ではない——は絶対に必要である。少なくとも、時には不可欠なものとなる。われらが著者が準拠しているコペルニクス以前の宇宙でさえ、単に過ぎ去った知的時代に属するだけではないような象徴的な暗示力を有している。だから、これから提示していくつもりの箇所で問題になっている、たとえば「世界」や「力」や「魂」も、単に天文学的な意味でのみ解されるべきではない諸要素に存在論的重大さを付与するものなのだ。ここで語られているのは、多元的なものとして、この多元性の諸項を司る諸連関をつうじて指し示された存在であり、整合性をそなえつつも、数々の断層によって切り離された現実の多様な秩序である。そのひとりひとりが一個の世界であるような人間的人格の多様性、それが問題となっているとさえ言えるかもしれない。援用された諸概念が聖典に、聖書やタルムードやカバラの諸篇に準拠しているその仕方は、これらの概念が表している時代後れの宇宙論の背後に、ある精神的意味を探索し、そうすることで永続的な諸問題と接すると共に、具体的なある経験と生きたある問いかけにまで遡行するよう促している。解釈はここでは不可避であり、若干の自由奔放さをみずからに許容せざるをえない。

## 2　人間——宇宙の魂

人間の人間性は『ネフェシュ・ハ・ハイーム』では、ギリシャ人たちの理性的な動物性を起点としてではなく、神にかたどって創造された人間として、聖書的な考えにもとづいて理解されている。もっと正確に言うなら、聖書の表現は『創世記』1・27では「エロヒームにかたどって」(à l'image d'Elohim)、『創世記』5・1では「エロヒームに似せて」(à la ressemblance d'Elohim) と言われている。神がエロヒームという語で示されていることは人間の定義にとって無関係ではなく、それはまた、神の神性ならびに、神がそれに付与された数々の名前の背後でもちうる絶対的意味の存在を表してもいる。拙論の第三節でこの重要な点にもどることにしたい。

それにしても、エロヒームは何を意味しているのか。「エロヒームに似せて」あるいは「それにかたどって」は何を意味しているのか。かかる類似のうちに、『ネフェシュ・ハ・ハイーム』は、世界の外在性と心的なものの内面性との瑣末な区別を超えた「内面性の深み」(I・1)[1]、その秘密を探っている。

人間と神との類似が言明されるこれら二つの表現のうちで、神を名ざしているエロヒームという措辞は「あらゆる力を支配するもの」としての神性を示すものとみなされる(II・2)。運動力や天体の精髄や民族の精髄や政治的な力や司法的な権力のような、特殊などの力もエロヒームに遡るが、外挿によってエロヒームというこの名をまとうことができる。[2]これらすべての相対的な力が語の根源的な意味でのエロヒームに帰されるものであること、この事態を忘れ果てることが偶像崇拝の本義なのだ。[3]あらゆる力の主人たること、それは「数えきれないほどの世界や力」を無から創造する力量と等価な事態である。無から引き出された被造物の実在——無数の世界や力——は、エロヒームの創造的エネルギーとの結びつきに依存している。「いかなる時にも、そうした世界の存在や秩序や存続のエネルギー全体は、エロヒームの意志が新しい力能と豊富な光をそこに注ぎ込むという事態に依存している。かかる影響・感化が終止せざるをえないとすれば、それらの世界は無と混沌に舞い戻るだろう。」(I・1)被造物の存在それ自体の様相はしたがって、私たちが「連続的創造」[4]と呼ぶものであることになる。被造物の存在、それはエロヒームとの被造物の「連合」なのである。

被造物の存在はこの連合によって保証されるのだろうか。この連合は無条件なものなのだろうか。根本的な問いである。それはまさに内面性という概念へと導くことになる。

ただ、さしあたりはエロヒームという概念をさらに明確化しておこう。エロヒームという概念はまた、複数の世界と力を司る位階を示してもいる。それに即して、エネルギーが上から下へと拡がっていくのである。「もっとも低きところにあるものからもっとも高きところにあるものまで、どの力もエロヒームの存在と生命の延長でしかない。この延長は、上位にあるものを媒介として下位にあるものにまで達するのだが、ここにいう上位にあるもの、それは内面性へと放散された魂である。ところで、アリー〔ルーリア〕のカバラをつうじて知らされたように、各々の世界や力の光と内面性はその上位にある力と世界の外面的存在である。このような順序で、高きものからさらに高きものへと上昇していくのだ。」（Ⅲ・10）各々の世界は「その上位にある世界の力の動きに従って導かれる。魂が肉体を導くように、上位にある世界が下位にある世界を導くのだ。これが高きものからもっとも高きものへの順序なのだが、それはすべての世界の魂たるかのお方にまで至るのである。」（Ⅰ・5）多様な世界は、それぞれの世界がその上位の世界の肉体、というか、再び『ネフェシュ・ハ・ハイーム』の表現を用いるなら、その上位の世界がまとう衣服であり、一方、下位の世界に対してはその魂ないし力であるように配列されている。より高きものはより低きものにつねに内在している。高さと内面性が合致しているのだ。より高くあることは賦活であり霊感なのだ。魂はまた根とも呼ばれる。つまり、より高い世界はより低い世界の根のそのまた根なのである。「どんな魂にとっても、その根あるいはその生の原理は、それよりも上位の世界の魂と一致しており、それゆえ、より上位の世界の魂は魂の魂と化し、魂の魂と呼ばれる。かのお方（エロヒーム）はというと、ありとあらゆる力の〈主人〉である。なぜなら、ありとあらゆる力の根の魂であり生命であり、かかる根の根である。『あなたは万物にいのちを与えられる』（『ネヘミヤ記』9・6）と書かれているように。字義どおりにとると、『あなたはいのちをたえず与えられる』となる。かのお方、称えられるべきお方がすべての魂の魂であり、すべての世界の原理にして根であるのもそのためである。」（Ⅲ・10）神は宇宙の魂なのだ。

ハシディズム的な神秘主義に不信感を抱いていたとはいえ、われらが著者はごく当然のことのようにカバリストの言葉遣いを採用して、カバリストが諸世界の内的連鎖（incaténation）をさらに細かく分類した結果生じた多様な秩序を語っているのだが、導入的なこの試論ではその点を詳述することはできない。そうした秩序の規範を探究することで、もっと大雑把な仕方でその真実を語るのが妥当であろう。『エゼキエル書』第一章での「戦車の幻視」――メルカヴァー――を踏まえた、諸世界の象徴的分類では、四つの水準が区別されている。特に銘記すべきは、天の玉座の世界である。この玉座は、それを支える獣たちの上位にあるが、しかし、それを支えるものどもを支えてもいる（Ⅰ・5）。ここにいう位階の全体を司っている、その関係を示唆した象徴であろう。もっとも高きものはもっとも低きものに立脚しているが、にもかかわらず、もっとも低きものの生命であり魂であり内面性なのである。

とはいえ、被造物はこのような位階に還元されるのではない。この位階の構造は、カバラを源泉としているとはいえ、依然としてヘレニズム的なモデルに適合したままである。つきつめて考えるなら、内面性は高さに還元されたりはしない。諸世界の内的連鎖のなかで、人間は例外的な地位を占めている。もっとも低きところに位置して、物質をつうじて行為をなすことで物質と接触する、そのような人間に、すべてがかかっているのだ。人間は現実のあらゆる水準と親和している。ただ、人間は土台としてのみ重要なのではない。「人間の魂の数々の根」は位階の頂点に達しているのだ[5]。人間は、「玉座を超えて」数々の魂が根づいている場所にある。イスラエルの民ひとりひとりの「根」の先端がエロヒーム――エゼキエルの幻視のなかで玉座を超えたものとうつった人間の顔――と一体化するか、あるいはしないような（おそらく意図的にこの点を曖昧にしているのだろう）場所に、人間はある。人間たちの魂は神の息吹きから生まれる。神は「ひとの鼻に息を吹き入れられた」（『創世記』2・7）と書かれているではないか。人間たちの魂はエロヒームと格別な関係を有している。その関係が単なる同一化ならざるものであることは疑いないが、かといってそれは純然たる区別でもない。

やはりカバラから借用されたさまざまな比喩や象徴が、一方では人間と世界の、他方では人間とエロヒームの関係を表現しているのだが、援用された数々の比喩をただひとつの造形的な形にただちに一致させるのは不可能である。至るところで眼につくのは、一方では人間と諸世界の総体との本性の共通性であり、他方では、人間とエロヒームとの特別な親密さである。――この親密さをつうじて確証されるのは、人間に対するエロヒームの優越であると共にエロヒームのある種の依存である。もっと明確に言うなら、諸世界との結びつきに関してエロヒームは人間に依存しているのだ。人間が、諸世界への神の現前と「連合」を「培っている」のである（II・7）。その一方で、人間はこれら数限りない世界ひとつひとつの残滓あるいは「片鱗」から構成されている。人間の実質は諸世界の実質の混合物なのである（I・6）。あるいはこう言ってもよい。諸世界は、そのひとつひとつがトーラーの戒律の規範に服従しているような人間の肉体の多様な器官と結びついており[6]、その結果、諸世界の総体は人間の形をなすのだ（I・6）、と。別の面から見ると、この連関は人間の肉体とエルサレムの神殿とのあいだに確立される連関でもあって、エルサレムの神殿はというと、天の神殿、絶対的聖潔の秩序の完璧な複製なのである。肉体の内部にあって、心臓は天の神殿の礎石である。だから、祈るときには心臓を聖のなかの聖のほうに向けよというタルムード博士たちの勧告は単に方角を示しているのではなく、一体化を、一体化への指向を示している。自分自身が聖域そのものとならなければならない。一切の聖潔の場となり、一切の聖潔に責任を負うものとならなければならないのだ。最後に帰結するのは、神の戦車、メルカヴァーと、かかる一体化を果たした人間たち、族長たちとの同一視である。「族長たちはメルカヴァーそのものである。」（I・6、III・13）

以上のような特別な連関は類比《アナロジー》の連関である。ただし、それは本質的な効力をはらんでいる。もっとも低きところに位置づけられた人間の行為はもっとも高きところにまで波及して、被造物に対するエロヒームの現前を保証したり、それを損なってエロヒームの出立を引き起こしたりする。人間の行為によって、被造物に対するエロヒームの近さと遠さが定まる。言い換えるなら、無数の世界の存在が確証されることもあれば、それらが無に帰することもあるのだ。だから、人間は被造物の存在のなかで第一義的な役割を演じていることになる。魂の相のもとにあるような神の世界への現前、ひいては体系全体の整合性や、ひとつひとつの世界への魂の現前、これらすべてが人間に依存しているのである。(7)

そこから、エロヒームと人間との類似が生じる。人間は他ならぬエロヒームと同様に世界の魂であるのだ。被造物の位階のなかでは、数多の世界、非物質的な完璧な――天使のごとき――数多の存在が人間に勝っている。にもかかわらず、階梯のもっとも低きところに位置すると同時に「玉座よりも高くに」根づいてもいる、人間的なもの独特の構造ゆえに、これらすべてが人間に委ねられる。人間の行為、言葉、思考――これら三つの存在の様式はその三つの魂から、生命原理（ネフェシュ）、精神（ルアッハ）、神の息吹き（ネシュマー）から生じるのだが、それらはみな、人間的存在を位階の頂上と結びつける糸の結び目であって、そのようなものとして被造物の諸世界と力に働きかけるのである。人間がトーラーの戒律に従っている限りでは、その高さと完成度において人間を凌駕する諸世界や諸力の「存在、明るさ、聖潔」（I・6）は強化される。さもなければ逆に、人間はそれらを弱め、諸世界と諸力を喪失と破壊へと導くのに貢献する。宗教的な戒律がもつ倫理的意味である。宗教的戒律は自己とは他なる人々を生かすが、違反があった場合には彼らを死に至らしめるのだ。人間の存在は、《他のためにあること》(l'être-pour-autre)に帰着するのではなかろうか。人間はエロヒームと諸世界の媒介者としてその支配と責任を行使し、そうすることで、諸存在の内的連鎖へのエロヒームの現前と不在を定める。諸存在の内的連鎖が存在するためには、人間の生き生きとした力がたえず必要とされるのだ。(8) ボロズィネルはこう明言している(I・3)。「称えられるべきお方の御意志は、無数の力と世界を解き放ったり阻止したりする(「開けたり閉じたりする」)権力を人間に授ける。各瞬間での人間の振る舞いや仕事の細部の全体とそのあらゆる水準に鑑みて、人間の行為と言葉と思考の高き根ゆえにそうなさるのだが、あたかも人間もまたこれらの世界を司っている諸力の主人であるかのようではないか。」

ここにいう支配は躊躇なく責任として解釈される。「どうか神よ! イスラエルのうちの誰かが『私が何だというのだ、私のつまらない行為で世界に何ができるというのか』などと言わないように。逆に、つぎのことをイスラエルが理解し、認識し、しっかり頭に入れんことを。つまり、ありとあらゆる瞬間の自分の行為や言葉や思考のどんな細部も失われはしないのだ。高みのなかの高みで、諸世界で、高等で純粋な光明のなかで働くために、各人はその根にまで遡る。真理に即してこの点を理解する賢き者は、自分の悪しき行動がどれほどの結果を引き起こすかを考えて心のなかで恐れ戦くだろう。ちょっとした過ちでも、ネブカドネザルやティトゥス(エルサレムの神殿の破壊者)が破壊したものを遥かに超えた、腐敗と破壊をもたらすのだから。ネブカドネザルとティトゥスは高みではいかなる悪事もいかなる破壊もおこないはしなかった。なぜなら、彼らは高き世界に属してもいないし、そこに根を伸ばしてもいなかったからだ。これらの世界は彼らの手の届かないところにあった。しかるに、われわれの罪によって、高き力量の力は弱まり、すり減ってしまうのである。」(I・4) ネブカドネザルとティトゥスは単なる異教徒であるから、

〈創造〉の摂理のなかでイスラエルの子らにのみ課せられた責任を有してはいない。彼らがなした悪は、聖なる民の行為や言葉や思考と結びついた悪ほど重大な影響を及ぼしはしない。ネブカドネザルとティトゥスが破壊し冒瀆したのは此岸の神殿だけだった、「彼らはすでに挽かれた穀粒を挽いた」（同右）のだが、それに対して、聖なる民に属する人間は、まさにつねに上位にあるものたる聖潔に打撃を与えることができるのだ。「聖なる民の心はどれほど戦いていることか。なぜなら、聖なる民はその姿態のうちにあらゆる力とあらゆる世界を内包しているからだ（……）。なぜなら、彼らこそ聖潔でありいと高き聖域であるからだ。」（同右）「それゆえ、心のなかに不純な考えや邪な考えを抱いているとき、ひとはあたかも、いと高き聖のなかの聖のもとへ娼婦を連れ込むかのようなのだ。」（同右）

『創世記』2・7に『ネフェシュ・ハ・ハイーム』が与えた解釈もこうして理解されることになろう。「永遠なる神は、土から出た塵で人を形づくり、その鼻にいのちの息を吹き入れられた。人はこうして生きる者となった」——これは聖句の自明の意味である。『タルグム・オンケロス』〔オンケロスによる翻訳の意で、ヘブライ語聖書のアラム語訳〕の古い訳文を引くことで、『ネフェシュ・ハ・ハイーム』はまずこの自明の意味を喚起している。そのうえで、こう付け加えている。「しかし、文字どおりの意味での聖句は、息が人のなかで魂になるとは言っていない。それは、人が無数の世界にとっての生きた魂と化したと言っている。（……）肉体の行動や運動が人の内なる魂に帰されるのとまったく同様に、人の全体は、高低さまざまな無数の世界の力量であり生きた魂なのであって、これらの世界はすべて人によって指揮されているのだ。」（I・4）トーラーの読解のあとでイスラエルびとが口にする古の祝福の言葉についても、われらが著者は文字どおりの意味——自明の意味よりも文字に忠実であると同時により思弁的でもある意味——でそれを読み解いている。「あなたはわたしたちのなかに永遠の生を植えつけられた」（ハイェイ・オラム）が、「あなたはわたしたちのうちに世界のいのちを植えつけられた」と読まれるのである。

ついでながら、このような息の吹き込みの理論の奇妙な「唯物主義」を強調しておくべきかもしれない。もっとも低いところで、人間のなかで、宇宙の行程のすべてが決定されるのである。精神は、高みへと上昇する壮麗さとして修辞的に思考されてはいない。トーラーに服従した肉体的生命に対して行使される統御によって、精神は高みにあって有効なものと化すのだ。戒律（ミツヴォット）の体系はこうして宇宙的な射程を獲得し、かかる普遍性をとおしてその倫理的意味を確証することになる。数々の戒律を実行すること、それは世界の存在を担うことなのだ。その実体性——即自（en soi）と対自（pour soi）——によって人間は定義されるのではなく、《対他》（pour autre）[9]によって定義される。他なるもののためにあること、それは自己よりも上位に位置するもののために、諸世界のためにあることだ。ただ、「世界」なるものをもっと広くとるなら、それはまた数々の共同体のために、数々の人格と精神的諸構造のためにあることでもある。被造物としてのその卑下にもかかわらず、人間は今もそれら他なるものを修復している（あるいは、庇護している）最中である。そうしたことすべてのために生存することで、人間は存在する。これは根底的な非‐ナルシシズムである。

ナルシシズム的ならざる内面性というこの観念は倫理的な観念である。これがこの宇宙論的な言語ないし象徴性の真理であり、おそらくはユダヤ教の典礼の奥深い経験なのだろう。世界を創造し指揮する神と世界とのあいだになぜ人間が挿入されるのだろうか。存在についての純然たる宇宙論的なヴィジョンを倫理的な理解に従属させるためでないとしたら、なぜだろうか。意識やさらには自由とはいうごく単純な観念でさえやはり、被造物のひとつの要素が、すべてを許されたいまひとりの神のように、自己を対自的に措定する可能性である。世界に対する神の作用を、もっとも弱き被造物が被造物の総体のためにあることの可能性に従属させることで、宇宙論的位階――上から下へという一方向のこの位階――は断たれてしまうのだが、しかもその際、なんらかの新たな位階がそれに取って代わるわけではないし、断たれてしまった位階の裏面や無秩序がそれに取って代わるわけでもない。人間は、宇宙に対するその責任ゆえに内面性である。責任に服従した神の力量は道徳的な力と化す。戒律を破ることで人間は神に対して罪を犯しているのではなく、諸世界を破壊しているのだ。服従することで人間は「神のお気に召す」、とあるが、それは人間が「諸世界」の存在を強固にしてそれを照らし出すということだ。タルムードの『アヴォット』〔父祖〕2・1ではこう言われている。「汝の行いが汝よりも高き諸世界での転覆のごときものを決するという点を知りなさい」、と。神を前にした人間の行為は、それが数々の他なるものを巻き込むがゆえに重要なのだ。神への畏れとは数々の他なるものへの畏れなのである。

### 3　人間と〈絶対者〉

ところで、神を前にした人間の役割はさらに別の側面を有している。世界と結びついた場合、神はその宗教的意味を汲み尽くすことはない。というのも、そうした神は人間の視野のなかでの神――『ネフェシュ・ハ・ハイーム』の表現によると「われわれの側での」神しか表してはいないからだ。しかし、神はテトラグラムのなかに意味を有してもいる。人間には定義することも措定することも思考することも、名づけることさえできない意味を。事実、諸世界の創造は、定義を可能にしたかもしれないようないかなる差異も神のなかに導き入れはしなかった。その際「無数の世界」や存在のあいだに確立された位階も、〈創造〉の順序も、神の不変性を傷つけるものではない（II・4、5、8以下）。「神は世界に場所をもたない。世界のほうが神のうちに場所をもっているのだ」――このタルムードの表現は徹底的な仕方で読解されなければならない。場所の空間性としての神は一切の存在の条件であり、しかも、この場所を満たすものによってその幾何学的本質が損なわれることはない（III・2）。それが「自身の側での神」なのだ。われらが著者はカバリストと同様に、そうした神をエン・ソーフという措辞で表している。無‐限である。私たちは諸世界の内的連鎖の位階を起点として「われわれの側での神」へと遡上していく。が、「自身の側での神」は、トーラーが想定した事物と事物との区別によっても何ら作用を受けないのだから、「われわれの側での神」と「自身の側での神」とは矛盾し対立していることになる（III・6）。敬虔な仕方で神が示される際の表現「聖と称えられよ彼は」（Le Saint béni-soit-il）は、「聖」という言葉に内包された分離の観念と、祝福という概念が含意した諸世界との連合を結びつけるものなのだ。

このような新しい考え方からすると、人間的なものは何を意味するのだろうか。それにしても、ここには関係があるのだろうか。ここには概念があるのだろうか。他でもない〈無限〉を語り、口に出しえないテトラグラムに思いを馳せることで、すでにして人間は絶対的な神についてのなんらかの観念を抱き、神に名前を与えているのだ、との指摘が想定されるのはもちろんである。が、これは観念なのだろうか。それによって、私たちは否定神学に連れ戻されるのではなかろうか。

私たちがここで突き当たっている領域は、それ自体で別個に研究されるべき領域であろう。ただ、それを表現する数々の考えは『ネフェシュ・ハ・ハイーム』全体の背景のごときものをなしている。たとえごく簡単にでも、それらの概略に言及しないわけにはいくまい。多大な示唆がそこにはらまれているのだから。

「自身の側での神」という概念は、聖書的な起源を有するものではなく哲学的な起源を有するものとうつりかねない（近代人たちは、それを「形而上学の神」とみなす危険がある）のだが、しかし、われらが著者の思想においては、それはあくまで宗教的な概念である。祈る際には、絶対的な〈無限〉へと――その数々の基体へではなく――魂を「向け」なければならないのだ。この点は随所で確証されている（III・8、14以下）。つまり、言論としての祈りの言葉が世界や、神と世界との連合と係わっているにもかかわらず、そのようなことが可能となるのだ。『ネフェシュ・ハ・ハイーム』によると、魂のこのような方位はイスラエルの典礼の古の祝福のなかに表現されており、これらの祝福は、それを制定した大シナゴーグに属する人々の威信と結びついた権威を有している。ただし、そうした祝福の語彙のなかにではなく、奇妙な構文のなかに、魂の方位は反映されている。これらの祝福は神に二人称で呼びかけるところから始まるのだが、三人称で神を指し示すことで終わるのである（II・3）[10]。われらが著者の解釈学によると、この神は、イスラエルの日々の祈りの中核的表現たる例の「聞け、イスラエル」、つまりは『申命記』6・4の聖句の自明の意味を超えて理解されなければならない。秘教的な仕方でこの聖句はつぎの点を確証している。つまり、聖句の前半でエロヘヌーという措辞で「われらが神として言明された神」（言い換えるなら、諸世界と結合したものとしての神）は、聖句の後半部で用いられたテトラグラムが絶対的な一者として、言い換えるなら、それが「連合」している諸世界の多様性や位階には染まらぬものとして肯定している神そのものなのだ。神は唯一無二であるほどに一であり、有無を言わせぬ言い方をするなら、そのかたわらには何も存在しないのである（III・2）。「あなたは今日、上の天においても下の地においても永遠なる主だけが神であり、この神のほかには何も存在しないことを弁え、心に留める」、という『申命記』4・39の聖句もそのような意味に解することができるはずだ。「この神のほかには何も存在しない」は、「他の神は存在しない」と通常表現されている事態の逐語的な翻訳である（III・3、8）[11]。かくして、一神教はその絶対的な力強さにおいて確証されるのだが、それは存在‐神学（ontho-théologie）を起点としてではない。

『申命記』の〈一者〉と〔プロチノスの〕『エンネアデス』の〈一者〉とが類似しているにもかかわらず、である。かかる絶対的単一性はユダヤの宗教的営みにとって外的なものではない。それがいかなるものであれ、主題化する理論や呼びかける対話には決して収まることなき祈りと、特にトーラーそれ自体を目的としてなされるトーラーの学習こそが、祈りと「まったき純粋さにおける」（Ⅳ、Ⅰ・26）トーラーこそがこの単一性の根源的な「場所」なのである。しかし、疑似‐準拠（quasi-référence）なるもの〔原註10を参照〕がいかなるものなのかをさらに明確化しなければなるまい。

テトラグラム――口に出せない〈名〉であるが〈名〉であることに変わりはない――は、名である限りにおいてすでに名づけえないエン・ソーフに忠実ではない。この点については本質的な言葉が記されている（Ⅲ・2）。「エン・ソーフの本質はどんな秘密より以上に隠されており、いかなる名によってもそれを名づけてはならない。テトラグラムによっても名づけてはならないし、極小の文字の一片によって名づけてもならない。」さらに著者は、括弧を開きながら、主要なポイントを付け加えている。「たとえ『ゾーハル』がエン・ソーフ（無限）という名でそれを示しているとしても、エン・ソーフは名ではない。エン・ソーフは、〈かの方〉が諸世界と結びつこうとするときに〈かの方〉から発出する諸力を起点として、われわれが〈かの方〉に到達しようとする際の仕方としか係わってはいない。だから、〈かの方〉はエン・ソーフ（限界・終わりがない）と呼ばれて始まりがないものとは呼ばれないのだ。なぜそう言うかというと、実際には〈かの方〉は終わりも始まりも有していないのに、〈かの方〉の諸力を理解するわれわれの仕方、われわれの悟性は始まりでしかないからだ。〈かの方〉から発する諸力に達しようとする悟性には終わりがないのである。」再び括弧を閉じたあとにはこうある。「われわれがどうにかこうにか到達するもの、それこそわれわれが名によって、異名によって、属性によって指示し、特徴づけるものである」、と。

すると、無限であるとは、厳密に言うなら、到達不能の謂であって、なにものによっても規定しえないような神の絶対性ではないことになる。それは〈絶対者〉に到達することなく〈絶対者〉を思考することなのであり、そこに、思考が〈絶対者〉を逸する独特な仕方――それは取るに足らない事態ではない――があるのだ。この場合、「思考する」という語は妥当な語であろうか。この語はヴィジョンとは言わないまでも、少なくとも狙いを連想させるもので、依然として狙いはそれなりの仕方で終着点を措定し、それを的として固定するのではなかろうか。今引用した一節は、終わりに至ることなき始まりを示唆し、相関項なき関係のごときものを描いていた。ただ、エン・ソーフは他でもない人間の心性のこの奇妙な可能性――そしておそらくは一切の心性の源泉――から意味を借りて、言論のなかに姿を現すのであり、それはあたかも、人間がエン・ソーフの意味作用の仕方に他ならないかのようなのだ。したがって、人間的なものは、単にそれに対して啓示がなされるような被造物なのではない。人間的なものによって、神の絶対がその意味を明かすのである。〈無限〉を思い描けないという人間の不可能性はまた、意味することの新たな可能性でもある。「われわれの側での神」と「自身の側での神」との矛盾にもう一度立ち戻らなければならない。

この根底的な矛盾にあっては、二つの概念のいずれも相手を前にして消失したりはしない。のみならず、この矛盾は逆説的な矛盾でさえある。諸世界や諸存在の位階に無関心で、数々の規則にも無関心なエン・ソーフは普遍的な神を、遍在する神を表している。そうした神は、数々の「差異」を超えて内面的に称えられる神ではなかろうか。数々の「差異」も、この神のうちでは、障壁を作ったり区別を設けたりすることはありえないのだ。しかしながら、神的なもののこの「様態」はまた、世界とその数々の差異、上‐下や純粋‐不純などの差異にもとづいて生きられるような宗教的営みを賦活する道徳的指向の成就でもある。

それは、数々の形態を経ての上昇を成就させるものでありながらも、〈絶対者〉とは相容れないものとしてそれらの形態を超越し一掃する、そのような精神化なのだ。とすると、ここにいう超越は曖昧なものではなかろうか。われらが著者は、『申命記』の末尾がモーセに認めた比類ない予言の威信に言及することで、かかる親縁性とかかる超越双方を示唆しているように思われる。トーラーに服する人間はエン・ソーフと例外的に親密であるのだ（III・13、14）。モーセにとっては、神は遍在している。取るに足らない柴からも神は彼に語りかける。神の〈無限〉を前にして、モーセは文字どおり虚無と化す。アブラハムも（『創世記』18・27で）、「わたしは灰であり塵です」と言っているではないか。モーセは（『出エジプト記』16・7で）、「われわれが何者だというか」と言っている（III・13）。それ以来、神はモーセの口を借りて一人称〔われわれ〕で語ることになる。純粋な祈りは例外的な超越の努力として私たちに現れたのだったが、そうした祈りがめざす親密さは、モーセが申し分のない仕方で習熟していたトーラーの純粋な学習の本義として確証される。エン・ソーフという概念はそれゆえトーラーの成就なのであり、テクストの字面だけを見るとトーラーの法規至上主義は諸世界の内的連鎖と位階を想定しているかに見えるが、ここにいうトーラーの成就は諸世界から解き放たれたものなのだ。では、そこに至った者にとってはすべてが純粋なのだろうか。宗教的なものの頂点としての、こうした解放にまで至らなければならないのだろうか。〈律法〉を起点としつつも〈律法〉と倫理を超える、そのような上昇を、いわばトーラーの力動性そのものとして強調しなければならないのだろうか。『ネフェシュ・ハ・ハイーム』は倫理の彼方へのこのような誘惑を認識していた。少なくともハシディズムの行き過ぎのうちには、かかる誘惑を認めていた。ところが、『ネフェシュ・ハ・ハイーム』による批判はそれに留まらない。〔かかる誘惑は〕踏み出してはならない一歩なのだ。被造物に由来する一切の差異（différence）を超えた精神性は人間にとっては、ニヒリズムの無関心（indifférence）を意味している。神の遍在においてはすべてが同等なのだ。すべてが神的なものなのだ。すべてが許されているのだ。被造物の差異を排除するものとして至る所にいる神は、どこにもいない神でもある。それだけで宗教性の頂点であるようなエン・ソーフ、〈無限〉の思想は宗教性の深淵でもある。とことんつきつめて考えられたがゆえに、ついにはエン・ソーフを示唆していたトーラーの外へ、その彼方へと導くに至ったエン・ソーフの思想（Ⅲ・3）、それは宗教的な神の観念の不可能性である。だから、エロヒームの宗教に、トーラーの〈律法〉に、「諸世界とその差異に結びついた神」に、諸世界の内的連鎖を起点とした神への私たちの接近に場所を与えなければならないのだ（Ⅲ・6、7）。

この地点で、『ネフェシュ・ハ・ハイーム』はカバラの思弁に訴える。〈神的なもの〉の「始原的収縮」の観念、ツィムツームの観念に訴えるのだ。この観念によって、カバラのなかでは、神の遍在と神の外での被造物の存在との二律背反が解消される。神は〈創造〉に先立って収縮して、自己のかたわらに自己とは他なるもののための場所を作り出す。独創的な仕方で、『ネフェシュ・ハ・ハイーム』はツィムツームを認知論的な出来事と解し、隠蔽（dissimulation）を示唆する数々の類似したテクストや措辞からツィムツームの概念を引き出している（Ⅲ・7）。〈無限〉は闇に包まれる。〈無限〉のことを詮索するのは禁じられているが、それは〈無限〉と諸世界の連合という真理に余地を残すためである。ここにこそ、『イザヤ書』45章でイザヤが語る隠れた神の意味が宿っているのだ（Ⅲ・7）。とはいえ、人間の有限性を確証することがここでの問題なのではない。ツィムツームは人間の失墜ではなく、始原的な出来事である。ツィムツームが定める人間の有限性は単なる心理学的無力ではない、それはある新たな可能性なのだ。〈無限〉と〈律法〉を一括して思考する可能性であり、両者の連繫の可能性そのものなのだ。その限りにおいて、人間は理性の二律背反を単に明かすものではないだろう。二律背反を超えて、人間は〈絶対者〉の新たな像を意味しているのだろう。

（1）『ネフェシュ・ハ・ハイーム』の当該箇所はローマ数字だけで示し（ローマ数字は同書の四つの大きな区分、「門」と呼ばれるものを示している）、その後に章を示すアラビア数字を付した。

（2）聖典に関するラビの通常の釈義では、エロヒームはつねに厳格な正義の原理としての神を意味しており、この神は、慈悲の原理としてテトラグラムによって示される神と対立している。この点についてのより広い見通しが『ネフェシュ・ハ・ハイーム』のなかで開かれるのを、私たちは眼にするだろう。

（3）すべての措辞に強い意味を与えつつ、『ネフェシュ・ハ・ハイーム』はこのような仕方で『列王記上』18・39の聖句を読解している。「これを見たすべての民はひれ伏して『永遠なる主こそエロヒーム、永遠なる主こそエロヒーム』と叫んだ、とあるが、テトラグラムによって示される神はありとあらゆる力の主人なのである。」（I・2の註）

（4）彼なりの仕方で、ボロズィネルはその主張をテクストに「即した」読解によって基礎づけている。ここにそのいくつかの例がある（I・2）。「大きな光を造ったお方」と『詩篇』136・7にあるが、『詩篇』は「造った」を現在形で用いていないだろうか。「大シナゴーグに属する人々」によって制定された祈り――ラビの神学によるとこの祈りは伝承にとって本質的で多大な威信をもつ環であって、バビロニア捕囚からの帰還の折りに制定されたものなのだが――のひとつには、こう書かれていないだろうか。「その善性をつうじて、〈始まり〉の業を日々再開するお方」、と。

（5）この慣習を容認しなければならない。神学的なものとして思考され提示されたこのテクストでは、本来的な人間はイスラエルの同義語なのである。聖典に準拠した作品では、この同義性はなんら「人種差別的な」点を有してはいない。イスラエルという概念がその通常の用法ではなんら排他的な点を有しておらず、ありとあらゆる加入に門戸を開いた秩序を意味しているのと同様に。

（6）ユダヤ教の伝承では、人間の諸器官の「目録」と、否定、肯定双方を合わせたトーラーの戒律の「目録」とを数の上で一致させようとする配慮がつねに見られる。

(7) 『ネフェシュ・ハ・ハイーム』(I・3) はこう書いている。「だからこそ、諸世界は人間の行為に即して振る舞うのであり、人間の行為は、その運動に応じて、諸世界よりも高く、諸世界の生命の魂であるようなより高き魂の根に運動を引き起こすのだ。そうした運動に即して諸世界は動くのだが、人間の行為の運動が止まると、世界も動きを止めてしまう。」

(8) ボロズィネルは特に『イザヤ書』51・16のことを考えている。「わたしはわたしの言葉をあなたの口のうちに置き、あなたをわたしの手で覆い、天を築き、地を建て直したい……」と訳すことのできる聖句は、天ならびに地のあり方を、人間の口から出る言葉に比すために用いられている。なぜなら、言葉はそのために口のうちに置かれたのだから。同様に、「あなたの子らはみなトーラーの教育を受けるだろう」という『イザヤ書』54・13の聖句は、『ベラホット』64a(加えて『イェヴァモット』〔レビレト婚〕122bと『ナズィール』〔ナジル人〕66等々)のミドラッシュがそれに施した変容を踏まえて取り上げられている。「バナイシュ(あなたの子ら)と読んではならない。ボナイシュ(あなたの建設者たち)と読まなければならない」、というのである。かくして、トーラーの教育を受けた者たちは諸世界の建設者たちであることになる。「あなたを破壊した者たちとあなたを廃墟とした者たちはあなたから遠ざかる」という『イザヤ書』49・17の聖句は、「あなたを破壊した者たちとあなたを廃墟とした者たちはあなたから生まれる」という意味に読まれている。

最後に、『エハ・ラバティのミドラッシュ』集から借用された特徴的な引用を挙げておこう。「『哀歌』を註解しながら、ラビ・アキバは言った。イスラエルが神の意志を実現するとき、イスラエルは至高者の力量にさらに力を付け加えている。なぜなら、『われわれは神と共に力を奮うでしょう』(『詩篇』60・14)と書かれているからだ。しかし、イスラエルが神の意志を実現しないときには、さながらイスラエルが至高者の大いなる力を弱めているかのようだ。なぜなら、おまえを生み出した岩を、おまえは弱めている』(『申命記』32・18)と書かれているからだ、と。」「おまえはそれを弱めている」と訳された語の自明の意味は「おまえはそれを侮っている」であるが、字義どおりの訳は自明の意味より以上に思弁に富んでいる。

(9) このように人間をもっとも低きところに位置づける仕方は、他なるものとしての他なるものがつねにより上位のものであり内面的なものであることを私たちに教えているのではなかろうか。

(10) つぎのように問うことさえできるだろう。もっとも、私たちは厳密に個人的な資格でつぎの問いを提起するのだが、純然たる文献学や典拠の探究に甘んじるのでなければ、テクストに準拠しつつ進展する思考の数々の含意を把握せんとする読解には解釈は不可避であろう。祈りは、語られたことを語ることであるに先立って、加護を求め探究し欲望するひとつの仕方であって、その仕方は命題的あるいは憶見的などんな指向性にも還元不能なのではなかろうか。指向性のどんな派生物、そのどんな種類にも還元不能なのではなかろうか。祈りとは、いかなる関係のなかにもその項〔終着点〕としては参入しないものを探究する仕方であって、そこで私たちは疑似‐準拠（quasi-référence）としか係わらないのではなかろうか。ただし、ここにいう疑似‐準備は単に暗黙のものではない。それがある項〔終着点〕に到達しえないことは、無差別性のなかに埋没することでもない。名づけえない神への疑似‐準拠、それは主題化し客観化する指向性から区別されるのみならず、対話における呼びかけからも区別される。なぜなら、ここにいう疑似‐準拠は項〔終着点〕の措定にはいかなる仕方でもまったく相当しない事態だからだ。もっと大胆に、そもそも指向性は、始原的な《不在者を思考すること》としての祈りから派生したものなのではないかと問うこともできるだろう。『ネフェシュ・ハ・ハイーム』の二の「門」で提示された祈りをめぐる格別に豊かな考察については、ここでこれ以上詳述することはできない。

(11) 準拠を拒み（前註を参照）、関係を拒むこうした「準拠」の緻密さは、見られるように、命題の構文に生じる突飛な変動をとおして、あるいはまた、地下の意味によって表現されるのだが、ここにいう地下の意味は超‐逐語的な意味と言ってもよいし、逆にすでにして象徴的であるような意味と言ってもよいもので、自明の意味のさらに下で理解される。

# 11　スピノザの背景

## 1

ファン・ディアスとファン・デル・タークによって近年オランダで出版された研究は、スピノザの破門について、従来伝えられてきたほどには悲劇的なものならざる像を与えてくれる。破門が決定的なものと化したのはもっぱら、宗教共同体の枠組から離脱したいという、スピノザが抱いていたかもしれない意志のせいだというのだ。彼らの研究は、それまで伝統的に公認されてきたスピノザの伝記的事実についても、多くの点で一種の疑義を呈している。たとえば、スピノザはラビになるために勉強していたと言われている。しかし、事実はどうかというと、彼の名はタルムードの学習を専門とするアムステルダムのユダヤ人学校の最上級クラスの学生名簿には記載されてはいない。とすると、スピノザはタルムードの教授を務めていたラビ・モルテイラの弟子ではなかったことになろう。上述の研究は、私立古文書館収蔵の資料とこのユダヤ人学校に関して当時出版された文書群を根拠としている。これらの資料に依拠することで、アムステルダムのユダヤ人コミュニティー所属のこの施設の科目編成や管理運営機構を再構成することが可能になったわけである。

伝説にけちがついたからといって、ヘブライ語に堪能で聖典に通暁していたというスピノザの定評が損なわれるわけではもちろんない。スピノザにおけるタルムード実修の幅と深さが疑問に付されただけである。とはいえ、彼らの研究の結論にはいささか気をつけなければならない。仮説と推論を過度に押し進めているきらいがあるからだが、ただし、これもおそらくは、彼らのせいというよりもむしろ、スピノザの書いたものそれ自体が有するいくつかの側面のせいであろう。『神学‐政治論』を読むと――友人のシルヴァン・ザックが見事なスピノザ論〔『スピノザと聖典解釈』一九六五年〕を出したのを機会に、最近もう一度読んでみたのだが――、スピノザは中世ユダヤ哲学とカバラのいくつかの文書には完璧に通じていたが、中世以前のタルムード文献とは直接的な接触をもたなかったのではないか、という印象を受ける。もっとも、スピノザの生まれたコミュニティー自体がそのような接触をすでに断ち切っていたのであって、そこでは、マラノ的な理念や慣習や趣味が生々しく残存していて、カバラへの関心や終末論的待望感が、タルムードの高度な弁証法とラビ的論議が放ったであろうはずの魅力を圧倒していたのだった。数々のユダヤ人コミュニティーが――そしてもちろんそこにいるラビたちが――いつでもどこでもタルムードの伝承の正統的な解釈者であるなどと考えるのはまちがいである。大抵は、タルムードの伝承は、すでに頽落し凝固し息絶えたものとして姿を現すのだから。件の歴史的研究は、スピノザの時代のアムステルダムでのユダヤ人の生活のなかでタルムードが占めていた比重をまったく考慮に入れていない。

したがって、タルムード研究の分野においてスピノザが恵まれた環境にいた、という点にはまったく信憑性がなかったことになる。このことのほうがスピノザの伝記的事実よりも重要なのだ。『神学‐政治論』によって批判された聖典のラビ的釈義は、タルムードというその魂から切り離されてしまっており、それがために、文字に拘泥する（その反面、恣意的な意味を文字に与えるのには急な）「パリサイびとたち」の盲目的で独断的な護教論として、明らかにちぐはぐなテクスト群の強引な継ぎ合わせとして現れることになったのである。ラビたちは完全に狂っている（第九章）、ラビたちはすべてを捏造する（第二章）。この種の言葉を読むと、古文書を掘り返すまでもなく、スピノザはタルムードを知らなかったのではないかという猜疑が生まれてくる。スピノザのような人物が相手なのだから、端的に知らなかったと考えたほうが、誤読とか無理解とみなすよりも信憑性があるだろう。

ここはタルムードとは何たるかを論じるべき場所ではないし、またその余裕もない。そこで、その比類ない構造に言及するにとどめたい。タルムードは諸問題を論議の状態に保つ。そこでは数々の主張が対立しているが、いずれの主張も、他でもないタルムードの表現を用いるなら、「生きた神の言葉」でありつづける。結論なき対話の数々の相互矛盾にもかかわらず、タルムードは一なる精神の理念をもって真正なものとする。開かれた弁証法である。この種の弁証法はそれをめぐって営まれる学習と不可分であり、この学習がテクストのすさまじい力動性を増幅し、強化していくのだ。そこには師の言葉が不可欠である。こういう言い方が許されるなら、師が「タルムードする」(talmudiser) その仕方にすべてがかかっているのだ。口伝の律法、それがタルムードの名であり本質である。少なくとも六世紀以降、タルムードが文書として書き留められてきたとしても、である。果してスピノザは、「タルムードする」師の見事な語り口を一度でも耳にしたことがあるのだろうか。きわめて偉大な精神といえども学習や周囲の環境のなかで彼を培ったものによって説明される、などと考えるひとがいれば、愚の骨頂であろう。しかし、背景にはそれ固有の因果関係があるのだ。

## 2

タルムードが賦活しているいくつかの釈義の可能性に言及するだけで十分ではないかと思うのだが、かかる釈義に対するスピノザの批判ならびにそれに抗してスピノザが提起している文献学的方法を信じるならば、なんとタルムードの釈義はテクストを歪曲するものでしかないことになる。

タルムードの博士たちはたえず聖句に立ち戻る。もっともその点について、スピノザは「聖書が明確には言おうとしていないことを言わせるために聖書の言葉を歪めている」（第二章）と言っているのだが、こうした絶えざる原典参照のなかで探究され――時に成就されている――もの、そしてまた、一見すると自明の意味から遠ざかっているかに見える多様な解釈を生み出すもの、それは、一方では註解された一節が読者の現在の関心事（個人的な関心事であれ、彼の世代に共通な関心事であれ）について読者の蒙を啓き、他方では、それと相互的に聖句がこの光明にもとづいて刷新される、そのような読解である。「説き諭す」（homilétique）ものとしてのテクストの本質と私が呼ぶのもそれである。説諭、それは、コミュニティーの教化であるよりも前に、テクストとのこのような親密な関係であり、このような刷新であり、このような意味の再活性化である。ブルトマンの書物に寄せた序文で、リクールは「テクストという鏡に照らした生の判読そのもの」として解釈学を定義しているが、ここでも、そのような解釈学がそれなりの仕方で実践されている。いや、それはここで創設されたとさえ言えるのだ。

スピノザがパリサイびとと呼ぶ人々において、おそらく釈義のためのひとつの範型が定められ、聖書に由来する数々の宗教はこの範型に従うことになったのだった。筆記としての聖典は後世への呼びかけをはらんでおり、それゆえ、釈義とはある時代が別の時代にとって意味をもちうる可能性であるというのだ。だからといって、歴史は真理を相対化するものではない。テクストと読者を隔てる距離は、精神の生成そのものがそこに住まうような懸隔なのである。かかる距離があって初めて、意味は十全に意味し、新たな意味を帯びることができるのだ。だから、神学や哲学で連続的〈創造〉が語られるのと同様に、釈義にもとづいて連続的〈啓示〉を語ることができるだろう。ラビ・アキバの学校で教えられていることはモーセには理解できなかったが、しかしモーセの教えそのものである、とタルムードのある譬え話(『メナホット』〔穀物の供え物、素祭〕29a)にはある。別の譬え話によると、トーラーはもはや〈天〉にはなく人間たちの論議のうちにある。だから、トーラーの本来の意味——天におけるトーラーの意味——を執拗に追尋することは、逆説的にも、木々の根を抜き、河の流れを逆転させるにも等しい業なのだ。文字を超出するものとしての釈義はまた、書き手の心理学的意図を超出するものでもある。意味の多様な水準、その多様な深度が承認されることで、同じ聖句、同じ聖書の登場人物、同じ「定礎的な出来事」をめぐる解釈の多元性が容認されることになる。意味は多義的である。言葉とは「岩をたたいて数限りない火花を飛び散らせる金槌」のごときものであり、時代の多様性や釈義者たちの個性の多様性、それこそが多義性の存在様相なのである。それゆえ、釈義者の比類ない魂がひとつ釈義に欠けているだけでも、〈啓示〉には啓示されざるものが残されることになろう。こうした意味の刷新がテクストの改竄とみなされかねないこと、この点をタルムード博士たちは知らなかったわけではない。つぎのような叱咤の誰の眼にも明らかな反語が生まれたのもそれゆえである。「アキバよ、聖句を歪曲するのもたいがいにして、お前の得意とする聖典の主題に戻りたまえ。不浄と天幕に関する主題に戻りたまえ!」

ところで、テクストから読者へ、読者からテクストへというこの往還や意味の刷新はおそらく、どんな文書、どんな文学にも備わっている特性であろう。たとえこれらの文書や文学がわれわれは〈聖なる筆記〉なりと主張しないとしても、である。人間的なものの真正な表現のうちに立ち現れる意味は、書き手が予言者であろうと哲学者であろうと詩人であろうと、書き手の心理学的な意図の内容を超出している。己を表現することで、意図は、一個の民族の言語と経験に客観的に担われた意味の数々の流れを横断し貫通する。

これらの流れは語られたこと（le dit）にその均衡を、その成功とその響きを保証する。が、語ること（le dire）は、語られたことのなかで思考されたものに先立つものを振動させる。解釈がそれを解き放つのだ。解釈は単に意味の知覚であるだけではない、それは意味の構成である。この観点からすると、どんなテクストも霊感を吹き込まれている。どんなテクストも、内包しえるより以上のものを内包している。いかなる文学の解釈も、文字が示唆する自明の意味が思考されざるもののなかにすでに位置づけられているその仕方に起因しているのだ。もちろん聖典は、単に文学的なテクストがおそらく失ってしまった、いまひとつ別の秘密、超過的な本質を有している。だからといって、聖典が文学的テクストであることになんら変わりはない。宗教的啓示がテクストと化し、解釈学の前に立ち現れるのは、どんなテクストもが霊感を吹き込まれているからなのである。

## 3

スピノザの批判はこのような意味の「存在論」（ontologie）をまったく斟酌していない。仮りにスピノザが、あの天才スピノザがタルムードの営みと親しく交わることがあったのなら、この存在論をパリサイびとたちの欺瞞に帰すことはできなかっただろうし、また、「言葉や比喩にもとづく場合のほうが、私たちの自然的認識の基盤たる原理や概念にもとづく場合よりも、ずっと多くの観念を組み合わせることができる」という事実によってこの存在論を説明することもなかったであろう。

スピノザが推奨する文献学の諸規則、それらは紛れもなくテクストの近代的読解の領野を定めるものなのだが、スピノザにあっては、そうした諸規則に何か別の次元が付け加えられることはまったくない。しかしながら、思うに近代的読解なるものとて、スピノザ的方法によって奨励されたこのような領野に限定されるものではあるまい。スピノザにとっては、地上的な〔時間的な〕経験を要約した知識や、詩的な様式を有したものはことごとく「想像的・空想的なもの」(imaginaire) とみなされてしまう。聖書が時間によって条件づけられたものである以上、聖書も十全なる観念 (idées adéquates) の埒外にある。聖書の首尾一貫性なるものも、註解者たちの作為 (*figmenta*) の所産でしかない。とすると、現実的であるのは、主観的な意図を伴った、聖書の主観的現実性のみであることになる。思考の営為の現実性と、テクストに書き留められたその主観的意図を探ること、それだけが、現実性を気にかけた知識が聖典のうちに探究しうるもののすべてであることになる。「聖典の書き手の意図を理解すること」——主観的意図とその原因を理解するのであって、主観的意図の想像的な射程を理解するのではまったくないのだ！　テクストの釈義をするよりもむしろテクストの生成過程を解明せよ、というわけだ！　意味が、それが表現された際の情勢と係わっているのはもちろんだが、このように考える限りにおいて、意味は最初からすでに十全な仕方で完成されていて、どんな歴史的展開にもどんな解釈学にも先立ってテクストのうちで物化され、そこに幽閉されたも同然の状態であることになる。帰結ではなく起源が絶対的なものであるのだ。つまり、スピノザは単に聖書をテクスト一般のレヴェルへと格下げしたのみならず、一切の筆記の探究を〈自然〉の探究と同一視してもいるのである(第七章)。「私が言わんとするのは、聖書を解釈する方法は自然を解釈する方法と何ら異なるものではなく、それどころかそれと完全に一致するということである。」

スピノザはきっと、聖典は唯一の典拠からなるという強迫観念から近代を解放したのだろう。神的なものとは、聖典のなかにあって彼の『エチカ』の実践的諸帰結と合致するものの謂である。「それゆえ聖書の神性は、それが真の徳を教示するという点からのみ帰結するはずである。」(第七章) こうなると、出所を異にするさまざまな断片が福音を述べ伝えうるものと化す。ただし、スピノザは意味の生産に関してテクストの読者にいかなる役割も授けはしなかったし、こう言ってよければ、いかなる予言の才も耳に貸し与えはしなかった。しかるに、今日の人間にとっては、メッセージへの留意――それはどんな読書、どんな詩的享楽もが有する宗教的契機である――は、まず最初に与えられた記号の背後から意味が到来することと結びついている。解釈学と出会うために意味は到来するのだ。因みに、スピノザの思想それ自体についても多様な解釈がありうるし、しかも、それらの解釈はスピノザの思想の真理と相容れないものではなく、逆にそれを確証しているという点も、このことから理解可能な事態と化すのである。

# シオニズム

# 12　カエサルの国とダヴィデの国

## 1　国家への諾

キリスト教の誕生直前の数世紀においても、キリスト教が生まれてからのラビの理論においても、ラビのユダヤ教においては、政治的秩序と精神的秩序——現世の国と神の国——は、「カエサルにはカエサルのものを、神には神のものを」という福音の言葉が示唆しているほど截然とは区別されていなかった。キリスト教では、現世の国と神の王国は切り離され、接触することなく隣合っており、原則的には干渉し合うことがない。現世の国と神の王国は人間性を分かち合っており、人間性を独占しようと争ったりはしない。おそらくはこのような政治的中立性ゆえに、キリスト教は実にしばしば国家の宗教と化したのだろう。

イスラエルにとっては政治的権力と神的秩序は渾然一体をなしていると語るとすれば、もちろん正確さを欠くことになろう。ユダヤ人たちがキリスト教のメッセージに無関心でありつづけたのは、自分たちの国民の救済とローマ人たちによって虐げられたユダ王国の解放以外のものを、神から期待することができなかったからではない。国家の彼方はユダヤ教が垣間見ることのできたひとつの時期であるが、だからといってユダヤ教は、〈法〉から引き離された国家を諸国家の時代にあって容認することはなかったし、国家は必要不可欠な道——たとえそれが国家の彼方に行くための道であれ——ではないと考えることもなかった。予言とはおそらく、無政府状態を拒んだがゆえに先取りされたこの反マキアヴェッリズムに他ならないのだろう。

聖書の数々の文書のなかでは、王という観念が国家の原理を表現している。『申命記』17・14－20と『サムエル記上』8は、政治権力に関する憲章を含んでいる。王政という制度は、イスラエルの民にも非ユダヤ人たちにも共通のものとして要請されている。そこでは予言者はこの制度を推奨するというよりもむしろそれに同意しているにすぎない。『サムエル記上』よりも『申命記』でのほうが同意は進んで与えられているのだが。『申命記』は、永遠なる主によって選ばれた者、トーラーに忠実な者を王として望んでいる。自分の同胞を見下して高ぶることのないように、彼はトーラーを「生きている限り読みつづけ」なければならない。心を惑わすことのないように、〈律法〉の道から外れないように、金銀を多く蓄えてもならないし多くの妻をめとってもならない。エジプトに戻ったりしないように、馬を増やしてもならない。権力の濫用なき権力、道徳的諸原則を遵守する権力のイメージである。イスラエルと諸国民に共通な制度はイスラエルの特殊性を損ないかねないのだが、このような権力のイメージはこの特殊性を護るものでもある。かかるイメージにあてはまるのは、統治を開始したばかりの時期のサウルであろうか。サウルは「荷物のあいだに隠れて」姿を現さなかったし、王になっても畑を耕しつづけた。

サムエルの言葉はどうかというと、それは激烈な非難の言葉である。この予言者は、権力が臣下たちを隷属状態に置き、彼らの財産を、家臣を、家族を徴用することを予見している。権力は圧政の前兆なのだ。「あなたたちは、自分が選んだ王のゆえに、主に向けて泣き叫ぶ。しかし、主はその日、あなたたちに答えてはくれない。」国家から脱出することは不可能なのである。

ところがタルムードは、『サムエル記上』では不当徴用であったものを王の特典として提示している。(1)

『申命記』17・14－20についての註釈も聖書の口調の厳しさを和らげている。[2]王は過度に馬をもってはならない（『申命記』17・16）。騎兵隊に必要な数だけもつべきである。金銀についても、過剰に所有してはならない（『申命記』17）。兵士たちの給料を払うのに必要な分だけもつべきである。一個の民族を諸国民のなかで、ひとりの人間をその同類のなかで生き延びさせるという課題を引き受けること、それが問題である場合には、権力の過剰は合法的なものなのだろうか。そうであるように思える。

しかし、絶対的な法は一時中断されうるのだろうか。ユダヤ教においては、絶対的な法が単なる足かせとして、それも、生活の必要に迫られて振り払ったとしても差し支えないような足かせとして現れることがありうるのだろうか。国家を選び取ることは〈律法〉に反した生活を選択することに等しいのだろうか。この〈律法〉はまさに生活の〈律法〉たらんとしているというのに、である。ただし、例外がないわけではない。〈律法〉の神性の本義が、「山を裂き岩を砕く、激しく強い風」とは別の仕方で、「地震」とは別の仕方で、「火」[3]とは別の仕方で世界に介入することにある場合。〈律法〉の至高性、さらにはその精神性さえが極度の自卑を本義としており、義人たちの心に入り込むことを「幽き沈黙の声で」請う場合。[4]これらの義人が少数派である場合。少数派がたえず敗北の間際にある場合。世界にある精神が脆さそのものである場合。[5]〈律法〉の世界への浸透が教育を、保護を、それゆえ歴史と国家を必要としている場合。政治がこの長い忍耐と多大な慎重さの道である場合。これらの場合には、国家を選び取ることは必ずしも〈律法〉に反した生活を選択することではないのだ。ここで目指されたのは、宗教が政治的必要性に認める「譲歩」の哲学的前提にまで実に慎重な仕方で遡ろうとすることだった。場所と時の多様な情勢と必要性に留意する精神、政治はこのような精神に属しているのだが、かかる精神を前にして、「絶対者の精神」は「一時的な譲位」を表明する。ただし、「一時的な譲位」の生じる場たる時間的秩序それ自体が絶対者によってなんらかの仕方で正当化されている場合にのみ、この種の譲位を思い描くことは可能なのだが。〈啓示〉の究極の高さなるものがあるとすれば、それは応答しなければならないという欲求に、内面性を求める探究に由来するものであろう。この意味において、〈啓示〉は教えとしてのトーラーに他ならないのだ。しかし、そのようなものたるがゆえに、〈啓示〉は時間を必要とする。発展するために時間を要するすべてのものにつきものの弱さは、抽象的な視点から見られてはならない。ここでは、それはプラトン的イデアやアリストテレス的形相の永遠性にもまさるある精神の秩序を肯定的に示しているのであり、ここにいう精神は、その容量以上のものを精神にもたらすような〈他〉と係わる精神なのだ。それ自体が超過であるような秩序なのだが、それゆえにまた、かかる秩序は種々の危険にさらされてもいる。教えられたことは忘れられかねない。それも全面的な忘却に至るまで。したがって、言うまでもないことだが、間断なき教育に好都合な時代の安定ならびにそれを保証しうる政治は、ある形而上学的尺度に即して測られねばならないことになる。それらは、どのような胡散臭い御都合主義にも発することなき「譲歩」と「一時的譲位」の原理なのだ。「譲歩」や「一時的譲位」は「刻下の要求」に応えようとするものだが、この要求は永遠が時間のなかに浸透することを求めているのであり、言い換えるなら、それこそが〈啓示〉の本質なのである。「トーラーがイスラエルの記憶から引き剝がされるよりはむしろ、トーラーからひとつの文字が引き剝がされたほうがよい」、と『テムラー』〔供え物の代用〕[6]が言明しているのも、ちょうどこの意味においてである。政治的行為は、ひとつの文字のそのような犠牲ゆえに生まれた空虚のうちに位置しているのではなかろうか。政治的行為は、その当初の目的から解き放たれた自律的秩序に属するものとはみなされない。完璧を期するある教義によると、サンヘドリンが王を即位させ、王を管理するのだ[7]。戦争や税金や収用を伴う秩序の上に〈絶対者〉の〈律法〉が位置しているのであり、この〈律法〉は、政治的権威を生ぜしめたあとでも消え去ったりはしない。政治的権威が生まれてからは、〈絶対者〉の〈律法〉がかつてカエサルに託したものは無条件にカエサルに委ねることになるのだが、それでもこの〈律法〉が消え去ることはないのだ。

『申命記』のある箇所を取り上げつつ、タルムード[8]はこう述べている。「王は自分だけが使うものとしてトーラーの書を一部したためた。戦に出るときに、王はそれを持って行った。もどるときには、それを持ち帰った。公正な裁きをするために法廷に座すときにも、王はそれを離さなかった。食卓についたときにも、王は眼の前にそれを置いた。『トーラーの書は彼と共にあり、その生涯のすべての日に彼はそれを読む』、と言われているとおり。」君主と〈書物〉のあいだに存する関係の親密さを示すものとしては、つぎのような註解がある。「いかなる場合にも、先祖から伝えられた巻物を鼻にかけてはならない。ラバは言う。たとえ親が巻物を自分に残してくれたとしても、自分自身で巻物をしたためるのは各人の宗教的責務である。『あなたたちは今、この歌を書き留めなさい……』（『申命記』31・19）、と言われているとおり。王が携えていた巻物は護符のような体裁で書かれており、王はそれを腕にぶらさげていた。それで、（『詩篇』16・8では）ダヴィデについてこう言われているのだ、『わたしは絶えず神と対面しています。神は私の右にいます。わたしは揺らぐことがありません』、と。」これら祈りに関する厳密な規定や事細かな勧告は、自分を表現する種々の仕方でもあるのだ。その純粋な本質に即したものとしての国家は、神の言葉によって浸透されたものとしてしか可能ではない。君主は神の言葉をめぐる知識によって教育され、ひとりひとりの人間が自分自身の責任でこの知識を取り上げることになる。伝承とは刷新なのである。

特に重要なのは、国家は絶対的秩序と矛盾しないばかりか、絶対的秩序によって呼び求められてもいる、という考えである。タルムードが『サムエル記上下』、『列王記上下』で現に起こったことを徹底的に考え抜いているのもそのためである。それによると、数々の混乱、戦争、政治的暗殺の只中にあっても、約束をもたらす永遠の王朝たるダヴィデ王家が神の意志に即して確証されるのである。数々の予言の書をとおして、この王家はしだいしだいに終末論へと入り込んでいく。メシアは正しい社会を築くとともに、イスラエルを解放したあとで人類を解放する。こうしたメシアの諸時代は統治の時である。メシアとは王なのだ。神的なものは〈歴史〉と国家を任命するのであって、それらを廃棄するのではない。〈歴史〉の終末もある政治的形態を維持している。(9) ところで、メシアはダヴィデの子孫である。それにしても、己が正義によって正当化されるメシアにとって、ダヴィデを始祖とする系統樹が何の意味をもつというのか。これは、当のダヴィデ自身にとっても、ダヴィデという名によって表される政治の構造にとってもこのうえもなく重要な事態だった。ダヴィデの国家はあくまで〈解放〉という目的性のなかにとどまる。メシアの時代は、終末論など気にもかけることなく刻下の諸問題に没頭するものとみなされた政治的秩序から帰結しうるものであり、また、そうでなければならない。タルムードの教訓的寓話はその点について格別に示唆的である。それによると、ダヴィデ王は昼間は戦争し、統治するが、人々が安らぐ夜間には〈律法〉に身を捧げるのだ。(10) 生活の統一性を取りもどすための二重生活である。過ぎ行く日中の政治的行為は永遠の夜のなかで始まる。それは、〈絶対者〉との夜間の接触に淵源を有するものなのだ。

『ヤッド・ハ・ハザカー』〔力強き手の意で、『トーラー再説』の別名〕のうち国家を主題とした有名な一節で、マイモニデスは、空想にまつわりつく超自然的要素とは無縁な諸特徴をつうじてメシアの時代を描いている。黙示録的なものならざるこのような終末論では、哲学者たちの思考がラビの思考と一致することになる。ユダヤ的感受性にとってメシア待望の有する意味のすべてがかかる終末論のうちに吸収されるわけではもちろんない。けれどもかかる終末論をつうじて、美しい夢物語の域を超えて国家が約束する、事実のなかでの理想の成就に、ユダヤ思想がどれほどの重要性を与えているかを測ることはできよう。以下に引用する同論からのいくつかの抜粋は、メシアニズムと究極の宗教的約束（「未来の世界」）との区別を示すと共に、さらに、理性的政治によって一切の追放、一切の暴力の終焉を約束し、平和にあっては観照の幸福を約束しうる可能性への実にプラトン的な信頼を告げてもいる。その合理主義的な節度ゆえに見事なものであるこの論考の主要要素は以下のとおりである。

「王たるメシアはダヴィデの王国をそのいにしえの状態に、その最初の力量に連れ戻すであろう。彼は神殿を再建し、四散したイスラエルを統合するであろう。（……）王たるメシアが数々の奇跡をおこない、自然の法則を革新し、死者たちを蘇らせるのだなどと想像してはならない。（……）このトーラー、そこに書かれた数々の戒律や掟は永遠のものである。何も付け加えてはならないし、何も削除してはならない。父祖たるダヴィデのように、口伝の〈律法〉と書かれた〈律法〉に即してトーラーを学び、戒律を実践する王がダヴィデの家系から出たとするなら、この王が〈律法〉を遵守しそれを強化しつつ全イスラエルを再統合したとするなら、この王が神の戦争をおこなうとするなら、この王はあるいはメシアであるかもしれない。この王が昔の場所に神殿を再建することに成功し、〈離散〉を統合するなら、きっとこの王はメシアであり、彼は世界の人々全員に救済をもたらし、そうすることで彼らを神に仕える者たらしめるのだ。『そのときわたしは諸々の民に汚れなき口を与える。彼らは皆、主の名を唱え、ひとつに繋がれて主に仕える』（『ゼファニヤ記』3・9）、と言われているように。」つづいてマイモニデスは、狼と子羊の共存をめぐる予言を、諸国民の和解として解釈している。野獣に比された諸国民と接しつつ、イスラエルは平和を享受するのだ。「われらが賢者たちはこう言った、『この世界とメシアの時代との相違は、後者では大国による圧政が終焉するということだけである』、と。数々の予言の字義どおりの意味によると、メシアの時代の初期にはゴグとマゴグの戦争が起こるのだが、この戦争の前に、イスラエルは、彼らを正しい道に連れ戻して心構えをさせるひとりの予言者をもつことになろう。なぜなら、『見よ、わたしはエリをあなたたちに遣わす、云々』（『マラキ書』３・23）と言われているからだ。その予言者は不純なものを純粋と偽ったり、純粋なものを不純と偽ったりすることなく（……）、世界に平和をもたらす。なぜなら、『彼は父の心をその子供たちに向けさせる、云々』（同右３・24）と言われているからだ。けれども、これらのことすべてについては、それが起こる前には、誰も何ひとつ知りはしない。（……）それらの出来事を語る教訓的寓話にかまけてもならないし、そうした寓話を根本的な文書とみなしてもならない。この種の寓話は神への畏れに導くことも愛に導くこともないからだ。終末論に没頭してもならない、云々。（……）メシアの時代、メシアの王国が築かれ、それを中心として全イスラエルが集結するようなメシアの時代にあっては、すべての者は、メシアの言葉を聞きながら、メシアが頂く聖なる〈霊〉と結びつくことになる。賢者たちや予言者たちがメシアの日々を希望するのは、世界を支配するためでも、偶像崇拝者たちを支配するためでも、諸国民によって称えられるためでも、食べ物と飲み物を享受するためでもない。それは、トーラーと叡知の役に立つ者となるためであり、彼らを虐げる者も、彼らの努力を無に帰す者も誰ひとりいないようにするためであり、未来の世界に相応しい者となるためである。この点については、改悛を論じた章で述べたとおりである。（……）メシアの時代には、飢饉も戦争も妬みも競争もなくなるだろう。富は溢れ、さながら地の埃のように御馳走はみんなの手の届くところにあり、その結果、ひとは神を知ることだけに専心するようになる。イスラエルの子たちは賢明になり、秘められたことがらを知り、人間の力が許す限り、神についての学問を詰め込もうとするであろう。なぜなら、『水が海を覆っているように、大地は神を知る知識で満たされるだろう』（『イザヤ書』11・9）と言われているからだ。」

さて、メシア的な〈都市〉はこのように政治の彼方にあるのではないのだが、一方、単なる〈都市〉も宗教性の手前に、それ以前の状態にあるのではない。行為の原理を扱った篇（『アヴォット』）はこう教えている、「〈権力〉の繁栄のために祈りなさい。なぜなら、それなしでは人間は生きたまま貪り合うからだ」[11]と。『ベレシット・ラバー』[12]の一節はつぎのような逆説的な言明をなしている。「ラキッシュの子ラビ・シモンは言う。神はお造りになったすべてのものをご覧になった。それは極めて良かった（『創世記』1・31）。こうあるが、『それは良かった』は神の治世であり、『それは極めて良かった』はローマ人たちの治世である、と。」――「なんだって。ローマ人たちの治世が極めて良いというのか。」――「そのとおり。なぜなら、ローマ人たちの治世は〈法〉と人々の権利（ディカン・シェル・ブリオト）を要請するからだ。」誇張をはらんだこの表現は、現実への働きかけの重要視と夢のなかで味わわれる満足への不信とを語っているのだろう。『シャバト』（安息日）（2・2）でもこう言われている。「ラヴの名において、つぎのことが語られた。『すべての海がインクで、すべての蘭草がペンで、天が羊皮紙であったとしても、すべての人間が書くとしても、彼らは〈権力〉の栄光を語るには至らない。』どうしてそのようなことがわかるのか。『天が高く、地が深いのとまったく同様に、王たちの心は見極めがたい』という『箴言』（25・3）の聖句から、である。」

ここでは、四大強国のひとつローマ（ローマの他にはバビロニア、パルティアとセレウキアの帝国）に賛辞が呈されているわけだが、しかしユダヤの歴史学によると、これらの強国は〈歴史〉の疎外ならびに異教化を、政治的な暴虐を、諸帝国の暴虐（シブード・マルクヨート）を体現するものだった。ラビたちはローマおよびその権利の組織原理を忘れることができないのだ！　つまり彼らは、瞠目すべき精神の自由によって、近代の政治哲学を先取りしていたのだ。その秩序がいかなるものであれ、それ自体ですでに

〈都市〉は、自然状態に置かれた人間たち――ホッブズなら人間と言う代わりに狼と言うだろうが――がその同類に抗して有する権利を保証するものなのだ。イスラエルは還元不能な友愛に発するものたらんとするのだが、万人の万人に対する戦争への誘惑が自分のうちに、そしてまた、自分の周囲にあることに眼をつぶっているわけではない。

## 2　国家を超えて

国家の純正な本質を共有するものであるとはいえ、カエサルの国家はまた、堕落の場所の最たるもの、そしておそらくは偶像崇拝が最後に逃げ込む場所でもある。

何人かのタルムード博士によると、メシアの時代と私たちの時代とのただひとつの相違をなすもの、それが大国の暴虐（シブード・マルクヨート）だった。カエサルの国家は何の制限も課せられることなく発展し、ギリシヤ－ローマ世界から得た形態の絶頂に達する。いや、ある意味では自然なことなのだが、この形態は異常肥大することにさえなる。主権に汲々としがみつく異教の国家、覇権を求める国家、征服をめざす帝国主義的で全体主義的で抑圧的な国家がこうして生まれるのだが、かかる国家は現実主義的なエゴイズムと連動して、人類をその解放から引き離してしまう。自分を愛さずにはいられないこのような国家、それは偶像崇拝そのものである。驚異的な光景のみが幅を利かし、言葉はまったく顧みられなくなるのだ。一神教から帰結した、逡巡と人間への敬意の世界のなかに、レアールポリティークを旨とした〈お役所〉が他の宇宙から到来するのだが、それはどんな情緒の浸透をも、「美しき魂」のどんな抗議をも、「不幸な意識」のどんな涙をも物ともしないのだ。

権力を掌握した者たちの体現する原理がいかなるものであれ、国家は、人間を解放しようとして人間を人間に隷属させるという内的矛盾をはらんでいるのだが、タルムードの叡知がこの矛盾について知らずにいることは何ひとつない。政治的秩序を拒む者といえども、この矛盾をまぬかれているわけではない。というのも、権力との一切の協力を慎むとしても、彼は国家が抑圧する暗き諸力の共犯者となるからだ。タルムードのある精妙な箇所は、(13)犯罪者たちに対するローマの闘いにラヴ・エラザルが参加した経緯を物語っている。ラヴ・エラザルはラヴ・シモン・バール・ヨハイの息子であり、イスラエル神秘主義の伝統によると、ラヴ・シモン・バール・ヨハイは『ゾーハル』の産みの親なのだが、この話に劇的な意味を与えているのは、ローマ人たちに見つからないように、ラヴ・シモン・バール・ヨハイが一四年間――他ならぬ息子と共に――洞窟に隠れていたという事実である。この息子たる神秘主義者がなんと暴虐な国家に仕えたというのである！「いつまで、あなたはわれらが神の民を死に委ねておくのか」、とラヴ・イェホシュア・バール・コルハはラヴ・エラザルに問いただしている。ここにいう民がイスラエルであることは言うまでもないが、ただしそれは、あくまで神との根源的な類似を自覚した人類として解されている。国家に奉仕することは圧政に加担することであり、圧政に加担することは警察に所属することではないのか。「ああ、われらが神の子よ、国家に奉仕することであなた自身も自分の魂を失ってしまう」とでも読み換えない限り、そうなるのではないか。「わたしは葡萄畑から刺を抜くのだ」、これがラヴ・エラザル――彼が義人であることに疑いの余地はないのだが――の答えである。善き神の葡萄畑になんと刺があるというのである！ それに反論して、ラヴ・イェホシュア・バール・コルハは言う、「葡萄畑の所有者をお呼びして、そのお方に草刈りをしていただけばよいではないか！」、と。一神教と国家を対立させる矛盾を、政治的行為にまつわる用語で解消することはできない。

問題は葡萄畑の所有者〔神〕であって、決してその代理人〔原語は vicaire. なお vicaire de Dieu は一般的には教皇の意〕ではないのだから！　カエサルの国をすでに狂わせていた腐敗から守られたダヴィデの国の背後で、国家の彼方が告知される。タルムードのいくつかの箇所では、依然として政治的で歴史的なものたるメシアニズムを超克した人間社会として、イスラエルが考えられている。他のいくつかの箇所では、未来の社会ないし「来たるべき世界」が告知されているのだが——とすると、メシアニズムとこの「来たるべき世界」とは根底的に異質なものであることになろう。イスラエルの運命と全面的に一体化したかに見えるメシア的国家（『サムエル記上』８の字面だけを見ると、この事態を回避することもできたかもしれないのだが）は、したがって単にひとつの段階、ひとつのステップにすぎないのだ[14]。事実、タルムードの多くの箇所は、限られた期間しか持続しないものとしてメシアの時代を捉えている。終末論の真の終着点は来たるべき世界なのだ。かかる世界は、政治的図式に即しては構造化されることのない諸可能事を伴っている。ユダヤ神秘主義が精神の営みに与えた解釈、すなわちカバラでは、神の現前にまつわる一〇のセフィロースないし範疇のうち、王権はもっとも下位に位置している。しかしながら、上昇する際に段を飛び越してよいという証拠は何ひとつないのである！　「例外なく、どの予言者もメシアの時代について予言したにすぎない。来たるべき世界については、待ち望む者たちのために業をなす永遠なる主たるあなたを除いては、どの眼もそれを見たものはないのだ！」救済と現世との係わりを切り離した、厳密に宗教的な言葉としてこの言葉を捉えることも、もちろん可能ではある。が、人間の〈精神〉の数々の新たな可能性を、〈精神〉の複数の中心の新たな配分を、生の新たな意味を、他者との新たな関係を告げるものとして、この言葉を読むことも可能であろう[15]。「ラヴ・ヒレルは言う、イスラエルにとってはメシアの時代はもはや存在しない。ヒゼキア王の時代に、イスラエルはそれを経験したのだ[16]」——ここでは、メシアニズムの超克がさらに明確な仕方で肯定されている。「神よ、こう語った者がこう語ったことをどうかお赦しください」とあるように、これは、糾弾するためにタルムードが報告した言葉である。けれども、タルムードの編者たちは、この言葉を省略して忘却に委ねるのは得策ではないと判断したのだった。イスラエルにとっては、メシアニズムはすでに乗り越えられた一段階であったかもしれないのだ。メシアニズムは実に古いイスラエルに相応しいものだったのだ！　このような大胆な言葉を、註解者たちはどう解釈するのか。イスラエルにとってメシアがすでに到来したのであれば、それはイスラエルが神そのものから到来するような解放を期待しているからである。かかる解放が王権という観念に含まれることはない。まさにこれこそが、政治的諸構造とは永遠に分離されたもっとも高度な希望なのである！　メシアは依然として王であるということ、メシアニズムは生存の政治的形態であるということ、それゆえメシアによる救いは他人による救いであるということ。だとすれば、完全に成人したにもかかわらず、あたかも私が他人によって救われうるかのようではないか。逆に言うなら、私が個人として実存しているというまさにその意味に即して、他のすべての者たちの救いが私に課せられることなどないかのようではないか！　自身の意識にのみ耳を傾け、国家の大義を拒否しうるという可能性が人格の可能性ではないかのようではないか！　これは近代人が到達したと思っている段階であり、おそらくは近代性のもっともすぐれた定義なのだろうが、しばしば混同されているのとはちがって、それは「自発主義」(spontanéisme)とは別物であり、それ以上に困難なものなのかもしれない。危険ではあるが食指をそそる混同である。あるいはかかる混同を防止するために、博士たちはラヴ・ヒレルの大胆な主張を糾弾したのかもしれない。

### 3　一神教の政治のために

ダヴィデの国のメシア的国家としての完成。「来たるべき世界」という観念をつうじて国家を超克すること。それらはユートピア的なものとうつるかもしれないし、いずれにしても時期尚早であろう。ユートピアは——当然のことながら——思想の名に値する思想と密接に係わったものなのだが、たとえそうだとしても、一神教の政治哲学はあまりにも短絡的なものなのだろうか。この不躾な問いは逆説的にも、聖地に甦った国家のある種の宗教的階層の人々によって提起された。イスラエルの伝承をあらゆる意味の源泉とみなす人々がなんとこの問いを提起したのである。この問いは、この世に巣くう偶像崇拝的政治を標榜するために提起されたのではないのだが、実を言うと、偶像崇拝的政治のみが唯一実在する政治なのであり、一神教としてのキリスト教もそれを破壊することはできなかったのだ。いまだ誰も——タルムード博士たちさえも——言い表したことのないような一神教的政治の定式をシオンに待望するために、この問いは提起されたのだった。言葉と事実を突き合わせつつ、一神教徒たちに見合った政治理論を忍耐強く練り上げていくこと、かかる営為をアブラハムの後継者たちに許すはずのもの、それは、アブラハムの子孫に約束された土地に対して行使される、近代国家の責任のみなのである。

最近[17]、私たちはパリでダン・アヴニ゠セグレ氏の講演を拝聴した。氏はイタリア生まれのイスラエル人で、ハイファ大学法学部の教授を務めておられるのだが、氏の主催する新しい政治をめぐるセミナーの出席者のなかには、何人かのアラブ人の学生もいるとのことである。この点についての証言がこの覚書の結論となってくれればよいのだが。シオンへの回帰を聖史の一環として位置づけ直す、そうした展望のもとに、アヴニ゠セグレ教授はシオンへの回帰の総体を見ておられる。氏は若き国家が成し遂げたことではなく、この国家が開く政治的創意の可能性に重きを置いておられる。日常のさまざまな相剋の只中にあって、政府の生きた経験——さらには占領という痛ましい必要性さえが、いまだ語られざる教えを古の〈啓示〉のうちに見いだすことを可能ならしめるのだろう。一神教的政治——これは撞着した表現なのだろうか。

それとも逆に、それこそがシオニズムの目的なのだろうか。迫害された者たちの避難所を確保しなければならないという気遣い以上に、それは偉大な課題なのではなかろうか。カエサルたちの方法に依拠すること、それは良心の咎めには耳を傾けない偶像崇拝であって、一方には、「帝国の暴虐」（シブード・マルクヨート）がそのモデルを提供してくれるようなこの偶像崇拝があり、いま一方には軽率な道徳主義の安直な雄弁がある。己が夢と言辞に眼を眩まされて、四散した者たちの集合を迅速な破壊に、新たな四散に導こうとする安直な雄弁がある。では、この二つの選択肢しかないのだろうか。二千年このかた、イスラエルは〈歴史〉には巻き込まれなかった。イスラエルはどんな政治的罪とも無縁で、犠牲者の純粋さ――イスラエルの長い忍耐のみがおそらくはかかる純粋さの唯一の取り柄なのだろうが――を有しているがゆえに、その一神教的メッセージの最後の仕上げとなるような政治を思考することができなくなってしまっていたのだ。今や骰は投げられた。一九四八年以後のことである。しかし、すべては始まったばかりではないか。未曾有の任務を果たさんとするイスラエルは、四千年前にアブラハムがその任務を開始したときと同じくらい孤立している。しかし、だからこそ、父祖の土地へのこの回帰は、国民や家族に関する特殊な問題の域に留まることなく、内面的な歴史の、いや端的に〈歴史〉のもっとも偉大な出来事のひとつを成すものなのだろう。

（1）『サンヘドリン』20b。
（2）同右21b。
（3）『列王記上』19・11‐12を参照。
（4）『申命記』32・2の聖句をめぐる註解（シフリ）を参照。この註解はラシによって再び取り上げられた。「神はあらゆる国民の扉を叩いた……。」
(5) ただし、〈霊〉とその世界での現存を混同しつつ別の文脈で述べられたように、数々の文明がみずからを死すべきものとみなしている場合は別であるが……。
(6) 『テムラー』14b。
(7) 『シャバト』15a。
(8) 『サンヘドリン』21b。
(9) 同右99a-b。メシアの時代の持続は有限である。
(10) 『ベラホット』3b。
(11) 興味深いことに、「生きたまま」という表現は『詩篇』124章にも見いだされる。「主がわたしたちの味方でなかったなら(……)、彼らはわたしたちを生きたまま貪ったであろう。」国家は、ローマ国でさえ、神の栄光に対して語られたこの表現に相応しいものであろう。
(12) 譬え話とミドラッシュの言葉を集めたもっとも古い集成のひとつである。
(13) 『バーバー・メツィア』83b。
(14) 『サンヘドリン』99a-b。
(15) 「いかなる眼もそれを見なかった」という言葉はなによりも、人間の条件を変容するものとしてマルクスが社会主義社会への期待を表明した不思議な一節を思い起こさせる。革命的な本質を有するがゆえに、これらの変容は一切の予見の裏をかくのである。
(16) 『サンヘドリン』99a。
(17) 一九七〇年一〇月二五—二六日にパリで開催された、第九回フランス語圏ユダヤ知識人会議でのことである。

# 13　政治は後で！

## 1

ユダヤとアラブの相剋はシオニズムにその源泉を有している。一握りの不毛な土地にイスラエル国が創設されて以来、それは激しい争いとなった。この不毛な土地は、今から三千年前にはイスラエルの民に属していた。ユダ王国は七〇年に滅びたが、ユダヤ人の共同体がそこから完全に姿を消すことはなかったし、離散のなかでもユダヤ人の数々の共同体はこの土地が自分のものであるとたえず主張しつづけ、今世紀の初めには、自分たちの労働によってこの土地を甦らせたのだった。しかし、この一握りの土地には、彼ら自身アラブ民族の一員でありながらも、広大な領域にひろがる偉大なアラブ民族に四方を取り囲まれた人々、パレスチナ人と称される人々が数世紀も前から住んでもいた。今のところ、ユダヤとアラブの他の一切の問題はこの争いに左右されているのだが、国家の要人たちも、世論も、知識人たちもこの争いをつねに政治的な用語で扱ってきた。誰にとっても問題は、諸国民の名に値する、あるいはこの名を詐称する共同体であり、さまざまな領地に及ぼされる権力の多寡であり、戦争におけるそうした共同体同士の対峙であり、世界の数々の大国の利害関係のなかに件の共同体が占める位置であった。このような政治的諸問題は、社会学や政治学の既存の範疇を炸裂させかねないような次元にその時間‐空間的、心理学的、道徳的所与を負うているかもしれないのだが、そのような次元が解明されることはないし、周到な配慮と共にそうした次元が考察されることもない。要するに、これらの所与が異常な本性を有しているということも、そこでの人間の冒険が特異なものであるということも斟酌されることがないのだ。自然は決して法外なものではなく、異常性は、瞞着の源泉にしてイデオロギーの逃げ場であるような宗教的な観念にすぎない。人間性は決して特異なものではなく、人間性の祈りは、収容所の犠牲者たちに仕方なしに向けられる憐みへの呼びかけにすぎない、との確信が揺らぐことはないのだ。ある理性的な行為を巻き込む数々の事実は、多様でかつ相矛盾するような仕方で分析されざるをえないのだが、かかる行為はまずなによりも政治的なものである、というのがそこでの公準なのである。

私たちはこう思う。とはいえ、告白や信仰に発するなんらかの宗教的考察に依拠しているわけではまったくないのだが――「人間以外の何ものでもないような人間にとっては」、民族と民族のあいだでも人格と人格のあいだでも、人間性の意味が、それを隠蔽してしまうような政治的必要性や、民族や人格をなごませるような感情によって汲み尽くされることはない、と。超自然的で奇跡的ないかなる要因に依拠することもなく、秩序をはみ出すものをどうしても記述せざるをえない場合もあるのだ、と。秩序をはみ出すものは、是認された前例には還元不能な行動を要請するものであり、それが独特の企図や範例を可能ならしめる場合もあるのだが、ただしこの企図や範例が、なんらかの精神と、言い換えるなら理性と相容れないなどということはない。

## 2

ユダヤとアラブの和解を望み、希望するためには、かかる和解を平和な隣接にはとどまることなき友愛の共同体として垣間見るためには、ユダヤ人は「予言者である必要も、予言者の子孫である」必要もない。一九七七年一一月一九日のサダト大統領のエルサレム来訪は、テレビの画面を見る者にとっては、月面への人類の第一歩にも比すべきもの——だからといって月面への一歩やこの来訪が理不尽なものだというのではない——と映ったかもしれない。数々の尋常ならざる条件を付されてではあるが、この来訪によって、イスラエルとエジプトのあいだで和平が締結されたのだが、私たちの眼にはそれは、和解の生じるひとつの機会がそこで得られるような道そのものを表していた。現実問題としては、合意を失敗させかねないありとあらゆる波瀾があるかもしれないし、たぶん数々の暗礁がこの合意を待ち受けていて、それを無に帰してしまうかもしれない、それにもかかわらず、である。和解の生じるひとつの機会がそこで得られるような道、と言ったが、それはこの解決が部分的な性格のものであり、よく言われるようにこのような「少しずつの前進」のほうが優れているからではない。それは和平が、政治の数々の行程よりも高くへと導き、それよりも遠くで始まるような一本の道から到来するからなのだ。和平への道程のなかで、こうした政治的な行程がいかなる位置を占めていようとも、このことに変わりはない。

それが離散の結果であるにせよ移住の結果であるにせよ、諸国民の只中にユダヤ民族が占める位置、〈歴史〉の多様で相矛盾した諸時代を貫いてひとつの民族でありつづけたというユダヤ民族の古さ、それだけでもすでに、政治的概念化の独占権は問いただされるはずである。内面性とはたぶんこのことなのだろう。内面性は「美しき魂」が有するような空想の次元ではもはやなく、その尺度となるのがおそらく、いま述べたような古さなのである。この古さが数多の思い出や書物への忠誠でしかないとしても、である。この場合の書物とは予言の書である。言い換えるなら、王や偉人たちをものともせず、しかも秘匿性に逃げ込むことのないような破壊的言説から成る書物であり、かかる書物が、地質学的な意味での幾重もの地層よりも深くから、この土地を、異議にさらされたこの土地を支えているのだ。世界の騒音や騒動、数々の戦争や栄誉や覇権を前にしても動じない冷静さを、そのような書物への忠誠が助長するのはもちろんであろう。いや、それ以上にはっきりしているのは、予言の書物への忠誠がかかる冷静さそのものを表しているということだ。だからこそ、事件と人間との混淆のなかで、仮言的命令がその条件をひた隠して必然的なものになりすまし、定言命令として圧力をかけてくるという事態を回避することもできるのだろう。倫理的な宿命である。隠遁することこそないが、孤立であり、その孤立は判断のために必要な距離なのだ。イスラエルの厄介至極な自由である。ただしイスラエルは、民族を分類するという好奇心から扱われるべきものではなく、人間性の極度の可能性として扱われるべきものであろう。国民のひとつとしてしっかり腰を下ろし、自分の土地に根を生やした、そのような諸国民たち、彼らは自分は絶対的な主権であるとの意識を有している。そうした主権性の意識にあっては、この土地の堅固さが、この確信が、揺るぎないものについての根本的な経験が自己肯定を支えているのだが、人間性の極度の可能性としてのイスラエルはそうした意識を擾乱し、それを苛立たせるのである。

いらだちと困惑。社会学者たちがこの点についてなんと言おうとも、それは、単なる質的な差異や量的な差異にもとづいたどんな他者性よりも容赦ない異質性への嫌悪ないしアレルギーである。反ユダヤ主義は多数派が少数派に対して抱く単なる敵意ではないし、単に異邦人嫌悪、なんらかの人種差別であるのでもない。これらの現象が反ユダヤ主義から派生したものであり、反ユダヤ主義がこれらの現象の究極的な原因だとしても、である。(1)なぜ反ユダヤ主義がこれらの現象とは異なるかというと、それは反ユダヤ主義が他者の心性という未知のものへの、その内面性の神秘への嫌悪だからである。人々が一個の総体としてどのような集合をなしているか、どのような組織へと組織されているかとはまったく無関係に、他の人間の純粋な近さに対して、言い換えるなら社会性そのものに対して抱かれる嫌悪、それが反ユダヤ主義なのである。

ユダヤの生存をどうにかこうにか支え、また、その頼みの綱でもあった自由主義世界、それを覆した二〇世紀の数々の悲劇的な事件と国民社会主義は、反ユダヤ主義からその黙示録的な秘密を引き剝がし、反ユダヤ主義によって反語的に表される人間性の難しく危険で極端な宿命を明るみに出した。今日でもなお、右翼と左翼双方の反ユダヤ主義はヒトラーが脳味噌に刻んだ後遺症によって規定されつづけている。たとえこの反ユダヤ主義が別の名称のもとに身を隠しているとしても、である。撲滅された東ヨーロッパの多数のユダヤ人たちの眼に、かつての民族少数派の眼に、西ヨーロッパのユダヤ人たちが依然として特権を有する者とうつった時もあった。知らず知らずのうちに、彼らは西ヨーロッパのユダヤ人たちの例外的な運命を妬み、それを求めていたのだが、もはやこのような特権的なユダヤ人は存在しなくなってしまったのだ。

一方では、いわゆる社会主義の国々でかつてそう言われていたような、気づかれざるユダヤ人――あるいは表徴なきユダヤ人ももはや存在しなくなってしまった。「インターナショナリズム、それはロシア、グルジア、ウクライナ、チュバシー、ウズベク等々が、ユダヤ人を殴打するために集合することだ。」(アレクサンドル・ジノヴィエフ『輝かしい未来』、ロシア語版、一一五頁)そしてこれが究極の試練なのだ。スターリニズムとスターリン以後の反ユダヤ主義。六〇年にわたるマルクス主義の適用もスラブの魂から抜き取ることのできなかった反ユダヤ主義と言ってもよいが、その影響は国連の進歩派の国々の反イスラエル票にまで波及しており、スターリニズムとスターリン以降のこうした反ユダヤ主義こそがきっと、近代のユダヤ意識を襲ったもののなかでももっとも大きな外傷のひとつなのである。それらは、「エルサレムを忘却」しつつ近代のユダヤ意識が抱きえた、新たな、解放された人類への一切の希望を糾弾したのだ。この四半世紀のシオニズムは『詩篇』137の警告のごときものとして生きられたのだった。

すべてによっていつ否認されるかもしれないという、普遍的否認の潜在的状態のなかで普遍性を逆さまに経験し、そこから第二の自己意識を得ること。因みにかかる経験は、少なくともプロレタリアートという条件が人間性を傷つけるのと同程度に、人間性の深底に触れるものであろう。なるほど、こうした経験は生を選びとることに、存在しようと意欲することに、さらには数々の政治的創意にさえ転じる。しかし、たとえそうだとしても、逃げ隠れできない状態で、すでにイスラエルの倫理的遺産のすべてをわが身に課せられていることに変わりはない。そのためにこそ生への愛があり、そのためにこそ復活があるのだから。「シオニズム」という語の第一音節は、まずなによりもメッセージという意味を有している。ユダヤ教の典礼をつうじて広く知られた『ミカ書』四・二の聖句が告げているように、「トーラーはシオンから出る」のである。正義の教説たる聖書との係わりは、時効なき権利をめぐる文献考証と同じくらい、いやそれ以上に重要である。そもそもの初めから、自己肯定は万人に対する責任である。政治はすでに政治ならざるものでもあるのだ。〈叙事詩〉は〈受難〉でもあるのだ。激しいエネルギーは極度の傷つきやすさでもあるのだ。当初は政治的な現実主義にもとづいて定式化されていたシオニズムも、ついには滋養豊かなユダヤ教に見合ったものと化し、〈精神〉のひとつの大望として姿を現すのである。

3

ところで、一九世紀の自由社会にいまだ参画することなく、迫害やポグロムにさらされていた東ヨーロッパのユダヤ人の相当部分からは、シオニズムはその最初のメッセージからしてすでに、以上のようなものとみなされていたのだった。その証拠に、一見するときわめて西欧的なものと見えるかもしれないが、ヘルツルの政治理念の背後にも、ユダヤ人国家（*Judenstaat*）と約束の地との同一視が、いずれもつねに終末論的なものたる聖史の数々の展望の再開が最重要なものとして控えていたのだった。

逆説的なことだが、ヒトラーの到来以前のヨーロッパのユダヤ人たちがシオニズムの呼びかけを拒否する際の動機として働いたのも、ユダヤ的人間が抱くこのような普遍主義的な目的性だったのである。西欧では、ドレーフュス大尉の復権が、一七八九年と一八四八年の諸理念に支えられた正義の勝利の象徴だった。民主主義的な数々の大国の只中に、そこでの学問や芸術の華々しい活躍のうちに、予言者の理念の成就を見いだしうると信じていた西欧のユダヤ人の眼には、シオニズムは予言者の理念には相応しくないものと思われたのだ。

数々の革命の最後を告げる闘いとして、一連の革命の延長線上に位置づけられたマルクス主義の諸理念がやがて東ヨーロッパにも広がり、この世のすべての不遇な者たちの運命にユダヤ人の運命を従属させることになった。相続すべきものを何ももたない不遇と希望、そこから生まれた任務のこのような相貌は、たとえ信仰や聖典や地理にまつわる思い出を脱ぎ捨てているとしても、聖書という高度な水準で解された人間の使命に呼応するものと思われていた。パレスチナへの入植をしだいに進めることで、ユダヤ人国家を希求するシオニズムは、集団生活の新たな諸形態がキブツのうちで生まれたにもかかわらず、長きにわたってナショナリズムの用語で解釈されてきた。厳密に言うなら、それはある者たちにとっては、貧者たちのためのナショナリズム、ほとんど博愛主義的とさえ言える人間の行いであり、別のある者たちにとっては、民話に綴られるような、見かけ倒しの古びた宗教的特殊主義の世俗的残滓であり、プチ・ブル的な利害を有したイデオロギーのごときものだったのである。

しかしながら、選良たちは、ヒトラー主義とソヴィエトの反ユダヤ主義が到来するよりも前から、運動の真の本質を感じ取っていた。それを示す例としては、イスラエルの驚嘆すべき偉大な学者ゲルショム・ショーレムの自伝的な物語〔『ベルリンからエルサレムへ』〕を挙げることができる。西欧から、（ワイマール時代の）ドイツからエルサレムへの道程を物語ったこの作品で、ショーレムは、第一次大戦終結時にすでに彼が理解していた意味でのシオニズムの精神的次元——それは単に宗教的なものではない——を、見事な仕方で分析している。

## 4

純正な政治理念と思われていたシオニズムはしたがって、その存在のもっとも奥深い部分にある種の普遍主義の倒立像をはらむと共に、それを正立像たらしめるものでもあったことになる。肉のなかのこの刺は憐憫をさそうに相応しいものなどではない。それはある内面性の広がりとその奇異な堅固さなのであり、内面性とは言い換えるなら、世界に足場をもたないこと、「あらかじめ準備された退却陣地」を、出口を欠いていることである。最後に残された要害なのだ。イスラエルがその国家のうちで所有する土地とはまさにそのようなものである。この国家を築き、防衛しようとする努力は、すべての近隣諸国の異議と脅威に、いや増す異議と脅威にさらされている。かかる国家の存在は、その本質をなすすべての点において問いただされているのだが、一方、政治的諸国民にとっての土地はよく言われるように「欠けることのもっとも少ないもの」、すべてが失われたときにも残存するものなのだ。土地は、イスラエルにとっては、掛金であり袋小路である。かの地で用いられている「エーン・ブレラー！」（選択の余地なし）という言葉も、袋小路に追いつめられているというこのあり方を踏まえているのだろう。軍備を有した威圧的な国家として、地中海沿岸における軍事大国のひとつとして、武装解除したパレスチナ人たちと相対し、パレスチナ人の存在を承認することすらしない！　それがことの真相なのだろうか。現実にそれが有する力からすると、ごく当然な同盟国に恵まれ、自分たちの土地に囲まれた諸国民、異議を唱えられることなき諸国民の只中にあって、イスラエルはこの世でもっとも脆いもの、もっとも傷つきやすいものでもあるのではなかろうか。自分たちの土地に囲まれた諸国民、と言ったが、土地、土地、土地、見渡す限り土地が続いているではないか。

以上のことから、サダトの偉大さと重要性が帰結する。彼の旅はおそらく、人間技ではない例外的な――超歴史的な――出来事であり、そうした出来事を経験できるのは生涯に一度だけであろう。自己を超越して慎重さと用心深さを乗り越えるに至った人間の挙措にも、ある種の叡知は政治的な基準と常套句を、ありとあらゆる邪な動機を授けるのだが、ほんの少しのあいだ、それらが忘れ去られたのだった。慎重さと用心深さが忘れ去られたのだった。では、どれくらいの時間、忘れられていたのだろうか。何日か、だろうか。何時間か、だろうか。それとも、一瞬のあいだだろうか。おそらくそうなのだろう。けれども、真の出来事、真実の到来がどれくらい持続するかを語りうる者がいるだろうか。〈歴史〉の年月のなかで、束の間のものがなす秘められた作業を測りうる者がいるだろうか。数々の歴史的事実をとおして展開される完全に人間的な人間を、サダトは、ユダヤ教という形のもとに、忍従とたえずくり返される〈受難〉――この〈受難〉は人間性を救済するための行為に一転するに至るのだが――の形のもとに理解したのだろうか。政治と不安定が、乗り越えられるべき絶望から姿を消すことは決してない。サダトはシオニズムのうちにかかる絶望を感じ取ったのだろうか。シオニズムは帝国主義的な企てとみなされているが、その内臓のうちに依然として苦しみと孤絶をはらみ、真理以外には、譲渡不能ないかなる世襲財産のストックもまったく有していないのだ。諸国家の指導者たちを支えているような世襲財産がそこにはまったくない。この闘争はある意味ではつねに、退却すべき場所をもつことなく蜂起したワルシャワ・ゲットーの闘争なのであり、そこでは、後退の一歩一歩がすべてを台無しにしてしまうほどの価値をもっているのだ。ああ、イスラエル人たちはなんと交渉がへたなのだろう！　ただ、彼らがおこなっている闘いから、マサダの思い出が消え去ることはない。不遜にも、この闘いは西欧の数々のイデオロギーに従属したものとして糾弾されているのだが。イスラエルが抱く不信感を批判することで、ついには最後の砦の防衛者たちから武器を取り上げるつもりなのだろうか。サダトはまた、イスラエルとの友好関係がもたらす数々の好機をも理解したのではなかろうか。いや、イスラエルを単に承認するだけで、イスラエルに語りかけたという単にそれだけのことで好機はもたらされるのだが、サダトはそうした好機を、そしてまた、自分たちの有する歴史的諸権利と政治的制約のもとでのそれらの歪曲を訴えるシオニストの主張の背後に隠された予言的約束のすべてを理解したのではなかろうか。ありとあらゆる不正——それらは償いえないものではない。まさに不可能なことが可能になる。サダトの中東での敵対者たちや誇り高きわれらが西欧の友人たちのなかでも、あまり高尚ならざる精神の持ち主たちは、政治の帳簿にどっぷり浸かっていたがゆえに、このことを決して見抜けなかったのだ。一方には「他の国家と同様の国家」があり、他方には溢れんばかりの雄弁があるのだろうか。どうぞ、どうぞ御自由に！　レアールポリティークを模範とした尊大な諸方法への小心翼々たる者たちの依拠と、ユートピアの夢に呑み込まれた軽率な観念論が弄する腹立たしい美辞麗句。現実と接することで、この種の観念論は危険で、破廉恥で、安直な錯乱に転じつつも、予言者の言説の再来を自称するのだが、これら二つの選択肢しかないのだろうか。祖国なき人々の避難所を確保しようとする気遣いと、時に驚嘆すべきものであり、時に不確かなものであるような国家イスラエルの成就、これら双方を超えて、政治的創意の具体的諸条件をその地に創造すること、なによりもそのことが問題だったのではなかろうか。これこそがシオニズムの究極の目的性であり、それゆえおそらくは人類史でももっとも偉大な出来事のひとつなのだろう。犠牲者としてのその役割に由来する政治的無辜ゆえに、ユダヤ民族は二千年のあいだ、そうした出来事の客体でしかなかった。ただし、政治的な無辜はユダヤ民族の使命にとって十分なものではない。ところが一九四八年以来、ユダヤ民族は数々の敵に取り囲まれ、たえず審問に付されつつも、現実のうちに身を投じ、予言的道徳とその平和の理念が具現されるはずの国家を思考する――それを造り出し、造り直す――ことになったのだ。かかる理念がすでに伝達され、いわば飛行中にすばやく捉えられたということ、それこそ驚異のなかの驚異である。私たちはこう述べた。中東での平和が可能であるはずなら、サダトの旅はこの平和への唯一の道を開いた、と。かかる平和が有する「政治的な」弱点はおそらく、その大胆果敢さの、結局はその強さの表現なのだろう。場所の如何に係わりなく万人に対して、かかる平和が平和という観念そのものにもたらすもの、それはおそらく、平和は単なる政治的な思想をはみ出す概念である、という提言なのだろう。

（1）　その仕事の全体をつうじて、エリアンヌ・レヴィ゠アマド女史は反ユダヤ主義のこのほとんど存在論的な構造を主張している。

## 14　同化と新しい文化

良識的な社会学では、同化は、厳密な諸法則に支配された一個の客観的過程として、さらには社会的過程の最たるものとして現れます。一様な多数派が少数派に及ぼす魅力、あくまで規則——さらには慣習——の例外たらんとする者たちを待ち受けるありとあらゆる種類の困難、少なくとも近代社会では差異を粉砕してしまう経済的必然性などがその要因に数えられます。自然な流れの推力に抵抗するには格別な勇気と力が必要なのでしょう。

しかし、このように運動を規制している明白な束縛があるにもかかわらず、同化は裏切りとして、堕落として糾弾されます。その意図があるだけで責められてしまう。同化の擁護は利己主義、日和見主義の嫌疑をかけられる。卑しくも安逸な人生を求め、危険に身を曝して生きることに怖じ気づいている、というのです。

同化が脱-ユダヤ教を意味する場合には、私はこの評価に異議を唱えようなどとは思わないでしょう。ただ、私が指摘しておきたいのは、というか、少なくとも注意を喚起しておきたいのは、こと西欧文化への同化が問題である限り、それが数々の大儀からのみ生じたと考えることはできないという点です。そうした意味での同化は、覚醒した意識の持ち主たちに課せられるようなさまざまな精神的道理や要請を伴っています。だからこそ、教育者として、あるいはまた行動の人としてユダヤ教の未来を気遣う者たちに対して、深刻な問題がつきつけられることになるのです。「コミュニティーの活動の再編成」や学校教育の改革や新たな教育政策を唱えるだけでは、その問題の解決にはほど遠い。そのためには、文化を創造する努力が、言い換えるなら、ユダヤ的な新たな生き方が不可欠なのです。

ヨーロッパ的な生き方の諸形式が普遍性という精神的卓越を反映しているのに応じて、それはイスラエル人たちの心を捉えていきました。普遍性は感じることと思考することの規範であり、学問や芸術や近代技術のみならず民主主義思想の源泉であり、自由と人間の諸権利という理想と結びついた数々の制度の基礎である。もちろん、二〇世紀の数々の出来事を忘れた者など誰ひとりとしていないでしょう。二つの世界大戦、ファシズム、そしてホロコーストのことを。ヨーロッパのさまざまな教義と制度はその結果かなり損なわれてしまいました。にもかかわらず、私たちは、その化け物のような落とし子とは敵対しつつも、依然としてそれらの教義や制度に準拠し、良き種子の突然変異を見分けようとしている。私たちは今もなお、普遍的な諸原則とそこから正当な手続きで演繹されるものを称えているのです。

というわけで、同化の問題は依然として私たちの問題でありつづけているのです。イスラエル国にいるにせよ離散しているにせよ、シオニストであれ非シオニストであれ、私たち全員が西欧文明を承認すると共に、世界の隅々に広がった私たちの公的、知的生活に西欧文明がもたらしてくれるであろうもの、現にもたらしてくれるものを要求している、まさにその限りにおいて、同化の問題は私たちの問題なのです。とはいえ、宗教的な意味でのユダヤ性にせよ、国民的意味でのユダヤ性にせよ、言語学的意味でのユダヤ性にせよ、ユダヤ性への私たちの帰属は、私たちが継承する西欧の遺産に単純に付加されるのではありません。どちらか一方が価値を失ってしまうのです。その場合、そこにいかなる愛着や思い入れが向けられるにせよ、民間伝承の地位に貶められる危険をはらんでいるのは私たちの伝統的生存のほうではないでしょうか。

ひとが帰属している公的秩序についての価値判断は、心の深層が呼び求める価値判断とポテンシャルを同じくしてはいません。重きをなすのは公的秩序のほうです。「家ではユダヤ人たれ。しかし、外では人間であれ」――ユダヤ啓蒙の時代である一八世紀のハスカラー〔ユダヤ啓蒙運動〕の標語ですが、たしかにこの標語は、同化の過程を遅らせると共に、東ヨーロッパにあっては一種の二重の文化をユダヤ人たちに授けるのに寄与し、そうすることで、彼らの意識のなかに二つの世界の調和せる隣接を確立しえたのでした。けれども、それが可能であったのは、スラヴの数々の文明が社会的、政治的にはユダヤ人たちに対して門戸を閉ざしたままで、しかも、内発的な仕方では西欧普遍主義の高みにただちに高揚することができない、ただその限りにおいてでしかありませんでした。そこでは同化は、周囲の世界に全面的に魂を捧げることなしに、周囲の世界に表層的に帰属し適応することに限定されかねなかった。この表層的な帰属ゆえに、民間伝承の場所はあるいはユダヤ人の側にはもはやなかったかもしれない。逆に、同化させる世界のほうが民衆の想像力をつうじて民間伝承の外観をまとうこともしばしばでした。同化させる世界から実際には排除されつづけているある共同体がこの世界に帰属すること、それは時に仮装行列のごときものとみなされたのです。

私たちのユダヤ教の精神的独自性と豊穣のうち、自分たちが保持しそこから獲得したものについて、現時点で私たちがいかなる意識と認識を有しているにせよ、私たちは、普遍的なものの卓越を失念することはできません。普遍的なものがそこで見事なまでに明示された西欧を経由することで、私たちはこの普遍的なものを思い起こしたのです。西欧とはこう言ってよければ、二重の意味で普遍的な文明である。それは人類共通の遺産として現れる。どんな人間も、どんな民族も対等な仕方でそこに足を踏み入れて、みずからの生得的な力量と使命に応じた水準でそこに場所を占めることができるのです。と同時に、この文明はその内容のうちに普遍的なものを抱えてもいる。数々の学問であり文学であり造形芸術です。西欧という文明はついには形式主義に至るまでこの内容を高め、そこにみずからの価値とみずからの意欲の原理を、つまりはみずからの倫理を見いだしたのです。この文明はまた、いやなによりも哲学をそこに発見したのですが、言葉を換えて言うなら、哲学とはなによりもまず、その意味論がいかなる伝達不能な神秘とも衝突することのないようなある種の言語活動の謂です。この言語活動の意味論が、類比を決して許さない伝達不能な神秘と衝突することはまったくないのですが、それはまた、たとえ生きられた経験が本来的にいかなる言語をまとうことになろうとも、たとえこの経験が語りえない経験であろうとも、比喩を概念へと昇華し、一切の生きられた経験を表現しうる、そのような言語活動でもあるのです。

西欧を分割する諸国民が有する特殊性は、論理的に言うと、一個の種に帰属する任意の個体に帰されるような特殊性でしかありません。これらの国民の人類への帰属は他でもない、哲学というこの種の言語活動——ヨーロッパの開化した語りのなかに惜しげもなく注ぎ込まれたこの一種のギリシャ語——をつうじて自分を表し自分を語ることの可能性を意味しており、どの国民もこの可能性を希求し、そこに達しようとしているのです。他のことはすべて地方色にすぎなくなってしまいます。これとは逆に、ユダヤ的精神に生来そなわった普遍性、聖典とラビ文献の豊穣さのなかに記載されたこの普遍性は、隔絶と疎遠さの筆舌に尽くしがたい契機を伴っています。この特異性は単に追放とゲットーの産物ではありません。たぶんそれは、人類に対する過剰な責任を意識した、本質的な意味での自己への内向でもあるのでしょう。奇妙な、そして慰めようもない特権です。他者には責務を負わせることなく、一方的に他者への責務に縛りつける特異な不等性です。選ばれているという意識とは、おそらくそのようなものなのでしょう。ところが、諸国民ならびに同化した私たち自身の眼には、この不等性が如何ともしがたい特殊主義、自乗されたナショナリズムの外観をまとったものとうつるのです。世論における誤解、私たちのあいだに流布された誤解でありましょう。

同化に対してはありとあらゆる批判が向けられていますが、にもかかわらず、私たちはこれらの批判が私たちにもたらした光明を享受し、それらが私たちに開いてくれた広大な領野に魅了されつつ、広い戸外で胸一杯に呼吸しています。それに対して、ユダヤの特異性、その困難な運命のほうは、時代後れの遺物としてつねに私たちの眼にうつりかねません。しだいに拡大していく「ヘブライ文字」に対する無知や、それらをして語らせることができないという無能力ゆえに、ユダヤの特異性は視野を狭めるものとして私たちの眼にうつりかねないのです。そうなると、私たちが参入した近代世界、万人の世界では、この特異性に正当な根拠を与えるものは何もなくなってしまうでしょう。ホロコーストに至るまで、真に私たちの生存を審問に付すものは何もなかったかに見えるこの万人の世界のなかでは。

特殊主義であり優越なのでしょうか。否、万人に宛てられるにもかかわらず例外的なメッセージの優越でありましょう。イスラエルの〈逆説〉であり、〈精神〉の数ある神秘のひとつでありましょう。私たちはそのことを確信しているし、それこそが私たちの話の核心であるのですが、しかし、同化したユダヤ教と諸国民のなかにあって、特異性は普遍性の彼方で思考可能であるという点に気づいている者が果しているでしょうか。この特異性が、西欧の否認すべくもない諸価値を包摂しうるものであると同時にさらにその先へと導くものでもあるという点に気づいている者が果しているでしょうか。事績から見ても歴史から見ても〈受難〉から見ても、ユダヤ教はそうした思考と特異性への突破口であり、またその表徴そのものです。しかも、そうした思考と特異性は、論理学者たちの思弁をつうじて特殊なものと普遍的なものとの区別が明らかになるその遥か以前に現出するに至ったのでした。ところが、――これもまた重要な点なのですが――、私たちの解放以来、一度たりとも私たちはこの彼方を西欧の言語で表現したことはないのです。私たちが同化したにもかかわらず、あるいは逆に、同化したがゆえに。これまでに私たちが試みたのは、トーラーの真実を西欧の高貴なモデルに適合させることに甘んじる――困難ならざる――護教論でしかありません。ですが、トーラーはそれ以上のことを要求しているのです。

他のいくつかの主題はどうなったのでしょうか。例としてもっともよく知られた主題だけを挙げるにとどめますが、「独り離れて住み、自分を諸国民のうちに数えないこの民」（『民数記』23・9）という主題はどうなったのでしょうか。「他の者たちがある側にいるのに、それとは別の側に独り（メ・エベル・アハド）いることができるがゆえに」（『ベレシット・ラバー』42・8）、ヘブライ人と名づけられたアブラハムの主題はどうなったのでしょうか。ノアの裔には七つの戒律で十分であるのに、イスラエルの裔たちには六一三の戒律が課せられるのですが、この主題はどうなったのでしょうか。要請されるより以上の、他者に対する義務です！　西欧の強烈すぎる太陽に眼のくらんだ皮相な省察は、尊大な離絶しかそこに見分けません。致命的な取り違えでしょう。しかし、こう考えることができないわけではありません。つまり、普遍性のこの外見上の制限こそ普遍性を全体主義から守り、数々の内面的な声の呟きへの留意を目覚めさせるものではないでしょうか。社会性という匿名態の制御を可能ならしめるような光り輝く数々の顔へと、人類の理知的な歴史――そこで敗れるのは傲慢な者たちだけではない――の敗者たちへと眼を開かせるものではないでしょうか。

今述べたような取り違えが続く限り、私たちは――私たちのなかでももっともヘブライの律法に固執する者たちでさえ――同化の誘惑に打ち勝つことはないでしょう。たとえ私たちが伝統的な数々の思い出や、失われてしまったなじみ深い方言の胸を打つ訛りや、さまざまな民間伝承にいかなる愛着を覚えているとしても、です。私たちの同化は、――ただしそれはあくまで正当なことだったのですが！――、そうした民間伝承のすべてを本質的なものとはみなさないよう私たちに教えたのでした。

ユダヤ人でありつづけようと意欲しているユダヤ人としての私たちは、私たちの遺産が西欧の遺産に負けず劣らず人間的なものであって、西欧に属した私たちの過去が目覚めさせたものすべてを私たち固有の可能性のうちに統合しうるという点を知っています。その点では同化に感謝しておきましょう。と同時に、私たちが同化に異議を唱えるのは、私たちにとってかくも本質的な「自己への内向」、実にしばしば非難を浴びせられてきたこの「内向」が生存の時代後れの段階の徴候ではなく、普遍性の彼方、つまり人間的友愛を成就し完遂するものを明かしているからです。イスラエルの特異性のなかで、ユダヤ教のまさに永続性を正当化するような頂点が征服されるのです。それは、古びた地域主義へとくり返し転落しつづけることではありません。

とはいえ、私たちを生み出してきた長き歴史はかかる特異性を感情と信の状態に打ち捨てたままです。この特異性はその解明を思考に要請しています。それ自体では、この特異性は教育の諸規則をもたらすことなどできないのです。それはなおもギリシャ語へと翻訳される必要があるのですが、このギリシャ語を、私たちは同化のおかげで西欧で学んだのでした。ギリシャ人たちが知らずにいた諸原理〔始原〕をギリシャ語で表明するという大いなる課題を私たちは有している。ユダヤの特異性はその哲学を待望しているのです。ヨーロッパ的な諸モデルの隷属的な模倣ではもはや十分ではありません。私たちの聖典ならびに口伝律法のうちに普遍性との係わりを探ろうとする探究は、依然として同化の過程に依存しています。が、二千年にわたって註解されてきたこれらのテクストは、語るべき別のことをなおも有しているのです。

エルサレムの大統領宮のこの高座で以上の省察を提示することで、きっと私はしかるべき相手に向かって話をしたことになるのでしょう。イスラエルでの新たな生を起点として展開されるべく呼び求められたユダヤの文化だけが、——特にユダヤ人たちにとって、が、諸国民にとってもまた——、永続化された誤解に終止符を打つことができるだろうからです。そうしたユダヤ的文化は、閉じられた私たちの書物と私たちの眼を開いてくれるでしょう。それが私たちの希望なのです。この意味においてもまた、イスラエル国は同化の終焉となるでしょう。イスラエル国はその充溢をつうじて、ユダヤの魂の深みにまで根を張った、そのような諸概念の胚胎を可能にしてくれるでしょう。これらの概念の解明と彫琢は同化に対する闘争にとって決定的なものであると共に、寛大なる組織をめざすありとあらゆる努力と選良たる長たちのありとあらゆる自己放棄にとっての前提です。単に思弁的なものならざる課題でありましょう。実践的で、具体的で、即座に生じる帰結に富んだ課題でありましょう。

# 主要ラビ名一覧

同一のタルムード博士に、ラヴ（師）、ラビ（わが師）という異なる尊称が冠されている場合がある。

**アキバ**　Akiva　（五〇―一三五）「ミシュナーの父」とも呼ばれる、もっとも傑出したタンナのひとり。

**アシ**　Ashi　四世紀から五世紀にかけて活躍したバビロニアのアモラ。

**アハ**　Aha　三世紀のバビロニアのアモラ。

**アバイエ**　Abaya　三世紀から四世紀にかけて活躍したバビロニアのアモラ。

**アミ**　Ammi　三世紀から四世紀にかけて活躍したパレスチナのアモラ。

**イェフダ・ベン・ラビ・エレアイ**　Judah ben Ilai　二世紀のタンナ。

**イェホシュア・バール・コルハ**　Joshua bar Karha　二世紀のタンナ。

**イェホシュア・ベン・レヴィ**　Joshua ben Levi　三世紀に活躍したタンナ。

**イシュマエル**　Ishmael ben Elisha　一世紀から二世紀にかけて活躍したタンナで、釈義の一三の規則を定めた。

**イツハック**　Isaac　三世紀のパレスチナのアモラ。

**エレアザル**　Eleazar of Mod'im　一世紀から二世紀にかけて活躍したタンナ。

**エリエゼル**　Eliezer ben Hyrcanus　一世紀末から二世紀初頭にかけて活躍したタンナ。

**カハナ**　Kahana　三世紀から四世紀にかけて活躍したバビロニアのアモラ。

**ガムリエル**　Gamaliel　一世紀から二世紀にかけて活躍したタンナ。

**シムライ**　Simlai　三世紀のパレスチナのアモラ。
**シモン・バール・ヨハイ**　Simeon bar Yohai　二世紀のタンナ。
**シモン・ベン・イェフダ**　Simeon ben Judah　二世紀から三世紀にかけて活躍したタンナ。
**シモン・ベン・ヨハイ**　Simeon ben Yohai　二世紀のタンナ。
**シュムエル・バール・ナフマニ**　Samuel bar Nahmani　三世紀のパレスチナのアモラ。
**ゼラ**　Zera　四世紀のアモラ。
**タンフーマ・バール・ハニライ**　Tanhum bar Hanilai　三世紀のパレスチナのアモラ。
**ネヘミア**　Nehemiah　二世紀のタンナ。
**バール・ハニナ**　Hanina　三世紀のバビロニアのアモラ。
**ハナニア・ベン・アカシア**　Hanania ben Akashiah　タンナ。
**ハニナ**　Hanina　二世紀のタンナ。
**ハニナ・ベン・ガムリエル**　Hanina ben Gamaliel　一世紀から二世紀にかけて活躍したタンナ。
**パパ**　Papa　(三〇〇―三七五)　バビロニアのアモラ。
**ハビバ・バール・スルマキ**　Habiba bar Surmaki　四世紀に活躍したアモラ。
**ヒヤ・バール・アシ**　Hiyya bar Ashi　三世紀のバビロニアのアモラ。
**ヒレル**　Hillel　ズッゴートと称される二人一組の律法学者の最後の世代に属する首長ラビ。シャンマイ(Shammai) と共に、紀元前一世紀末から紀元一世紀初頭にかけて活躍した。タルムードの随所に鏤められた二人の論争は「聖なる名をめぐる論争」とも呼ばれている。
**ヘズキア**　Hezekiah　四世紀のパレスチナのアモラ。

**ベン・ディマ**　Ben Damah　二世紀のタンナ。
**メシャルシャア**　Mesharsheya　四世紀のバビロニアのアモラ。
**モルテイラ**　Samuel Levi Morteira　（一五九六—一六六〇）　アムステルダムのラビ。タルムード教学院をアムステルダムに創設。スピノザの師のひとりとされているが、本書所収の「スピノザの背景」ではこの点に疑義が呈されている。
**ヨシ・バール・アビン**　Jose bar Abin　四世紀のパレスチナのアモラ。
**ヨシ・バール・ズヴィダ**　Jose bar Zebida　四世紀のパレスチナのアモラ。
**ヨセフ**　Joseph　三世紀のバビロニアのアモラ。
**ヨッシ**　Jose　二世紀のタンナ。
**ヨハナン**　Johanam ben Nappaha　二世紀から三世紀にかけて活躍したパレスチナのアモラ。
**ラヴ**　Rab　二世紀から三世紀にかけて活躍したバビロニアのアモラ。
**ラシ**　Rashi　（一〇四〇—一一〇五）ラビ・シュロモ・イツハキの略称。フランスで活躍した、聖書とタルムードの著名な註解者。
**ラバ**　Rava　三五二年没。バビロニアのアモラ。バビロニア・タルムードの随所に、ラバとアバイエとの論議が記録されている。
**ラバ・バール・ハナ**　Raba bar Hana　四世紀から五世紀にかけて活躍したバビロニアのアモラ。
**ラバ・ベン・ウルラ**　Rabbah ben Ullah　四世紀のバビロニアのアモラ。
**ラバ・ベン・マリ**　Rabbah ben Mari　三世紀のパレスチナのアモラ。
**ラビ（ラビ・イェフダ）**　Judah ha-Nashi　（一三五年頃-二一七年頃）ヒレルの子孫で、パレスチナ・ユダヤ人の首長（ナスィー）。ミシュナーを編纂した。

**ラミ・バール・ラバ**　Rami bar Rab　アモラ。

**レヴィ**　Levi　三世紀のバビロニアのアモラ。

*ラビ名のカタカナ表記は本書原文のフランス語表記に従っている。その欧文表記についてはソンチーノ版英訳タルムードの「ラビ名総索引」ならびに『エンサイクロペディア・ジュダイカ』の英語表記に従った。

# 訳者あとがき

本書は、Emmanuel Lévinas: *L'Au-delà du verset*, Minuit, 1982, 234pp. の全訳である。『神聖から聖潔へ』（内田樹訳、国文社）と『諸国民の時に』（合田正人訳、法政大学出版局）の中間に位置する論文集で、構成はほぼ『諸国民の時に』と同じであるが、フランス語圏ユダヤ知識人会議、一七、一九、二〇、二一回大会でのタルムード読解に加えて、一九六九年から一九八〇年までに書かれた一〇編の論考と講演が収められている。一方では、『存在するとは別の仕方で　あるいは存在することの彼方へ』（以下、『存在するとは別の仕方で』と略記）という書物をめぐって思索が展開されていた時期である。個々の論考や講演の成立の経緯についてはレヴィナス自身が語っているのでくり返さない。ただ、『諸国民の時に』に続いて本書を訳出する過程で訳者が感じた素朴な印象をまず記しておけば、本書のレヴィナスの文章は、『諸国民の時に』と同じ理論的図式に支えられているとはいえ、『諸国民の時に』よりも高い密度と屈折を有しているように感じられる。しかし、それは「脂の乗り切った」とか、あるいはまた「円熟」といった言葉で表現される現象では決してあるまい。むしろ、レヴィナスの強いられた緊張の高さがそこに反映されていると考えたほうがよいだろう。

複数の次元にわたる、とはいえ相互に連動した緊張であるが、誤解をおそれずに言うなら、そのすべての力線は「解釈」(interprêtation) という営みに、この「間」の技法に収斂していくように訳者には思える。

この点でなによりもまず挙げなければならないのは、やはりスピノザであろう。訳者の知る限り、レヴィナスが初めてスピノザに言及したのは、ハリー・オーストリン・ウォルフソンの『スピノザの哲学』の書評（一九三七）であり、ウォルフソンの描くアリストテレス主義的なスピノザ像を検討したこの書評こそ、レヴィナスがもっとも詳細にスピノザの哲学の問題点を語ったものであるのだが、その後、一九五五年には「スピノザの事例」が、一九六六年には「あなたはバルッフを読み直したか」が書かれている。いずれも『困難な自由』第二版の「論争」の部に収録されている。残念ながら、『困難の自由』の抄訳（国文社）にはこれら二つの論考は収められてはいないが、本書の「スピノザの背景」はその延長線上に位置する論考である。

三つのスピノザ論はそれぞれ、『全体性と無限』の準備期、同書から『存在するとは別の仕方で』への移行期、そして『存在するとは別の仕方で』の出版後に書かれており、たとえばレオ・シュトラウスの『スピノザの遺言』やシルヴァン・ザックの『スピノザと聖典解釈』など、その時々のスピノザ研究のあり方とレヴィナス自身の思想的境地が各論考に微妙な陰影を刻んでいるのだが、少なくとも、ユダヤ教に対する「スピノザの裏切り」(trahison de Spinoza) を指摘するレヴィナスの立場は終始一貫していると言ってよい。「スピノザの裏切り」、この表現は実はヤーコプ・ゴルディンの論考「スピノザの事例」（レヴィナスはこの題をそのまままみずからの論考の題としている。ゴルディンについては『困難な自由』所収の「ヤーコプ・ゴルディン」を参照）から取られたものであり、その経緯については後で述べるが、「スピノザの背景」からも明らかなように、ラビ的な釈義、タルムードに通じていなかったにもかかわらず、『神学-政治論』でのスピノザがミドラッシュ的解釈学を痛烈に批判したこと、なによりもそれがレヴィナスにとっては「スピノザの裏切り」に他ならなかった。

『エチカ』の執筆を一時中断してスピノザが書き上げた『神学‐政治論』は一六七〇年、くしくもパスカルの『パンセ』と同年に出版された。当時のオランダの複雑な宗教的、政治的確執が執筆の大きな動機であったのはもちろんだが、同書はユダヤ教ならびに聖典解釈についてのその後の理解を決定的な仕方で左右する書物でもあった。マイモニデスのように神学と哲学、神への知的愛と神の掟への服従の接合を図ることを拒むと共に、ラビ的釈義に代えて「自然の光」にもとづく聖典の批判的読解を提唱しながら、スピノザは、一方ではユダヤ教の掟の大部分を古代ユダヤ国家の政治的法律に還元し、他方ではいわゆる旧約の特殊恩寵主義から新約の普遍恩寵主義への移行を指摘することで、最終的には、「民主制」という政治形態のもとにのみ「神的正義の痕跡」は見いだされるのだという結論を導き出している。スピノザの独断主義を斥ける、そのカントの『単なる理性の限界内での宗教』でのユダヤ教の規定にも、さらにはベルクソンの『道徳と宗教の二源泉』でのユダヤ教解釈にも、このスピノザの主張が確実に作用していると考えられるが、近代哲学がスピノザという謎を思考しつづけているのと同様に、モーゼス・メンデルスゾーンからたとえばデリダのような哲学者に至るまで、ユダヤ系思想家たちもほとんど例外なく、スピノザという刺をどう解釈するかに腐心してきたのだった。さながらリトマス試験紙のようにスピノザが機能している、と言っても決して言い過ぎではない（この点については、拙論「暁の翳りのなかで」、『現代思想』一九九五年一一月号を参照していただければ幸いである）。その点から言うと、スピノザを棄却するレヴィナスの姿勢は、新カント派の哲学者ヘルマン・コーエンの徹底したスピノザ批判に連なるものと言えよう。因みに、カント的な国家連合の構想の核を成すものとして、ドイツ人とユダヤ人（ドイツのユダヤ人）との融合を語ったコーエンが、カントに関して唯一承服できなかった点、それがスピノザを経由したカントのユダヤ教理解だったのである。「スピノザの背景」それ自体は本書の論考のなかでももっとも短い論考にすぎないが、スピノザは本書を形づくる三つの部門すべてを貫くまさに背景であろう。聖書の批判的読解や歴史的読解を斥けた箇所、「自明の意味」と「字義どおりの意味」との区別がなされる箇所、レヴィナスにしては珍しくアブラハム・イブン・エズラへの言及が見られる箇所——いや、それだけではない、神の名をめぐる議論でも、汎神論と「無関心・無差別」(indifférence) とを連動したラビ・ハイーム論でも、国家と宗教をめぐる論考でも、レヴィナスは暗にスピノザのことを考えつづけているように思えてならない。マイモニデスとスピノザとの微妙な関係を、と言い換えてもよい。そしてそこには、通時的な意味でのみならず共時的な意味でも実に多様な相貌をまとった、ユダヤ系思想家たちの構えが反映されてもいた。この多様性がフランス語圏ユダヤ知識人会議の構図としても現象していることは、「最後に残るのは誰か」でのレヴィナス自身の発言からも明らかであろう。ロベール・ミズライのようなスピノザ学者の存在を意識してであろうか、こう言っている。「ユダヤ教の最初の啓示は、他ならぬコナトゥスの異論の余地なき権利、因果関係以外の存在理由なしに存在しつづけることへの権利を審問するものではないでしょうか。この部屋には何人ものすぐれたスピノザ研究者がいらっしゃいます。コナトゥスを問いただすことが彼らの眼にどれほど許しがたいこととうつるかはわかっているつもりです。」(一〇四頁)

コナトゥス——自己保存のコナトゥス、存在しようとするコナトゥス——をめぐる批判がレヴィナスの数々の哲学論考の第一義的な主題であることはよく知られているが、『全体性と無限』第一部を締め括る言葉を思い出していただきたい、そこには、「思考ならびに自由は分離 (séparation) および〈他者〉に対する顧慮からわれわれに到来する。この主張はスピノザ主義の対極に位置する主張である」（邦訳、一五三頁）という断言が記されている。同書の結論の第一〇節「〈存在〉の彼方へ」にもこうある。「スピノザ主義の伝統とは逆に、死の超克は思考の普遍性においてではなく、多元論的関係において、他者への存在の善良さにおいて、正義において生起する」（邦訳、四六三頁）、と。分離を、ひいては外部と超越と他者性と多元性を抹消し、ヘーゲルと同様、意志と理性とを強引に同一視して、善と正義を看過した哲学者スピノザ。しかし、私たちは果してこのような像をそのまま受け入れることができるのだろうか。『エチカ』第四部の定理の備考で、「徳の基礎は自己固有の存在を維持しようとする努力そのものである」と述べたスピノザは、私は「『各人は自己の利益を求めるべきである』というこの原則が徳および道義の基礎ではなくて不徳義の基礎であると信じる人々の注意をできるだけ自分に引きつけたかった」のだと書き添えている。レヴィナスがスピノザを意識しながら『全体性と無限』を、そしてまた『存在するとは別の仕方で』を書き進めたのと同様に、スピノザもまた、レヴィナスの語るような他者の倫理の問題点を十分に踏まえたうえで『エチカ』を書いたのだと言えるだろう。スピノザとレヴィナスというこのトポスはギイ・プチドマンジュらによって漸く論じ始められたばかりであるが、訳者もまた、一見するとスピノザ棄却とうつるレヴィナスの身振りのなかで実はどのような紋様が描かれていたのか、この問いを今後考えていく所存である（この論点をめぐるありうべき探究の方位を示したものとしては、『批評空間』八号の討論での訳者の基調報告がある。参照していただければ幸いである）。

近代哲学はスピノザという謎を思考しつづけてきた、と先に書いたが、スピノザとレヴィナスとの繋がりは、一方ではニーチェ、フロイト、ハイデガーという名を、他方ではレオン・ブランシュヴィック、フェルディナン・アルキエ、ウラジーミル・ジャンケレヴィッチ、ジャン・ラクロワという名をそこに巻き込みながら、レヴィナスが現代の思想空間に占める位置とも大きく係わっている。アルキエの名を出したのは他でもない、レヴィナスのパリ第一大学教授就任に貢献したこのデカルト学者が数々のスピノザ論の著者でもあったからだが、そのアルキエの序文を冠して、スピノザの『ヘブライ語文法要諦』のフランス語訳が出版されたのは一九六八年のことであった。とりわけ「名詞」(nom)についての独特の理論をはらんだこの文法書は、アルキエの言うようにスピノザの思想の理解にとって不可欠な資料であろう。アルキエのスピノザ解釈それ自体、その後ゲルーやドゥルーズやネグリによって批判されることになるのだが、いずれにしてもアルキエの名は、レヴィナスがたえず準拠しているデカルトの第三省察とスピノザの『デカルトの哲学原理』との亀裂を、レヴィナスに突きつけていると言えるだろう。

レヴィナスはしばしば、ハイデガーとスピノザの思想を「存在しようとするコナトゥス」という視点からひとつに括ろうとしている。が、実はそのハイデガーも、シェリング論を除くと、ほとんどスピノザに言及することはない。デリダが「ハイデガーにおけるスピノザの棄却(forclusion)」を語る所以であろうが、とすると、共にスピノザを排除する二人の思想家が、少なくとも表面的には鋭く対立していることになりはしないか。この例ひとつをとっても、スピノザという名がレヴィナスの「位置」の逆説を明かすものであることは納得されよう。例を挙げればきりがないが、たとえば「解釈」をめぐって「ニーチェ、フロイト、マルクス」で展開されたフーコーの議論を、本書でのタルムード読解に近づけることも決して不可能ではないだろうし、しかも、そのフーコーが晩年に語った「自己への配慮」(本書四頁を参照)のうちにもやはり、スピノザの存在を確実に見分けることができるのだ。この観点から言うと、訳者の関心を今もっとも強く惹いているのは、ドゥルーズとレヴィナスという二人の「アンチ・エディプス」の、「欲望」の、「特異性」の、「無限の忍耐」の、「顔」の思想家の関係である。二人の関係を問うことは、ドゥルーズの語るスコトゥス的なスピノザとレヴィナスとの関係を特に「此性」という観点から考えることでもあるのだが、内在の思想家と超越の思想家との対立が「超越論的経験論」の名のもとに一種の構造的同型性に転じ、それがまた、レヴィナスにあっては最終的に維持されるアナロギアの発想と「存在の一義性」なる観念とに分裂していく、そのような平面を見いだし、それを問いただすこと（この点については、『現代思想』一九九六年一月号所収の拙論「鏡のなかの迷宮——ドゥルーズの方法序説」を参照していただければ幸いである）。

さまざまな名を挙げてきたが、もちろん、問題はそうした哲学者同士の連関を考えることにあるのではない。さしあたりスピノザとレヴィナスと名づけられたプロブレマチックはむしろ、私たちの誰もがそれぞれの仕方で考えあぐねているような、自己と他者と他なるものとの複雑な界面を、その過去と現在と未来を改めて考え直すよう私たちを促しているのだろう。その点を銘記したうえで、もうひとりの哲学者の名をここで挙げておきたい。彼は言っている。「私はほとんどスピノザについて書いたことはないが、スピノザはたえず私の省察と教えに同伴してきたのだった。」(P. Ricœur: *Soi-même comme un autre*, Seuil, 1990, p. 365) パリ第十大学でのレヴィナスの同僚、ポール・リクールである。

共にエンリコ・カステッリの主宰するシンポジウムの常連講演者であったこの二人が、いかに互いを意識して仕事を進めてきたかは、本書に鏤められたリクールへの言及からも容易に推察されるだろう。『四つのタルムード読解』の序文ですでに、レヴィナスはこう言っている。「リクール氏が構造主義的分析に反対する解釈学について語ったこと、つまり、構造主義的分析はギリシャおよびセム起源の意味の理解には適さないという指摘は、タルムードのテクスト解釈のなかで立証される。この解釈以上に『野性の』思考と相容れないものはない。（……）タルムードが聖書を資料としてその叡知を示すときに援用する仕方は、野性の思考が用いるとされている『ブリコラージュ』とは似ても似つかない。」（*Quatre Lectures talmudiques*, Minuit, 1968, pp. 18-19）『エスプリ』誌上で交わされ、後に『解釈の確執』（*Le conflit des interprétations*, Seuil, 1969）に収められた、リクールとレヴィ＝ストロースとの論争（ドムナック編『構造主義とは何か』、サイマル出版会を参照）を踏まえつつ、レヴィナスは、みずからのレヴィ＝ストロース批判ならびにタルムード解釈学の独自性を正当化しているわけだが、本書での「他律なき依存」や「詩的想像力」をめぐる言及は、リクールとレヴィナスのあいだに存在していた齟齬を予感させるものではなかろうか。ブリュッセルはサン＝ルイ大学でのシンポジウムでのレヴィナスの発表「ユダヤ教の伝承における啓示」（本書二一七—二四八頁）に、リクールがつきつけた疑問を紹介しておこう。

特権的な語りの様式として「法規的なもの」（le prescriptif）の優位を強調するレヴィナスに対して、「物語的なもの」（narratif）を勘案する必要性を指摘したあとで、リクールは、「聖書のなかには、ギリシャ哲学とは異なる型の哲学のなかで展開されうるような奇妙な主体性、ひび割れ、他者性へと開かれた主体性の観念が存している」というレヴィナスの講演のレジュメにふれて、「倫理はつねに、規則を自分自身と同一視するような主体の自律性を目指すのではないでしょうか。倫理の斜面は自律へと傾いているのではないでしょうか」（*La Révélation*, Publications des Facultés universitaires Saint-Louis, 1977, pp. 210-211）と問いかけている。カントを意識しているかに見えるが、ここにいう「自律」（autonomie）は、リクール自身の講演「解釈学と啓示の観念」のなかで、カント的な純粋な自律とレヴィナス的な純粋な他律双方を斥けることで提起された「他律なき依存」(dépendance sans hétéronomie) の観念に他ならない。別の論考を参照すると、リクールが「他律なき依存」をスピノザのいうコナトゥスとして捉えていることがわかるのだが、それにしてもなぜ、コナトゥスはリクールにとって「依存」を意味していたのだろうか。「スピノザのいうコナトゥスが肯定であると同時に自己との差異 (différence de soi) であり、欠如 (manque) であり、他なるものへの欲望 (désir d'autre)」だからである。自己の肯定と同時に、自己には欠如したものを求めること、それがリクールにとってはコナトゥスの意味だったのである。

　これがスピノザ解釈として正鵠を得たものであるか否かはここでは問わない。ただ、自己の利益の追求を徳の基礎とみなしたがゆえに、スピノザが「人間にとって人間ほど有益なものはない」と記しえたことの意味を、リクールが遥かに予感していること、少なくともこの点は確実であろう。ここに至ってリクールは、レヴィナスの他律的責務の道徳と真っ向から対立するかのように、「責務の道徳に先立つこの倫理、私はそれを存在することへの欲望あるいは実存するための努力の倫理 (*éthique du désir d'être ou de l'effort pour exister*) と呼ぶ」(*Le conflit des interprétations*, livre cité, p. 442) と書くことになる。誤解のないよう付言しておくなら、ここにいう努力はレヴィナスの言うような「不羈の力」ではなく、「罪障性」というリクールの鍵語と密接に結びついた、そのような努力であるのだが、ここでぜひとも指摘しておきたいのは、倫理なるものについてのリクールとレヴィナスの考えのこのような相違が、両名の解釈学の方法論ならびに方位の相違と密接に結びついているということである。

　「テクストという事態」の成立は、直接的対話と対面ならびに言説の直接的レフェランスの喪失をその条件としている。作者との「疎隔」(distanciation) と言い換えてもよいだろうが、そうした疎遠なものへの

「自己放擲」(dêsappropriation) という迂路を経て、新たな「自己所有」(appropriation) の可能性を得ること。リクールはこの円環的回路を「解釈学弓」(arc herméneutique) と名づけるのだが、一方レヴィナスの語るミドラッシュは、「最小のなかの最大」として文字の下に眠る無限の意味を一方向的に果てなく掘り進む行為であって、循環なきこの道が「神へ」(à-Dieu) と呼ばれるものなのだ。「神話」(mythos)、「聖なるもの」(sacré)、「ケリュグマ」(kêrygma)、さらにはフロイト的「無意識」をも超えての上昇であり遡行である。これに対してリクールのいう「解釈学弓」は、これら四つの象徴性への自己の「他律なき依存」が新たな自己回帰を可能にするような過程だったのである。迂路を経るとはいえ、リクールにあってはハイデガー的な自己了解の過程が温存されているのであって、リクールがブルトマンを高く評価するのも、自分はハイデガーとレヴィナス両人から等距離の地点に身を置いていると語るのもそのためだろう (リクールとレヴィナスについては、拙著『レヴィナスの思想——希望の揺籃』弘文堂、一八二—三〇六頁を参照していただければ幸いである)。

先に、レヴィナスが強いられていた緊張の力線はそのすべてが「解釈」という営みに収斂していくと書いたとき、訳者の頭を過ったのは「解釈学の普遍的アスペクト」(der universale Aspekt der Hermeneutik) というガダマーの『真理と方法』(*Wahrheit und Methode*, 1960) の言葉であった。思えば、『真理と方法』と、リクールの『悪の象徴論』(*La Symbolique du mal*, 1960) と、レヴィナスのタルムード読解がほぼ同時期に世に問われたことそれ自体、実に意味深長な現象であるのだが、レヴィナスがガダマーにまったく言及しないのに対して、リクールは「テクストという事態」、「疎隔」、「帰属」(appartenance) といったみずからの措辞がガダマーを経由したものであることを認めている。

批判哲学が経験の独断主義の本性を見抜いたのと同様に、解釈学は「意味自体」(Sinn an sich)の独断主義の本性を見抜く、とガダマーはいう。その一方で、ガダマーは相対的な「歴史主義」(Historismus)をも斥け、スピノザの『神学‐政治論』を歴史主義的解釈の先駆として位置づけている。訳者の考えでは、ガダマーが批判哲学をしばしば例に挙げるのは決して偶然ではなかった。「伝承」(Überlieferung)という疎隔と親密さの「中間」(Zwischen)に位置する、そのような解釈学の課題を、ガダマーが「了解の条件(Bedingungen)」の探究という言葉で表現していることを考えても、ガダマーの解釈学が、カントによって発見されたとドゥルーズの言う「超越論的領野」の改鋳の試みであったのは明らかだからである。「地平の融合」(Horizontverschmelzung)という観念自体、ある意味では「超越論的なもの」と「経験的なもの」との一種の関節のごときものを表しているのだ。この改鋳の鍵を握るのは、「理解される存在は言語である」という有名な言葉であり、また「書記性」(Schriftlichkeit)という観念であろう。私たちはその「先入見」(Vorteile)としていかなる言語を、何を刻印されているのか。私たち、と言ったが、私たちと言いうるためには「伝承」の共同体のごときものがなければならない。

『真理と方法』の第一部第一章第一節で、ガダマーがまずもって、「共通感覚」(sensus communis)もしくは「共同体感覚」という古来の問題を取り上げたのもそのためであろう。けだし、言語として、グラメーとして刻まれた「共通感覚の解釈学的機能」(hermeneutische Funktion des seusus communis)こそが解釈学を経験論からも歴史相対主義からも形式的超越論的哲学からも護るものだからだ。事実ガダマーは、たとえばシャフツベリーにあっては道徳や社会や国家の問題と密接に連動していた共通感覚の含意を矮小化して、その機能を美的趣味判断の次元に還元した哲学者として、カントを鋭く批判している。では、ガダマー自身はこの「共通感覚」の謎を、「共通性」、「共同性」の秘密を解き明かしたのだろうか。「共通感覚」の政治性を解明しえたのだろうか。

その点には訳者は多分に懐疑的である。それというのも、「間」を語るにもかかわらず、ガダマーには「間」のロジックが欠如しているように見えるからだが、ここではただ、「諸国民のコモン・センス」の転倒を図るレヴィナスの営為もまた、伝承 - 解釈 - 共同体という連鎖のまさに政治性をその中核にはらんでいたこと、この点だけを確認しておきたい(本書の五頁にも「共通な良識」(bon sens *commun*) という語が記されている)。本書でのレヴィナスはこれまで以上に、ユダヤ民族なるものの多様な様態に言及しているように思えるが、記憶にも歴史にも刻まれることなき過去に刻印された不在の掟、デリダ的なこの「根源的筆記」(écriture originelle) をめぐる解釈の解釈という果てない連鎖、それがレヴィナスにとってユダヤ民族を形づくる核崩壊の核だったこと、この点には変わりはあるまい。が、そうした「イスラエルの共同体」はまた人間の人間性でもある、と彼はいう。掟は七〇の言語で私たち全員に刻印されているからだ。つまり、超越の解釈は、ユダヤ民族という書物の、解釈の民が「人間の条件」、いや「人間の無条件」という超越論的次元の恒常性に他ならないことを示しているのである。経験を可能にするのではなく、それを炸裂させるような超越論的次元ではある。経験には組み込まれない未曾有のものへと開かれた「極度の経験論」(empirisme radical) の超越論的次元。しかし、ハイデガー的な「集摂」(Sammlung) を斥けつづけたレヴィナスの思想はこの地点で、普遍的な開放性を強引に組み込んだ「集摂」の思想に転じるのかもしれない。たとえ、ここにいう普遍性が唯一者だけから成る逆説的な普遍性であるとしても、また、それが互いに全面的に責任を負うた人間を意味しているとしても、である。

かくして、一方では「エルサレムの神殿は人類全体のためにある」、「シオニズムはナショナリズムではない」という言葉が語られ、他方では「地球規模の西洋がメシアの到来には不可欠である」という言葉が語られることになる。戦慄的な言葉である。が、実はこの場面にもスピノザが、その『神学-政治論』が介入していたのだ。すでに別の箇所で語ったように、ユダヤ人はまたその国家をもつだろうという『神学-政治論』第三章の言葉のせいだろうか、スピノザの破門三百年をひかえた一九五〇年代のイスラエルでは、スピノザの破門を解こうとする動きがイスラエル初代首相ベン=グリオンを中心として進められていたからだ。先述したヤーコプ・ゴルディンの論考はこのスピノザ復権の動きに反対して書かれたもので、レヴィナスもまたこの反対陣営に身を連ねていたのである。

ベン=グリオンはスピノザを復権しようとしただけではない。彼はまた、スピノザの弟子を自称するモーゼス・ヘスの遺骸の一部をエルサレムに移送してもいる。言うまでもない、ヘスが近代シオニズムの先駆的書物『ローマとエルサレム』の著者だからである。本書でもふれられている『ユダヤ人国家』の著者テオドーア・ヘルツルがスピノザとヘスの信奉者であったことを考え併せても、ユダヤ教は古代ヘブライ国家の政治的法律にすぎず、ユダヤ民族はなんら特権的な民族ではないというスピノザの主張が、アイヒマン裁判と共に、新生イスラエル国家のレアールポリティークのプロパガンダに寄与するという、実に逆説的な現象をここに見ることができるだろう。

緊張と戦きと苛立ちが、そしてまた、「エルサレムの大統領宮の高座」から語りかけるレヴィナスの孤独が本書の随所から伝わってくる。イスラエルのヨルダン川西岸入植を不法とする、一九七七年一〇月二八日の国連総会での決議への不満が吐露され、同年一一月一九日から二一日にかけてのサダト大統領のイスラエル訪問が「人類の月面着陸」に比され、「私がこのテクストを選んだのは数カ月前で、新聞やラジオを賑わせている現下の構想が勃発する遥か以前のことだったのです」という、「最後に残るのは誰か」の冒頭の言葉はイラン・イラク戦争への不安な眼差しを明かしている。

しかし、考えてみると、本書はレヴィナスが「パレスチナ人」という言葉を用いたほとんど唯一の書物ではないのか。「もはや今日では難民と言ってはいけない。パレスチナ人と言うべきであろう」という「序言」の言葉はおそらく、「パレスチナ人は存在しない」というゴルダ・メイアの一九六九年の発言を意識したものであろうが、この文脈のなかでレヴィナスは、「ときには敵陣営のもっとも明晰な思想家たちと一致して、この敵対を緩和する時が来たと考えることもできるし、また、そうしなければならないだろう」（九頁）という言葉を語り、また、アラブ人学生も聴講するダン・アヴニ＝セグレ教授の講義を紹介している。ここでレヴィナスが「敵陣営のもっとも明晰な思想家たち」のひとりとして考えているのは、モロッコの作家アブデルケビル・ハティビであると推察される。というのも、ハティビは『シオニズムと不幸な意識』（*Le Sionisme et la conscience malheureuse*, Union générale d'édition, 1974）の冒頭で、レヴィナスの恩師ジャン・ヴァールのヘーゲル論を援用しつつ、「シオニズムをまずもって定義しなければならないとするなら、私は、シオニズムとは不幸な意識のイロニックな反転であると言いたい」と述べており、「千年にわたる侮辱と涙の、常なる危険と血の、本物の熱き血の歴史を、ヘーゲルの『不幸な意識』に比すことなどできるだろうか」（一〇頁）というレヴィナスの言葉は、このハティビの定義に呼応していると思えるからだ。レヴィナスのような偉大な哲学者がフランス語圏ユダヤ知識人会議に出席して何をしようというのだろうか、ハティビはこうも語っているが、そのハティビを寄稿者のひとりとした『パレスチナ研究誌』（*Revue d'Etudes palestiniennes*）の創刊は、本書の出版の一年前、一九八一年のことであった。

敵陣営の思想家との対話の必要を語るレヴィナスがその後、この課題を実行したのかどうか、残念ながら訳者は知らない。しかし、それはおそらく私たち読者に課せられた課題なのだろう。サダト大統領のイスラエル訪問とそれに続くキャンプ・デーヴィッド合意にしろ、ヘルツルの『ユダヤ人国家』にもられた理念にしろ、イスラエル－パレスチナの抗争に係わる数々の事件は、入射角の如何によって、レヴィナスの理解とはまったく異なる像を結ぶはずである。その意味でも、本書は、一方ではマルチン・ブーバーの『ひとつの国とふたつの民』（*Ein Land und zwei Völker*, Insel, 1983）と、他方では、たとえばエドワード・サイードの『パレスチナ問題』（*The Question of Palestine*, Vintage, 1979）やノーム・チョムスキーの『運命の三角形』（*The Fateful Triangle*, South End Press, 1983）とぜひとも併せ読まれるべき書物であると、訳者は思う（因みに、サイードとレヴィナスとの出会い、というかすれちがいは、「政治は後で！」を収めた『レ・タン・モデルヌ』一九七九年九月号でかつて実現したことがある）。もちろん「パレスチナ」なるものもひとつの「解釈」であることを即座につけ加えているが、サイードはこう言っている。「私たちはパレスチナ人とシオニズムとの闘争を現存（presence）と解釈（interpretation）との闘争として理解しなければならない」、と。

本書に登場するミシェル・セール、ベルナール＝アンリ・レヴィ、エルンスト・ブロッホ、ジノヴィエフ、マルクスという名については何も語ることができなかった。特に、『希望の原理』の著者ブロッホとマルクスは、「メシアの治世」と「来たるべき世界」、ユダヤ人とプロレタリアートをめぐる本書での議論にとってきわめて重要な意味をもっていると考えられるが、すでに単なるあとがきとは呼べないほど長々と愚見を綴ってしまった、その点に関する考察はまた別の機会に譲ることにしたい。

本書の校正がまさに終了しようとしていた一二月二五日、エマニュエル・レヴィナス逝去の報が届けられた。享年九十歳。レヴィナスの残した言葉はまさに「自己の死の彼方への存在」であろうし、その解釈を措いて他に追悼の身振りはない。ただ、大袈裟に聞こえるかもしれないが、訳者は二十代後半からの人生のほとんどすべての局面でレヴィナスの言葉を反芻してきたのだった。多くのことを学び、多くのことを考えさせられた。さまざまな思いと疑義をつきつけてきた。心から御冥福を祈りたい。

訳出にあたってはできる限りの注意を払ったつもりだが、思いがけない見落としや誤読もあるかもしれない、読者諸氏の忌憚のない御批判、御忠告を切に請う次第である。これまで同様、本書が成るにあたっては、法政大学出版局の稲義人氏と藤田信行氏に多大な御苦労をおかけした。末筆ながら、記して深謝したい。

一九九五年一二月二五日

合田正人

リクール　Paul Ricœur　(1913- )　11, 120, 145, 147, 161. 219. 221, 231, 277
ルーリア　Isaac Luria　(1534-1572)　ガリラヤはサフェッドで活躍したカバリストで，カバラの現行体系を築いた．253
レヴィ　Bernard-Henry Lévy　(1948- )　フランスの哲学者．『人間の顔をした野蛮』，『フランス・イデオロギー』，『神の遺言』などの著書がある．105

ジノヴィエフ　Alexandre Zinoviev　(1922- )　元モスクワ大学教授で論理学者，小説家．1976年，西側で出版された風刺小説『恍惚の高み』によって地位を剝奪される．78年には，第二作『輝ける未来』の出版によって国外追放処分を受け，当時の西ドイツに出国．現在，ミュンヘンにて著述活動を続けている．305
ショーレム　Gerschom Scholem　(1897-1982)　308
スターリン　305
スピノザ　201, 274-281
セール　Michel Serres　(1930- )　41
セルバンテス　3

## タ行

ダンテ　3
デカルト　2, 245, 253
デュフィ (Raoul Dufy, 1877-1953) フランスの画家　193
ドレーフュス　307

## ハ行

パウロ　232
ヒトラー　305, 307
ファッケンハイム　Emile Ludwig Fackenheim　(1906- ) ドイツはハレに生まれた哲学者で，カナダのトロント大学で教鞭をとった．著書に『歴史における神の現存』，『ユダヤ教とは何か』などがある．219
フィヒテ　253
プーシキン　3
プラトン　52, 105, 210, 288, 291
ブルトマン　Rudolf Bultmann　(1884-1977)　277
ブロッホ　Ernst Bloch　(1885-1977)　9
ヘーゲル　10, 214, 253
ヘーリンク　Herman Heering　ライデン大学教授　12
ヘルツル　Theodor Herzl　(1860-1904)　307
ホッブズ　294

## マ行

マイモニデス　Maïmonide　(1135-1204)　200, 226, 230, 240, 253, 290, 291
マルクス　300
モリエール　3
モンテスキュー　180

## ラ行

ライプニッツ　253

# 主要人名索引

## ア行

アヴニ＝セグレ　Dan Avni-Segré　298
アマド・レヴィ＝ヴァレンシ　Eriane Amado Lévy-Valensi　(1919- )　フランスのユダヤ系精神分析学者．191，311
アリストテレス　3, 230, 240, 288
アルガジ　Léon Algazi　12
アンセル　Georges Hansel　レヴィナスの娘婿．ルーアン大学教授でタルムードの研究家．フランス語圏ユダヤ知識人会議の常連でもある．52, 56
イブン・エズラ　Ibn Ezra　(1089-1164)　スペインのユダヤ人思想家，詩人．『モーセ五書』がモーセによって執筆されたことに疑義を呈し，スピノザの『神学－政治論』に大きな影響を与えた．38
ヴァイダ　Georges Vajda　(1908-1981)　ブダペスト生まれのユダヤ・イスラム思想史家．ソルボンヌで聖書以降のユダヤ文学を講じた．『中世ユダヤ神学における神への愛』，『中世ユダヤ思想における哲学とカバラの研究』などの著書がある．12
ヴィタール・ハイーム(Haïm vital, 1543-1620)　ルーリアの高弟でカバラの理論家　253
エリーヤーフー　Eliyahou　(1720-1797)　ヴィルナの教学院長．ハシディズムに破門を宣告したことで知られている．193, 249

## カ行

カステッリ　Enrico Castelli　(1900-1977)　ローマ大学宗教学の教授を勤めた．195
カント　157, 242, 253
キルケゴール　18
ゲーテ　3

## サ行

サダト　(1918-1981)　エジプトの政治家．1970年のナセルの死後，大統領に就任，第四次中東戦争でイスラエルを破ったが，77年にエルサレム訪問を敢行，78年のキャンプ・デーヴィッド合意にもとづき翌年エジプト－イスラエル平和条約を成立させた．81年，第四次中東戦争記念軍事パレード観閲中に，イスラム急進グループにより殺害された．303, 309-311
ザック　Sylvain Zac　パリ第十大学名誉教授で，スピノザ，ヘルマン・コーエン，ザロモン・マイモンの研究家．275
シェイクスピア　3

《叢書・ウニベルシタス　512》
聖句の彼方
タルムード――読解と講演

1996年 1月 30日　　初版第1刷発行
2014年 11月 25日　新装版第1刷発行

エマニュエル・レヴィナス
合田正人 訳
発行所　一般財団法人　法政大学出版局
〒102-0071 東京都千代田区富士見 2-17-1
電話 03(5214)5540　振替 00160-6-95814
製版，印刷：三和印刷　製本：積信堂


Printed in Japan

ISBN978-4-588-09995-3

## 著　者

エマニュエル・レヴィナス（Emmanuel Levinas）

1906年リトアニアに生まれる．1923年から30年までフランスのストラスブール大学で哲学を学ぶ．この間，1928年から29年にかけてドイツのフライブルクに滞在，フッサールおよびハイデガーの下で現象学を研究．1930年フランスに帰化．第二次大戦中はナチの捕虜収容所にフランス解放まで抑留される．戦後，ポワチエ大学，パリ・ナンテール大学，ソルボンヌ大学教授を歴任．タルムード研究に取り組む一方，ハイデガー哲学との対決を通して倫理にもとづく独自の哲学を展開．1983年カール・ヤスパース賞を受賞．現代フランス思想界を代表する哲学者の一人．1995年12月25日パリで死去．主な著書：『フッサール現象学の直観理論』（1930），『実存の発見――フッサールとハイデッガーと共に』（49），『全体性と無限』（61），『タルムード四講話』（68），『存在するとは別の仕方であるいは存在することの彼方へ』（74），『固有名』（75），『聖句の彼方』（82），『諸国民の時に』（88），『われわれのあいだで』（91），『神・死・時間』（93），『他性と超越』（95），『貨幣の哲学』（97）他．

## 訳　者

合田正人（ごうだ・まさと）

1957年生まれ．一橋大学社会学部卒業，東京都立大学大学院博士課程中退，同大学人文学部助教授を経て，明治大学文学部教授．主な著書：『レヴィナス』『レヴィナスを読む』（ちくま学芸文庫），『ジャンケレヴィッチ』（みすず書房），『吉本隆明と柄谷行人』『田辺元とハイデガー』（PHP新書），『心と身体に響く，アランの幸福論』（宝島社），『幸福の文法』『思想史の名脇役たち』（河出書房新社）ほか．主な訳書：レヴィナス『全体性と無限』（国文社），同『存在の彼方へ』（講談社学術文庫），デリダ『ユリシーズ グラモフォン』，セバー『限界の試練』（法政大学出版局）ほか多数．